Tristan Donovan

A HISTÓRIA DOS JOGOS DE MESA
do MONOPOLY até CATAN

DEVIR

devir.com.br

Gerente Editorial
Paulo Roberto Silva Jr.

Coordenador Editorial
Kleber Ricardo de Sousa

Editor de Arte
Marcelo Salomão

Tradução
Marquito Maia

Revisão
Audaci Junior

Capa
Marcelo Salomão

ISBN
978-65-5514-108-5
junho/2022

Atendimento
imprensa@devir.com.br
sac@devir.com.br
eventos@devir.com.br

R.Basílio da Cunha, 727
São Paulo - SP. Brasil
CEP 01544-001
CNPJ 57.883.647/0001-26
Tel: 55 (11) 2604-7400

Dados Internacionais de Catalogação na Publicação (CIP)
(Câmara Brasileira do Livro, SP, Brasil)

Donavan, Tristan
 Tudo é um jogo : a história dos jogos de mesa do Monopoly até Catan /Tristan Donavan; [tradução Marquito Maia]. --São Paulo : Devir, 2022.

 Título original: It's all a game
 ISBN 978-65-5514-108-5

 1. Jogos de tabuleiro - Aspectos sociais 2. Jogos de tabuleiro - História I. Título.

 22-105192   CDD-794.09

Índices para catálogo sistemático:

1. Jogos de tabuleiro : História : Recreação   794.09

Cibele Maria Dias - Bibliotecária - CRB-8/9427

IT'S ALL A GAME. Copyright © 2017, 2022 by Tristan Donovan. All rights reserved.
For information, address St. Martin's Press, 175 Fifth Avenue, New York, N.Y. 10010.

Para minha irmã Jade,
a rainha dos tabuleiros revirados do Monopoly.

SUMÁRIO

Introdução: O nascimento de uma nova era de jogos   1

1. Saqueadores de túmulos e os jogos perdidos dos antigos   9
O que os jogos de mesa revelam sobre os nossos ancestrais

2. Xadrez: o "jogo da rainha louca"   20
Como o tabuleiro de xadrez passou a representar séculos da história mundial

3. Gamão: o jogo favorito dos pioneiros internacionais e antigos imperadores   36
Como o gamão se tornou o jogo mais fascinante dos anos 1970

4. O Jogo da Vida: uma jornada ao dia do juízo tipicamente americano   55
O que O Jogo da Vida nos diz sobre o desenvolvimento da sociedade dos EUA

5. A mensagem esquecida do Monopoly   75
Como Monopoly foi do discurso antiproprietário à celebração do capitalismo selvagem

6. Do Kriegsspiel ao Risk: uma diversão sangrenta e modeladora do mundo   95
Como os jogos de mesa prepararam o mundo para a guerra

7. Eu Espião   114
Como o Xadrez e o Monopoly viraram ferramentas de espionagem e propaganda

8. A onda de crimes bilionários do Clue   130
Como os crimes tipicamente britânicos criaram um mundo de detetives de poltrona

9. Scrabble: palavras sem sentido   144
Por que as palavras são inúteis para os melhores jogadores de Scrabble?

10. Plástico fantástico: Mouse Trap, Operation e o Willy Wonka dos brinquedos   159
Como Mouse Trap e Operation levaram os jogos de mesa para a era do plástico

11. Sexo em uma caixa   179
O que os jogos de mesa do Twister até Monogamy nos dizem sobre atitudes sexuais

12. Jogos mentais: explorando o cérebro com jogos de mesa   192
O que os jogos de mesa nos revelam sobre as nossas mentes

13. A ascensão das máquinas: jogos que treinam cérebros sintéticos   211
Como os jogos de mesa impulsionaram o desenvolvimento da inteligência artiovcial

14. Trivial Pursuit: adultos na brincadeira   228
Como o Trivial Pursuit tirou os jogos da caixa de brinquedo

15. Pandemias e terror: dissecando a geopolítica em um pedaço de papelão   242
O que os jogos de mesa nos ensinam sobre doença, geopolítica e a guerra ao terror

16. Fabricado na Alemanha: Catan e a criação dos jogos de mesa modernos   256
Como a Alemanha revitalizou os jogos de tabuleiro para o século XXI

Referências   278
Agradecimentos   306

INTRODUÇÃO

O nascimento de uma nova era de jogos

"Ei, colega! Quer jogar?"

É um sábado agradável em Manhattan e os nova-iorquinos estão relaxando no Washington Square Park. Enquanto alguns se bronzeiam lendo um livro ou cochilam ao sol, um grupo de jazz produz sons tão caóticos que é difícil dizer se os músicos estão tocando junto ou tentando abafar uns aos outros. Ao lado deles, um homem sopra bolhas de sabão enormes para a alegria das crianças, ao mesmo tempo que turistas se afastam do sujeito que os encoraja a posar para uma fotografia com a cobra assustadora enrolada em seus ombros.

E em um canto acolhedor a sudeste do parque, encontra-se a Praça do Xadrez e também o homem que me pede para acompanhá-lo em uma partida. Ele me convida a me aproximar com um aceno de mão, na esperança de me agarrar antes de qualquer um dos outros jogadores que, assim como ele, estão sentados sozinhos às mesas tentando chamar a atenção dos transeuntes. Parece que ninguém mais quer saber de xadrez hoje em dia.

"Eu sou um profissional, eu jogo por dinheiro", diz o homem à medida que chego mais perto, seu boné de beisebol branco encardido projeta uma sombra em seu rosto enrugado. "Que tal vinte dólares?"

Charles joga xadrez no parque há décadas. Aliás, já faz tanto tempo que ele não se lembra de ter faltado um único dia. "Eu tenho sessenta e sete anos, nasci na cidade de Nova York. Acho que a minha vida inteira sempre fiquei entrando e saindo do parque", ele me conta. Charles pegou o bichinho do xadrez aos onze anos, depois que seu pai lhe deu um conjunto de peças. "Então uma vez eu vim ao parque e eu os vi jogando e pensei: 'Uau! Isso é muito divertido!'. Eles eram bons jogadores... implicando uns com os outros e o som das peças, o clac, o toc... A conversa deles era demais."

A partir desse momento Charles foi fisgado. "Temos tantas variações diferentes no xadrez que parece que existem infinitas jogadas", ele explica. "E também gosto de xadrez porque faz o tempo voar. As horas passam e nem se percebe."

Quando Charles começou a vir aqui no início dos anos 1960, o Washington Square Park era a central do xadrez. Seu cenário enxadrista ultrapassava as divisões de raça ou de classe. Aqui não importava se você era branco ou negro, um milionário de Wall Street ou um hippie maconheiro, turista ou nova-iorquino da gema. A única coisa que contava era o jogo e o seu desempenho.

Muitos anos atrás, grandes mestres como Bobby Fischer e Roman Dzindzichashvili jogavam diante de multidões amontoadas e celebridades que iam de Stanley Kubrick a Chris Rock. No meio disso tudo estavam os profissionais, os verdadeiros astros do cenário enxadrista do Washington Square Park, pessoas com apelidos como Russian Paul e Little Daddy. Muitos eram desempregados, que sobreviviam do dinheiro arrecadado nos tabuleiros de xadrez, e os melhores viravam celebridades locais graças ao seu talento e os gracejos divertidos.

Charles não começou como um profissional. "Eu só queria jogar xadrez. Aí o parque mudou, tudo ficou mais voltado para as apostas. Todo mundo estava jogando a dinheiro, por isso eu tive que seguir a maré, mas eu sou um profissional de primeira", ele ri.

E ele é mesmo. Não faz nem três minutos que começamos nossa primeira partida e ele já está acabando comigo. "Agora já era, você facilitou muito as coisas para mim", diz Charles, enquanto ele pega um dos meus bispos. "Você está bem encrencado."

Se Charles pensou inicialmente que tinha apanhado um peixe, que é como os frequentadores da Praça de Xadrez se referem aos jogadores fracos com quem podem ganhar dinheiro, agora ele não tinha dúvida. Alguns minutos depois, eu estou frito. "Xeque-mate", ele exclama.

Enquanto arrumamos o tabuleiro para mais uma partida, os outros jogadores de xadrez seguem apregoando em vão: "Quer jogar?", um deles grita para um homem que está passando. "Não? Você não sabe jogar xadrez! Quer aprender? Não? Tudo bem, tenha um bom dia."

O cenário enxadrista do Washington Square não é mais o mesmo, Charles comenta com um quê de tristeza. Costumava haver mais jogadores e público. Muitos dos jogadores que se reuniam no Washington Square agora estão no Union Square Park. Eles debandaram para lá quando o Departamento de Parques e Jardins começou a revitalizar a Praça do Xadrez no início de 2010, obrigando-os a jogar em mesas desmontáveis feitas a partir de caixas de plástico e placas de papelão. Muitos nunca mais voltaram. O Union Square provou ser um lugar bem mais movimentado e lucrativo para se jogar.

Ainda há outros sinais de declínio no que antigamente se chamava de Bairro do Xadrez de Manhattan. Até a Village Chess Shop, que era um destino obrigatório para os amantes do xadrez, fechou as portas. Localizada a meio quarteirão do parque na Thompson Street nº 230, a Village Chess Shop foi inaugurada em 1972. Na calçada em frente, jogadores se digladiavam nas mesas e cadeiras decrépitas da loja enquanto as pessoas paravam para admirar o acervo de jogos de xadrez esquisitos e bizarros em exposição na vitrine. Tornou-se um ícone de Nova York, atraindo astros como Woody Allen, Heather Ledger, David Lee Roth e John Lennon.

A Village Chess Shop fechou em 2012, comunicando aos seus seguidores no Facebook que "a loja de xadrez virou mais uma curiosidade ou exemplo do que um ambiente viável de negócios". Sua nêmesis, a Chess Forum, que abriu do outro lado da rua em 1995, ainda encontra-se lá, mas também passa por dificuldades à medida que o comércio online corrói as suas vendas.

A Village Chess Shop posteriormente reapareceu em um local menor nas redondezas, mas mesmo assim somos levados a crer que o declínio progressivo do cenário enxadrista do Washington Square é um sinal dos tempos - prova de que os jogos de mesa estão ultrapassados, e foram chutados para escanteio na nossa ânsia de aproveitar as emoções espetaculares disponíveis em nossos PlayStations e smartphones. Os jogos de mesa chegaram longe. As pessoas começaram a brincar com eles pela primeira vez há séculos, talvez até milênios, antes do desenvolvimento da palavra escrita e eles têm estado conosco desde então, mas "os tempos mudam" e tudo mais.

No entanto, bem ali no mesmo ponto de venda onde a Village Chess Shop residiu no passado, um tipo diferente de negócio de jogos de mesa está deslanchando. O novo morador do número 230 da Thompson Street é a The Uncommons e este é mais um de uma legião de cafés de jogos de mesa que abriram em cidades do mundo inteiro nos últimos anos.

Lá dentro, o público jovem, cuja faixa etária vai da pré-adolescência até pessoas de trinta e poucos anos, transborda de emoção. Hoje, a The Uncommons está realizando um evento especial: um torneio de pré-release de Magic Origins, o deck mais recente do mundialmente popular jogo de cartas colecionáveis Magic: The Gathering. Apesar da oportunidade de poder sentir um gostinho antecipado de Magic Origins ter atraído o público na presente data, o dono do café, Greg May, me conta que todo esse movimento não é algo incomum. "As coisas ficam sossegadas até a uma da tarde em um sábado, geralmente temos cinco ou seis pessoas, e aí, a uma da tarde, a loja começa a encher rapidamente e, por volta das duas, quase sempre há uma hora de espera", ele diz.

O fato da The Uncommons ter ocupado o lugar da Village Chess Shop não é uma coincidência. May passou meses tentando encontrar o proprietário a fim de requisitar o espaço para o seu novo café de jogos de mesa. "Eu queria o ponto, mas não conseguia nenhuma informação a seu respeito. Aí, um dia eu estava passando aqui em frente e tinha uma placa pendurada neste espaço anunciando finalmente o nome do corretor de imóveis e foi mais ou menos isso", ele diz. "Eu amo a história. Eu já tinha tido a oportunidade de visitar a Village Chess Shop antes da loja fechar as portas e gosto muito da comunidade e das tradições que este lugar manteve ao longo dos anos."

No entanto, a ligação entre o público da The Uncommons e o da Praça de Xadrez é limitada. "Nós definitivamente nos afastamos dos aficionados por xadrez", diz May. "Nossa principal base de clientes é composta por estudantes, os que frequentam o campus da NYU. Eles vêm para as noites de jogos de mesa, eles vêm para os torneios, eles vêm para namorar. Nós somos um grande ponto de encontro. Curiosamente, pelo menos para mim, nos tornamos muito populares na comunidade judaica hassídica. Eles nos veem como um local divertido, familiar e seguro para levar alguém a um encontro muito bem estruturado, além de ser um lugar público e não muito escuro. Nós também recebemos muitas famílias, principalmente aos finais de semana. Os pais trazem seus filhos para apresentá-los ao xadrez ou ao Scrabble."

O modelo de negócio da The Uncommons é muito simples. Os jogadores pagam de cinco a dez dólares, mais a taxa por pessoa, e depois escolhem um jogo para brincar de uma coleção que conta com quase oitocentas opções. A coleção abrange todo o leque de jogos de mesa. Dentre eles estão os eternamente tradicionais como xadrez; os preferidos da família como Monopoly; clássicos emergentes como, por exemplo, Ticket to Ride; e a atração mais recente do mês entre aqueles que entram em sites da internet como o BoardGameGeek. Após o pagamento da taxa, não há pressão para se apressar em nada, mas é preciso ter força de vontade para resistir à tentação das cervejas artesanais geladas, cafés quentes e lanches que estão disponíveis para compra. E se você gostou muito do jogo que pegou para brincar, a The Uncommons está pronta para lhe vender uma cópia para levar para casa.

May teve a ideia de criar a The Uncommons depois de conhecer o Snakes & Lattes, um café de jogos de mesa de Toronto, que foi inaugurado em agosto de 2010. O Snakes & Lattes de vez em quando é chamado de o primeiro café de jogos de mesa da América do Norte, mas outros estabelecimentos como, por exemplo, o Haunted Game Café em Fort Collins, no Colorado, são ainda mais antigos. Embora o Snakes & Lattes possa não ter sido o primeiro café, este certamente foi o que mais chamou a atenção da mídia e da comunidade de jogos de mesa. A tal ponto que, em setembro de 2015, o canal público do

Canadá Fibe TV1 começou a exibir uma sitcom sobre os seus primórdios chamada Snakes & Lattes: The Show.

Desde que o Snakes & Lattes abriu as suas portas, os cafés de jogos de mesa brotaram pelo mundo afora de São Francisco e Galveston, no Texas, a Indianápolis e Salem, em Massachusetts, e daí para Londres, Paris, Berlim e Sydney. O lugar de origem do café especializado em jogos de mesa, entretanto, parece ser a Coreia do Sul. Em 2004, a capital coreana Seul já tinha por volta de cento e trinta cafés alugando jogos e mesas por hora. Outros países do Leste Asiático fizeram o mesmo e, em 2012, havia aproximadamente duzentos cafés em Pequim, e o The Mind Cafe, de Singapura, tornou-se uma rede internacional graças à construção de um estabelecimento em Nova Delhi.

Apesar de alguns desses cafés surgirem e desaparecerem como moscas, as vendas de jogos de mesa têm aumentado desde 2013, o que sugere que a tendência está enraizada em algo mais sólido do que voos de fantasia moderninhos. Em 2014, as vendas de jogos de mesa nos Estados Unidos cresceram nove por cento em relação ao ano anterior, segundo os indicadores de venda no varejo da empresa NPD Group. Em 2015, as vendas subiram mais de doze por cento.

May acredita que o interesse crescente pelos jogos de mesa é, em parte, uma expressão do cansaço que as pessoas sentem da internet.

"Eu acho que houve uma nítida resistência contra o estilo de vida totalmente digital", ele diz. "Até a garotada gosta de deixar os seus fones de lado por um tempo nem que seja por alguns minutos, e ignorar o Twitter, Instagram e Snapchat. Além disso, ser geek é popular, ser nerd é popular. Essas coisas chegaram ao mercado de massas. Assim, nos anos 1970, jogar Dungeons & Dragons pode ter te causado problemas com os seus pais e professores e te rotulado como alguém esquisito e te transformado em um pária. Agora tudo isso é visto na tevê e todo mundo parece adorar esses tipos de subculturas."

Os jogos de mesa, por natureza própria, também nos colocam cara a cara com as pessoas com quem jogamos, ele acrescenta: "Eu adoro videogames, mas não há nada como olhar para o seu adversário do outro lado da mesa."

Essa ligação individual e física que as pessoas têm com os jogos de mesa é uma coisa que May testemunha diariamente por trás do balcão da sua loja. "A melhor parte do meu dia é quando eu olho pela vitrine e vejo quase todo mundo que anda pela calçada parar, olhar para dentro e sorrir. Mesmo que eles não entrem, dá para perceber o que estão pensando, dá para perceber que ficam imaginando e que estão curiosos."

O panorama do jogo no Washington Square Park pode estar mudando, mas não está morrendo. Pelo contrário, está evoluindo, assim como os próprios jogos de mesa sempre o fizeram. E este cantinho na área da baixa Manhattan é um microcosmo do espaço dos jogos de mesa no mundo. Ele não só mostra o apelo dos jogos de mesa para todas as idades e culturas, como também simboliza a sua atemporalidade e resiliência.

Na Praça de Xadrez, as pessoas disputam um jogo tão antigo que foi inventado na mesma época que o fósforo e o conceito do papel higiênico. Mesmo após a invenção da prensa de impressão, dos toca-discos, do cinema, do rádio, da televisão, dos videogames e das mídias sociais, nós continuamos a movimentar peças pelos tabuleiros e ainda adoramos isso.

Mas os jogos de mesa fizeram muito mais do que apenas sobreviver.

Eles fizeram e arruinaram fortunas, revelaram os segredos de civilizações perdidas e encobriram o trabalho de espiões, e testaram os nossos princípios morais. Eles salvaram casamentos, expuseram o funcionamento interno de nossas mentes, desvendaram a geopolítica, acompanharam as transformações sociais e promoveram a morte de milhões de pessoas. E - acima de tudo - têm nos divertido muito.

Este livro é a história desses jogos de mesa. Os jogos que nos influenciaram, que nos instruíram e que moldaram o mundo em que vivemos.

1

SAQUEADORES DE TÚMULOS E OS JOGOS PERDIDOS DOS ANTIGOS

O que os jogos de mesa revelam sobre os nossos ancestrais

"Por fim fizemos uma descoberta maravilhosa no Vale", dizia o telegrama. "Uma tumba magnífica com os lacres intactos; tudo protegido até sua chegada. Felicitações."

Um arrepio de emoção percorreu o corpo de Lorde Carnarvon. Este era o momento, a mensagem que ele esperava há anos. Já se passara tanto tempo desde que havia concordado em financiar a expedição do arqueólogo Howard Carter que quase perdera as esperanças. Após assimilar a notícia, Lorde Carnarvon mandou os seus empregados arrumarem as suas malas. Era 5 de novembro de 1922 e Carter havia acabado de descobrir o túmulo perdido do antigo faraó egípcio Tutancâmon. O que aguardava Lorde Carnarvon nas areias brancas do Vale dos Reis era a maior pilhagem de artefatos egípcios já encontrados. Ladrões de túmulos haviam saqueado a maioria das tumbas reais milênios antes, mas as câmaras mortuárias de Tutancâmon se encontravam praticamente intocadas.

Carter e a sua equipe passaram os oito anos seguintes limpando o local. Durante meses, trabalhadores entraram e saíram da tumba como se fossem formigas, carregando para a superfície uma relíquia atrás da outra em macas de lona. Vasos, escudos, bengalas, banquetas, cestos de frutas junto com camas de madeira dourada, arcas finamente decoradas e tronos cobertos de pedras preciosas e cristais coloridos. Entre os tesouros estavam quatro tabuleiros de jogos. Alguns eram simples e facilmente ignorados em meio a essa riqueza arqueológica, mas um deles se destacava. O tabuleiro estava assentado sobre a superfície superior de uma caixa retangular que era sustentada por pernas felinas esculpidas em ébano. As patas na parte inferior das pernas se apoiavam em pequenos tamboretes dourados presos a um trenó. O tabuleiro trabalhado em marfim era dividido em três fileiras de dez casas por um entrelaçado de tiras de madeira, e na parte dianteira da caixa havia uma gaveta contendo peças do jogo e pequenas varetas, com a face plana ou curva, que funcionavam como os dados do jogo.

Embora o tabuleiro descoberto na tumba de Tutancâmon fosse extraordinariamente ornamentado, Carter e os seus colegas egiptólogos já tinham encontrado esse jogo antes. Eles o chamaram de "o jogo dos trintas quadrados", e este já aparecia em escavações desde que os exploradores começaram a vasculhar as ruínas do antigo Egito por volta do alvorecer do século XIX.

O registro do jogo mais antigo descoberto por arqueólogos remonta a 3000 a.C., na mesma época em que o antigo Egito foi fundado, mas fragmentos do que parece ser o tabuleiro do jogo também foram encontrados em necrópoles que precedem a criação do reino por séculos - descobertas que sugerem que o jogo pode ser tão antigo quanto a própria escrita. Um fato igualmente impressionante é que outras escavações concluíram que o jogo ainda estava sendo disputado quando Alexandre, o Grande conquistou o Egito mais de três mil anos depois que esses primeiros tabuleiros foram feitos.

A presença do jogo nas ruínas do antigo Egito não se limitava a tabuleiros cobertos com séculos de pó. Em muitas das suas escavações, os egiptólogos também descobriram pinturas de pessoas disputando o jogo nas paredes das tumbas. Uma dessas pinturas, em Meir, mostrava dois jogadores contando vantagem um para o outro de como eles ganhariam a partida. Pelo visto algumas coisas nunca mudam.

Além das tumbas onde o jogo se encontrava, o seu tabuleiro foi gravado nos pisos dos templos e esculpido na madeira de um cais no rio Nilo. Este também apareceu em um papiro satírico encontrado nas ruínas de Deir el-Medina, a antiga vila que abrigava os trabalhadores que construíram as tumbas reais no Vale dos Reis. No papiro, que lembra uma história em quadrinhos, um leão assanhado vence uma gazela no jogo e reivindica a oportunidade de se deitar com o antílope como seu prêmio.

Mas alguns achados sugerem algo mais estranho e mais sinistro a respeito desse jogo. Na tumba de Nefertari, a esposa de Ramsés II, uma pintura mostra a rainha jogando sozinha contra um adversário invisível. O jogo também consta no Livro dos Mortos criado pelo escriba tebano chamado Ani por volta de 1250 a.C. No livro, Ani e sua esposa são apresentados disputando o jogo juntos enquanto os seus espíritos com corpo de ave pairam sobre os seus sarcófagos.

Evidentemente havia alguma coisa esquisita com esse jogo antigo, que, apesar de todas as descobertas, ainda permanecia envolto em mistério. Não se assemelhava a nenhum dos jogos com que as pessoas brincavam nos dias atuais, e mesmo com todas as suas buscas, os arqueólogos não encontraram nenhum registro das regras.

As pinturas das tumbas omitiam muitos detalhes. A perspectiva lateral da arte egípcia antiga ocultava a posição das peças no tabuleiro, sendo impossível entender o jogo a partir das imagens. O único segredo que as pinturas revelaram foi que os antigos egípcios chamavam o jogo de "Senet", que significa "passagem".

A variedade de tabuleiros contribuiu para a confusão. Metade tinha todas as casas sem nada, mas o resto tinha hieróglifos nas cinco casas no canto inferior direito do tabuleiro. Alguns tabuleiros tinham ainda mais hieróglifos; em um jogo, todos os espaços eram decorados. As peças também variavam. Algumas eram pinos, outras tinham o formato de peões de xadrez e carretéis de algodão.

Com as regras desconhecidas, os egiptólogos apenas podiam especular a respeito da natureza do jogo, mas foi um desafio até mesmo para chegar a uma conclusão sobre qual quadrado era o ponto de partida. Alguns acreditavam que o jogo começava no canto inferior direito porque o hieróglifo visto nesse espaço em alguns tabuleiros significava "porta". Outros rebateram que esse símbolo também significava "saída" e argumentaram que esse espaço marcava não o começo, mas, sim, o fim do jogo.

O enigma do Senet se mostrou tão inquietante que, em 1946, o Museu Metropolitano de Arte em Nova York solicitou a ajuda de George Parker, o fundador da maior fabricante de jogos do país, a Parker Brothers. Depois de examinar o jogo e consultar os egiptólogos do museu, Parker propôs um conjunto de regras que posteriormente ele usou para uma versão comercial do Senet. Mas as suas ideias foram tão convincentes quanto as de qualquer outra pessoa. Não passavam de conjecturas: concepções modernas sobrepostas a relíquias antigas.

Mas à medida que mais e mais tabuleiros do Senet se acumulavam nos museus em todo o mundo, surgiu um padrão. Os tabuleiros mais antigos quase sempre tinham casas sem nada, mas os mais recentes eram decorados com hieróglifos religiosos. Será que o Senet começou como um jogo, mas depois se transformou em uma representação da fé? As pinturas do jogo corroboravam essa ideia. As artes primitivas apresentavam o jogo como parte da vida cotidiana, mas posteriormente as ilustrações retratavam o Senet em rituais e sepultamentos. Com base nesta e em outras evidências, o egiptólogo Peter Piccione sugeriu que ao longo dos séculos o Senet deixou de ser um passatempo para se tornar um guia demonstrativo para a vida depois da morte.

Os egípcios antigos acreditavam que quando as pessoas morriam, as suas almas se reuniam na barca do deus Sol Rá ao entardecer e então eram levadas a uma jornada noturna pelo mundo subterrâneo dos mortos. Durante o percurso, as almas dos pecadores eram punidas e destruídas enquanto os espíritos que continuassem na barca ao amanhecer se juntavam a Rá e viviam para sempre. Piccione argumentou que os hieróglifos nos tabuleiros posteriores do Senet representavam os principais momentos dessa jornada de almas. O quadrado no canto superior esquerdo desses últimos tabuleiros exibiam o símbolo de Thoth, a divindade com cabeça de íbis que anunciava a chegada dos recém-falecidos ao mundo subterrâneo, e por isso era aqui que o jogo começava. Na fileira do meio do tabuleiro encontravam-se as casas representando Osíris, o juiz de pele esverdeada dos mortos, que enviava os culpados para serem dizimados pelas chamas, e a Casa da Armadilha onde os impuros eram aprisionados em redes e torturados. As cinco últimas casas do tabuleiro incluíam a Casa do Rejuvenescimento - a oficina de mumificação onde os corpos eram preparados para o sepultamento e a vida eterna -, e as Águas do Caos nas quais as almas pecadoras se afogavam. O último espaço representava Ra-Horakhty, o deus do sol nascente, e significava o momento em que as almas dignas se reuniam a Ra por toda a eternidade. Nesta interpretação, o Senet não era um mero jogo, mas, sim, uma porta de entrada para o reino espiritual. Por intermédio dos movimentos ritualísticos do jogo, os vivos podiam descobrir o que os aguardava no além, e caso o seu destino fosse uma morte incandescente, eles podiam então mudar as suas atitudes.

As provas reunidas por Piccione sugeriram ainda que o poder do jogo não ficou só nisso. O Senet também atuou como uma tábua de Ouija da Idade de Bronze que permitia que as pessoas se conectassem com os mortos. Elas poderiam até jogar o Senet contra as suas próprias almas, o que explicaria aquela pintura curiosa da rainha Nefertari jogando sozinha.

Os antigos egípcios não eram os únicos a usar os jogos para prever o futuro. No mesmo ano em que Carter descobriu a tumba de Tutancâmon, outro arqueólogo britânico chamado Leonard Woolley começou a escavar as ruínas de Ur no sul do Iraque.

Fundada por volta de 4000 a.C., Ur se tornou uma das cidades mais ricas e povoadas do mundo antigo. Mas os seus dias de glória não duraram muito. Invasores nômades saquearam a cidade. Os rios Tigres e Eufrates, que enriqueceram Ur, depositaram sedimentos suficientes para deslocar a linha de costa cada vez mais para longe da cidade. Então vieram a guerra e a seca, levando os cidadãos a procurar terras mais férteis e seguras. No final do século VI, a outrora grande cidade de Ur estava deserta e sendo gradualmente enterrada pelas areias movediças.

Durante as suas escavações do cemitério real da cidade, Woolley se deparou com um jogo que ficou conhecido como "o jogo real de Ur", embora outros tabuleiros tenham sido encontrados posteriormente em todo o Oriente Médio. O jogo descoberto em Ur havia pertencido a uma princesa. As suas casas eram feitas de placas de concha embutidas em um bloco de madeira e separadas por tiras de um azul intenso da pedra preciosa lápis-lazúli. Cada quadrado era decorado com padrões complexos: olhos, rosetas e motivos geométricos corados com resíduos de calcário vermelho e muito mais lápis-lazúli. O tabuleiro era peculiar, com um formato semelhante ao de um halter carregado de maneira irregular. O lado esquerdo tinha uma área de quatro casas de largura e três de altura, que era ligada por uma ponte de duas casas ao lado direito, que media dois espaços de largura e três espaços de altura. Assim como o Senet, o jogo real de Ur era um passatempo morto e enterrado. O jogo havia caído em desuso centenas de anos antes de Woolley ter encontrado o tabuleiro da princesa, e as suas regras eram desconhecidas.

Por décadas, pensou-se que as regras do jogo real de Ur também continuariam a ser um mistério, mas então, no início dos anos 1980, Irving Finkel do Museu Britânico decidiu examinar uma quase esquecida tábua de argila escondida bem no fundo do vasto arquivo de relíquias antigas do museu de Londres.

A jornada da tábua até Londres começou em 177 a.C., quando o escriba babilônico Itti-Marduk-balatu pegou uma placa de argila úmida e uma vareta tosca e começou a gravar palavras na argila usando símbolos cuneiformes, a mais antiga forma conhecida de escrita. Na época, a cidade da Babilônia passava por um sério declínio. Os cidadãos fugiam em massa para escapar dos constantes confrontos pelo controle da cidade que se seguiram à morte de Alexandre, o Grande; e, em meio ao caos, a tábua do escriba acabou se perdendo nas ruínas cobertas de areia do que um dia foi a maior cidade do mundo. A tábua permaneceu enterrada ali até que uma equipe de arqueólogos europeus a retirou da areia em 1880 e a vendeu ao Museu Britânico, que a catalogou e depois a arquivou. E lá a peça ficou absolutamente ignorada, por mais um século, até que Finkel, o especialista em escrita cuneiforme do museu, finalmente teve tempo de dar uma olhada nela.

Depois de tirar a relíquia do depósito, Finkel - um homem que poderia muito bem se fazer passar pelo Professor Dumbledore graças à sua grande barba branca e os óculos fininhos - virou a tábua do avesso e percebeu um padrão que lembrava o peculiar tabuleiro do jogo real de Ur. Com a curiosidade estimulada, ele começou a traduzir o antigo texto e, para seu deleite, descobriu que este explicava como brincar com o jogo.

O jogo real de Ur era um jogo de corrida. Os participantes competiam para levar as suas peças do lado esquerdo do tabuleiro para a saída, que se encontra no lado direito, jogando dados feitos de ossos de ovelha. E, além de ser uma diversão, também adivinhava o futuro dos jogadores. Cada uma das casas do tabuleiro apresentava uma vaga previsão que não pareceria nem um pouco estranha em um biscoito da sorte ou na seção de horóscopo de um jornal. "Você encontrará um amigo", apresentava um espaço. Outros prometiam que o jogador se tornaria "poderoso como um leão" ou poderia "tirar uma boa cerveja".

Usar os jogos para orientação espiritual ou conhecer o futuro pode nos parecer esquisito hoje em dia, mas isso faz mais sentido quando entendemos que os nossos cérebros tem uma enorme aversão ao conceito de aleatoriedade. Os nossos cérebros procuram padrões no mundo ao nosso redor e instintivamente tentam identificar as causas responsáveis por esses padrões. Trata-se de uma habilidade muito útil. Se estivermos caminhando na floresta e ouvirmos um barulho inesperado no mato, é bem mais provável imaginarmos que um urso causou o ruído do que um sopro de vento ao acaso. Essa interpretação será quase sempre equivocada, mas confundir uma brisa com um urso não é grande coisa, ao passo que confundir um urso com o vento é um negócio bem sério. O hábito dos nossos cérebros de criar conexões entre acontecimentos contribui não apenas para a sobrevivência, como também nos ajuda a desenvolver teorias e ideias que podemos pôr à prova, abrindo caminho para novas descobertas e perspectivas.

Por mais útil que seja, a nossa reação subconsciente de juntar os pontos também nos leva a atribuir um significado inexistente a acontecimentos aleatórios. Mesmo nos dias de hoje, passados mais de 500 anos desde que a teoria matemática da probabilidade foi elaborada, as nossas mentes ainda se rebelam contra a aleatoriedade. Nós podemos achar que os dados estão dificultando a nossa vida durante um jogo; imaginar que uma conspiração secreta provocou um trágico acidente; ou concluir que um remédio homeopático curou o nosso resfriado.

A "Maldição de Madden" é um bom exemplo de como as nossas mentes dão significado à aleatoriedade. Alguns fãs de futebol americano acreditam que há uma mandinga contra os jogadores que aparecem na capa do videogame lançado anualmente pela franquia Madden NFL. Afinal, muitos dos astros da NFL que agraciaram a capa do jogo se contundiram ou tiveram queda de rendimento naquela temporada. Algumas pessoas acreditam que a maldição é tão real que até fazem campanha contra a ideia de seus jogadores favoritos virarem as estrelas da capa da Madden NFL.

Claro que não há nenhuma ligação. O futebol americano é um jogo violento e lesões são recorrentes. Se pegarmos qualquer grupo aleatório de jogadores da NFL, provavelmente descobriremos que uma boa parte deles sofreu alguma lesão ou teve uma atuação abaixo da média em qualquer temporada, independentemente de terem ou não aparecido na capa da Madden NFL naquele ano. Mas por causa da maneira como as nossas mentes funcionam, as pessoas imaginam uma relação de causa e efeito, e sempre que um astro da capa da Madden NFL se machuca, isto só reforça a crença na maldição.

Logo, se hoje em dia ainda criamos conexões entre acontecimentos sem nenhuma relação, não seria nenhuma surpresa que os povos antigos acreditassem que houvesse algo mais por trás dos resultados de suas rolagens de dados e arremessos de varetas do que mero acaso. Em vez de pensar em aleatoriedade, as pessoas viam a mão invisível do reino espiritual. Parar na casa das Águas do Caos no Senet não era um acontecimento casual, mas, sim, uma mensagem de um deus, um espírito ou até mesmo da sua própria alma.

No entanto, apesar de toda a aura de misticismo que os cercava, nem o Senet, nem o jogo real de Ur conseguiram se manter. No caso do Senet, a religião deve ter sido a causa da sua ruína. Sob o jugo dos romanos, os egípcios se converteram ao cristianismo e por isso o jogo foi descartado, assim como os velhos deuses. O desaparecimento do jogo real de Ur é mais confuso. Há quem defenda que este se transformou no gamão. Uma teoria alternativa é que as primeiras versões do gamão afastaram as pessoas do jogo real de Ur, que foi sendo suprimido até cair no esquecimento. Ou pelo menos até todos pensarem que o jogo tinha sido esquecido.

Isso porque, apesar de o jogo real de Ur ter desaparecido no Oriente Médio, o passatempo persistiu de maneira despercebida na cidade de Kochi, no sul da Índia. Em algum momento antes de o jogo ser extinto no Oriente Médio, um grupo de mercadores judeus deixou a região e começou uma jornada épica de oito mil quilômetros que finalmente se encerrou quando eles se estabeleceram em Kochi. Uma das coisas que esses comerciantes aventureiros levaram em suas viagens foi o jogo real de Ur, e os seus descendentes ainda jogavam uma versão conhecida desse passatempo quando eles começaram a migrar para Israel depois da Segunda Guerra Mundial, muitas centenas de anos depois que as pessoas pararam de brincar com o jogo no Oriente Médio.

O jogo real de Ur não é o único jogo de mesa que nos permite seguir os passos dos nossos antepassados e poucos jogos são melhores para isso do que os jogos de mancala da África, do Oriente Médio e da Ásia Meridional. Apesar de ser amplamente difundido pelo mundo inteiro, os jogos de mancala são menos conhecidos nos países ocidentais, onde eles às vezes são apresentados como um único jogo, o que dá no mesmo que dizer que o baralho de cartas é um jogo. Existem centenas de diferentes tipos de jogos de mancala, mas o que todos eles têm em comum é que são jogos para dois participantes em que as pessoas movem as peças em um tabuleiro com casas semelhantes a poços.

O tipo de jogo de mancala mais popular é o oware, que também é conhecido como awari, awélé e warri, entre muitos outros nomes. Os tabuleiros de oware são formados por duas fileiras de seis poços. Cada um dos jogadores fica com a fileira mais próxima a ele. O jogo começa com cada poço sendo preenchido com quatro peças ou "sementes", que tradicionalmente consistiam em conchas, nozes ou pedrinhas. O objetivo é capturar a maioria dessas sementes. Na sua vez, cada um dos jogadores escolhe uma casa do seu lado do tabuleiro, pega todas as sementes desta casa e, depois, se move pelo tabuleiro no sentido anti-horário, deixando uma semente em cada casa até que a sua mão esteja vazia. Esse processo é conhecido como "semeadura". Se a última semente plantada elevar o número de sementes na casa do adversário para duas ou três, o jogador faz a captura, ou melhor, a "colheita", de todas as sementes que estão nesta casa. E se a casa em que ele plantou antes ainda possuir duas ou três sementes, ele pode colher estas sementes também; o processo continua até que o jogador chegue ao final da fileira do seu adversário ou encontre uma casa que não contenha duas ou três sementes. O passo para a vitória é plantar as sementes de modo que se possa colher o maior número de sementes possível ao mesmo tempo em que limita a possibilidade do seu adversário de recolher as sementes do seu lado do tabuleiro.

O oware é fácil, mas outros jogos de mancala são reconhecidamente complexos. Um desses jogos de mancala que causam dores de cabeça é o bao, que é jogado principalmente no leste da África. O tabuleiro do bao possui quatro fileiras de oito poços e vem com uma lista intimidante de regras que determinam as várias maneiras de se ganhar; como a direção da semeadura muda dependendo da etapa do jogo; e como as sementes recolhidas podem ser redistribuídas no tabuleiro. Em certas circunstâncias, os jogadores devem começar a semear de novo a partir da casa em que eles lançaram a sua última semente e, em teoria, essa reação em cadeia de plantio pode ser interminável.

Entre a simplicidade do oware e a complexidade do bao existem centenas de tipos de mancala que vão desde os tabuleiros de três fileiras da Etiópia e da Eritreia até a versão com vinte e quatro casas que é jogada pelos ciganos romenos na Transilvânia. E a distribuição dessas variantes constitui uma trilha de migalhas de pão da migração e comunicação humana através dos séculos.

A evidência mais contundente disso pode ser observada em como os jogos de mancala se espalharam pelas rotas de tráficos de escravizados. O oware, por exemplo, veio com os escravizados levados da África Ocidental para o Caribe, onde eles recriaram o tabuleiro do jogo no solo. O mesmo aconteceu na África Oriental sob o domínio de Omã no século XVII. Os escravizados levados pelos omanitas de Moçambique para Mascate trouxeram consigo um mancala de quatro fileiras chamado njomba, que eles jogavam em suas terras natais. O njomba passou dos que sofreram escravização para os omanitas, que o chamaram de hawalis e ainda é jogado nos dias de hoje. Os omanitas também vendiam escravizados para os colonos franceses nas Seychelles, o que fez com que o njomba criasse raízes por lá com o nome de "makonn".

Mas a trilha de migalhas de pão dos jogos de mancala é irregular. As pessoas costumavam brincar com os jogos de mancala em tabuleiros improvisados esculpidos na terra ou em tábuas de madeira que apodreceram. A natureza genérica das sementes usadas nesse passatempo também faz com que seja difícil traçar com exatidão o histórico do jogo.

Os indícios arqueológicos imprecisos dos jogos de mancala deixam muitos pontos em aberto. Nós não sabemos se a África ou o Oriente Médio foram o berço dos jogos de mancala, ou quando os primeiros jogos surgiram: só podemos limitar a pesquisa a um período específico entre 3000 e 1000 a.c. Tampouco sabemos como a árvore evolutiva dos jogos de mancala se interliga. É possível que os jogos mais simples como o oware tenham surgido primeiro e depois se transformaram em criações mais complexas como o bao, mas até onde sabemos, os jogos de mancala podem ter sido suavizados com o tempo.

Mas existe um jogo de tabuleiro muito mais recente cuja evolução e difusão por todo o mundo é bem melhor documentada: um jogo que ainda é disputado até hoje. Um jogo moldado por séculos de migração, guerra, comércio, desenvolvimento tecnológico e mudanças culturais. E esse jogo é o xadrez.

2

XADREZ: O "JOGO DA RAINHA LOUCA"

Como o tabuleiro de xadrez passou a representar séculos da história mundial

É improvável que muitos dos que frequentam hoje em dia a Praça de Xadrez do Washington Square Park já tenham ouvido falar do Império Gupta, mas se não fosse por esse reino indiano quase esquecido, nenhum deles estaria lá.

No século IV, os guptas dominavam as terras ao redor de Pataliputra, um povoado próximo à atual cidade de Patna, no nordeste da Índia. Era um domínio insignificante, apenas mais um das centenas de reinos menores que governavam o subcontinente indiano na época. Mas os guptas estavam destinados à grandeza. Em 319 d.C., o ambicioso Chandragupta I se tornou rajá do reino e tudo mudou. Chandragupta I queria mais do que o pequeno domínio que havia herdado, por isso ele ordenou aos seus regimentos de infantaria, cavalaria armada e temíveis elefantes de guerra que lhe construíssem um império. Muitos governantes locais deram uma olhada nas suas poderosas tropas e se renderam sem luta. Os que resistiram foram logo esmagados.

No final do século, os guptas controlavam a maior parte da Índia. Seu império se espalhava desde Balkh, no norte do Afeganistão, até o majestoso rio Brahmaputra em Bangladesh. A sua fronteira norte se estendia ao longo do sopé dos Himalaias, e ao sul as suas terras iam até Mumbai na costa ocidental do subcontinente indiano e o rio Krishna, na região Leste.

Para manter esse vasto império, os guptas formaram um enorme exército com mais de meio milhão de soldados e uma frota com mais de mil navios. No entanto, os guptas eram tudo menos déspotas opressores, pois à medida que expandiam o seu território, os rajás dos guptas deram início a um dos maiores períodos áureos da história da humanidade.

Durante a dinastia Gupta, a Índia prosperou. Os médicos desenvolveram novas técnicas cirúrgicas. As ruas cantarolavam ao som de instrumentos musicais diferentes. A arte, poesia e literatura floresceram. A ciência da metalurgia fez grandes avanços e os rajás dos guptas usaram a sua imensa riqueza para construir escolas, hospitais e orfanatos.

Os astrônomos do império estudaram as estrelas e descobriram que a Terra gira sobre o seu eixo e orbita em torno do Sol séculos antes do resto do mundo chegar à mesma conclusão. O mais importante de tudo é que o império concebeu o sistema decimal matemático e o conceito de zero. E antes de desaparecer no século VI, por causa de um governo incompetente e ataques estrangeiros, o Império Gupta deu ao mundo o xadrez.

O xadrez evoluiu a partir de um antigo jogo de tabuleiro indiano chamado ashtapada. Os jogadores rolavam os dados e esperavam ser o primeiro a avançar as suas peças a fim de completar o circuito do tabuleiro, que tem sessenta e quatro casas dispostas em oito fileiras e oito colunas.

No entanto, em algum momento do século V, as pessoas começaram a usar o tabuleiro do ashtapada em um novo jogo para quatro jogadores chamado chaturanga, que significa "quatro partes" em sânscrito. O chaturanga era um jogo de guerra e as peças representavam as quatro divisões do impressionante exército do Império Gupta: infantaria, cavalaria, elefantes de guerra e navios. Cada jogador também tinha uma peça que representava o rajá que comandava as suas tropas.

A infantaria se movia como os peões do xadrez, sempre marchando para frente e capturando na diagonal. A cavalaria podia saltar sobre as outras peças com o mesmo movimento característico em formato de "L" dos cavalos do xadrez; e os elefantes de guerra atacavam na vertical e na horizontal pelo tabuleiro como torres. E, assim como o rei no xadrez, o rajá podia se mover em qualquer direção, mas somente uma casa por vez. Os navios, entretanto, eram diferentes de qualquer coisa do xadrez tal como o conhecemos hoje. Eles se moviam duas casas na diagonal em qualquer direção e também podiam saltar sobre qualquer peça que bloqueasse seu caminho.

Com as suas variadas peças do jogo, o chaturanga deve ter passado a impressão de que era algo especial. Na época, os marcadores nos outros jogos geralmente simbolizavam o jogador no tabuleiro, mas a recriação em miniatura do exército gupta do chaturanga não representava o jogador e, sim, as tropas que o jogador controlava. No chaturanga, os jogadores eram deuses e até os rajás obedeciam às suas ordens.

Apesar das semelhanças como o xadrez é jogado hoje em dia, o chaturanga era um jogo muito diferente. Para começar, havia quatro exércitos e esperava-se que os jogadores trabalhassem com um aliado para derrotar os outros dois jogadores antes de se virarem uns contra os outros. Havia também restrições sobre a forma como as peças se capturavam entre si, um detalhe que ecoava o sistema de castas da Índia. Os soldados inferiores eram proibidos de pegar as peças de hierarquia superior e os rajás nunca podiam ser mortos, apenas levados em cativeiro. Os jogadores que capturavam um rajá inimigo podiam até fazer uma troca de prisioneiros para colocar os seus rajás de volta no jogo. Outra grande diferença entre o xadrez e o chaturanga era o fator sorte. Ao contrário do xadrez moderno, o chaturanga não era um jogo de lógica pura. Em vez disso, os jogadores lançavam varetas que funcionavam como dados para descobrir qual peça podiam mover. Geralmente também era jogado à base de riscos calculados. Existiam até lendas sobre jogadores que apostavam os próprios dedos no jogo e apenas abandonavam o tabuleiro durante uma partida quando não tivessem mais nenhum dígito a oferecer.

Para os religiosos, a condição do chaturanga como um jogo a dinheiro era um problema. As Leis de Manu, o código de leis hindu, se opunham à prática de jogar com dados, e embora as suas normas fossem tratadas como ideais a serem seguidos, em vez de leis a serem aplicadas, isso funcionou para desencorajar o devoto a jogar. Os budistas eram ainda mais rigorosos e exortavam os seus seguidores a se negar a aprender o jogo. Sob pressão religiosa, as pessoas rejeitaram os dados do jogo e deram aos jogadores a oportunidade de escolher qual peça mover.

Com o passar dos anos, outros aperfeiçoamentos foram incorporados. Os elefantes de guerra e os navios trocaram os seus padrões de movimentação, e, muito mais importante, o chaturanga virou um jogo para dois jogadores. Essa mudança fez com que os exércitos outrora aliados da versão original formassem uma única potência de dezesseis peças. Para evitar que houvesse dois rajás em cada exército, um deles foi rebaixado a ministro, um conselheiro do rajá que só podia se mover uma casa por vez na diagonal. E com apenas dois rajás em jogo, a troca de prisioneiros não fazia mais sentido, mas como matar rajás era algo reprovável, o chaturanga se transformou em um jogo que consistia em capturar - ou seja, dar o xeque-mate - no rajá adversário.

Os mercadores logo começaram a levar essa versão do chaturanga consigo em suas viagens pelas rotas da seda, que fornecia não só um meio de transporte de mercadorias, como também de jogos e ideias. Um dos primeiros lugares para onde os comerciantes levaram o chaturanga foi a Pérsia. Os persas gostaram tanto do jogo que até criaram uma lenda a respeito da sua entrada no território.

A história se inicia com um embaixador indiano chegando à corte de Cosroes I, que governou o Império Sassânida da Pérsia de 531 a 579 d.C. Quando se encontrou com o xá persa, o embaixador o presenteou com um belo jogo de tabuleiro e um conjunto de peças feitas de esmeraldas e rubis. Enquanto Cosroes I admirava o elaborado jogo, o indiano lançou um desafio em nome do seu rei.

"Se os seus eruditos não descobrirem como jogar este jogo, isto mostrará que a Pérsia é intelectualmente inferior e, portanto, nós vamos exigir tributos e ouro", explicou o embaixador. "Mas se os seus homens resolverem o enigma deste jogo, então o meu rei irá reconhecê-lo como um soberano digno."

Os eruditos da Pérsia passaram três dias examinando o jogo desconhecido até que um deles declarou ter descoberto a forma de jogá--lo. Após o sábio ter vencido o embaixador no jogo doze vezes seguidas, os indianos reconheceram Cosroes I como o legítimo governante da Pérsia.

Os persas não só adotaram com entusiasmo o jogo que eles chamaram de "shatrang", como também o melhoraram. Eles criaram posições iniciais fixas para as peças do jogo e mudaram os rajás para xás.

Os persas também começaram a se avisar mutuamente sempre que eles ameaçavam o xá do seu adversário e encerravam a partida declarando "shat mat", que para os persas significava "o rei está morto". Estes princípios continuam até hoje como "xeque" e "xeque-mate".

O ministro indiano virou um farzin, o guarda-costas pessoal do xá, e como os persas não tinham uma frota significante, os navios foram substituídos por rokhs, ou seja, "bigas de guerra", embora os exércitos não usassem esses equipamentos há séculos. Em suma, os persas adaptaram o passatempo indiano para espelhar a sua própria sociedade, e não demorou muito tempo depois da chegada do jogo na Pérsia antes de ele ser alterado outra vez.

No começo do século VII, a corte sassânida se envolveu em mais intrigas e derramamento de sangue do que uma temporada da série Game of Thrones. Pretensos governantes executaram os seus irmãos, asfixiaram uma rainha com um travesseiro em seu leito, iniciaram guerras civis, sucumbiram à peste e assassinaram um rei de oitenta anos em sua busca de poder. Enquanto os sassânidas estavam ocupados se apunhalando pelas costas, os seguidores de uma nova religião chamada Islã estavam ocupados se preparando para invadir a Pérsia. Logo depois de conquistar a Arábia, os exércitos muçulmanos chegaram à Pérsia em 636 d.C. e, auxiliados pela turbulência na corte sassânida, dominaram todo o império em apenas quatorze anos.

Assim como o comércio trouxe o xadrez para a Pérsia, a invasão levou à difusão do xadrez no mundo Árabe quando os vitoriosos exércitos muçulmanos voltaram para casa com o jogo persa. O passatempo se tornou um dos favoritos dos califas e intelectuais, mas nesse império teocrático era inevitável que logo surgisse a grande questão para saber se Alá aprovava aquilo ou não. O Alcorão dizia para as pessoas evitarem os jogos de azar, mas o xadrez era um jogo de aposta? Nem sempre, mas com frequência suficiente para levantar suspeitas entre os crentes. Outros se preocupavam com o fato de que o xadrez era tão envolvente que iria distrair as pessoas de seus deveres religiosos.

Mas o xadrez tinha os seus adeptos. Muitos pensavam que se tratava apenas de um jogo, e até mesmo Umar ibn al-Khattab, o califa que ordenou a invasão da Pérsia, o defendeu ao declarar: "Não há nada de errado nele. O jogo está relacionado com guerra."

A discussão não ficou só no ato de jogar xadrez. As peças do jogo eram outro ponto de discórdia religioso. Os persas, assim como os indianos antes deles, usavam peças que lembravam os contingentes militares que estas deveriam representar, mas o califado islâmico se opunha à criação de imagens de humanos e animais.

Finalmente chegou-se a um consenso: o xadrez poderia ser jogado em privado, desde que não fosse por apostas, e que as peças do jogo não imitassem seres vivos. Por isso, as figuras do jogo se transformaram em formas abstratas - blocos retangulares, cilindros compridos e cones curvados - que podiam ser diferenciadas apenas pela altura e formato. Mais uma vez o xadrez evoluiu para refletir a sociedade em que havia se inserido, adaptando-se como um camaleão para se ajustar ao seu ambiente.

Não que estas alterações tenham encerrado as discussões do Islã a respeito do xadrez. Após a Revolução Iraniana em 1979, o xadrez foi banido, mas voltou a ser permitido em 1988. Quando o Talibã assumiu o controle da maior parte do Afeganistão nos anos 1990, eles também declararam o jogo ilegal e começaram a prender qualquer um que fosse pego jogando. E em 2014, quando o principal clérigo da Arábia Saudita, o grande Mufti Abdul-Aziz Al ash-Sheikh, foi indagado sobre qual era a sua opinião sobre o xadrez, no seu programa semanal de tevê With His Eminence the Mufti, ele declarou que o jogo era proibido.

Depois de viajar através de uma combinação de comércio e guerra da Índia até a Arábia, o xadrez finalmente alcançou a Europa em 711 d.C., quando um exército muçulmano cruzou o Estreito de Gibraltar, desembarcou na Espanha e iniciou a conquista da Península Ibérica. Em nove anos, os invasores já haviam tomado o controle da maior parte da Ibéria, que eles declararam que agora era o emirado de Al-Andalus. A invasão islâmica aterrorizou a Europa, ferindo a sua identidade de continente cristão, e, pelos setecentos anos seguintes, os exércitos europeus contra-atacaram, enfraquecendo o emirado até que este deixasse de existir.

No entanto, a chegada do poder muçulmano à Europa fez mais do que provocar trauma e guerra. Isso também levou a um período de intercâmbio cultural entre os mundos cristão e islâmico. No processo, os europeus redescobriram os escritos dos gregos e romanos, foram apresentados a novos conceitos matemáticos - e aprenderam a jogar xadrez.

A Europa abraçou o xadrez com muita dedicação. O jogo encontrava-se na França em 760 d.C. e já estava sendo jogado por monges suíços antes do final do século X. Em 1050, o jogo chegava ao sul da Alemanha e antes do fim do século XII já tinha alcançado a Escandinávia e a remota ilha de Lewis na costa da Escócia.

Enquanto percorria a Europa, o xadrez entrou na vida cotidiana da aristocracia. Os pajens que aspiravam tornar-se cavaleiros tinham de aprender o jogo e os mestres do xadrez juntavam-se aos bufões e músicos como artistas das cortes reais.

O xadrez também virou um jogo do amor. O costume medieval de as mulheres nobres ficarem constantemente cercadas por damas de companhia significava que havia poucas oportunidades para os casais de namorados terem alguma privacidade, mas era aceitável que os homens visitassem as mulheres a sós em seus aposentos para jogar xadrez. Obviamente o xadrez se tornou muito popular entre os casais solteiros e o passatempo apareceu bastante na poesia romântica da época, inclusive em algumas versões de Tristão e Isolda, em que o cavaleiro da Cornualha e a princesa irlandesa se apaixonam enquanto disputam uma partida.

Ao contrário de muitos líderes religiosos do Islã, a Igreja Católica via o divino no tabuleiro de xadrez. Um tratado religioso sobre a moralidade, atribuído ao Papa Inocêncio III, mas que provavelmente não foi escrito de próprio punho, diz: "A condição do xadrez é que uma peça captura a outra e, quando o jogo acaba, todas são guardadas juntas, como homens iguais no mesmo lugar. Também não há qualquer diferença entre o rei e o humilde peão, pois muitas vezes acontece que quando as peças são lançadas desordenadamente dentro do saco, o rei fica no fundo; como alguns dos grandes se encontrarão após a sua passagem deste mundo para o próximo."

O monge dominicano Jacobus de Cessolis deu continuidade ao tema em um tratado que se tornou uma das obras mais vendidas da Europa medieval, O livro de costumes do homem e deveres dos nobres e plebeus - ou O livro de Xadrez. No tratado, o monge do norte da Itália descreve o xadrez como um modelo da sociedade feudal com todas as suas classes sociais, do mais elevado rei ao mais simples dos camponeses, representadas no jogo. Cada pessoa, ele argumenta, deve saber qual é o seu lugar e respeitar as restrições desta posição, assim como todas as peças de xadrez estão sujeitas às regras do jogo.

Apesar de compartilhar o mesmo amor pelo xadrez, a Europa não chegou a um acordo sobre como fazer para jogar. Cada reino parecia ter sua própria visão quanto ao jogo. Na Alemanha, alguns peões podiam se mover duas casas no seu primeiro movimento em vez de uma só, como de costume. No norte da Itália, o rei podia saltar sobre as peças no seu primeiro movimento. Na Inglaterra, os jogadores podiam escolher entre uma versão curta e uma versão longa do jogo, cada uma com as posições iniciais diferentes para as peças.

Até mesmo a identidade das peças foi contestada. Como os europeus não estavam familiarizados com elefantes, as pessoas decidiram mudar esse elemento para outra coisa, mas o que se tornou dependia de onde se vivia. Na França, os elefantes se tornaram le fou - o bobo ou bufão. Os alemães discordaram e declararam que o elefante deveria ser um mensageiro. Não, não, retrucaram os italianos, é um porta-estandarte. Na verdade, vocês todos estão enganados, intervieram os ingleses, porque nitidamente deve ser um bispo.

Mas, no final do século XIV, o que todos os europeus concordaram foi que o xadrez podia ser, vejam só, um pouco menos entediante. A essência do jogo praticamente não havia se alterado desde os dias em que o Império Sassânida governava a Pérsia, e, por todas as suas especificidades, o xadrez era um jogo demorado e complicado. Os exércitos arrastavam-se vagarosamente em direção ao centro do tabuleiro como se atravessassem um lamaçal. O xadrez era tão lento que, no Oriente Médio, os jogadores faziam vários movimentos na sua primeira vez para não terem que sofrer durante o processo de deixar os exércitos bem próximos para poder atacar um ao outro. Os europeus queriam mais ação, mais velocidade e mais agressividade. E já que o xadrez era um jogo popular, algo passado de uma geração para outra e que não pertencia a ninguém, assim como as canções tradicionais, os entusiastas tentaram corrigir a situação. Alguns ampliaram o tabuleiro, mas isso só serviu para deixar o jogo ainda mais demorado. Outros reorganizaram os pontos de partida de cada uma das peças na esperança de que isso ajudasse em alguma coisa. Mas não ajudou. No reino espanhol de Castela, os jogadores inconscientemente fizeram o xadrez voltar às suas origens ao deixar que os dados decidissem qual peça um jogador poderia mover. Por algum tempo, o xadrez com dados, que era mais rápido e mais fácil de jogar, fez sucesso, mas a aleatoriedade privou o jogo da sua profundidade estratégica. E quando a novidade passou, os dados se juntaram aos elefantes, xás e navios na lixeira do xadrez pela segunda vez.

As experiências da Europa com o xadrez também levaram à criação de tabuleiros quadriculados que ajudaram a acompanhar o jogo e, por volta do ano de 1100, alguém no sul da França reutilizou os marcadores em formato circular do gamão e um tabuleiro de xadrez para inventar um novo passatempo que, após vários séculos de aperfeiçoamento, virou o jogo de damas.

O momento de grande inspiração da tentativa europeia de turbinar o xadrez aconteceu quando os entusiastas tiveram a ideia de criar peças de jogo mais eficientes. Pensando bem, essa era uma solução bastante óbvia: se uma peça de jogo se move muito lentamente pelo tabuleiro, então por que não permitir que essa peça ande mais depressa?

Por isso, o bispo ou bobo, ou seja lá o que fosse a essa altura, perdeu a sua habilidade de saltar sobre os adversários, mas agora podia avançar na diagonal quantas casas quisesse. Os peões também foram melhorados. O movimento inicial de duas casas que era executado na Alemanha tornou-se a norma e, como uma medida preventiva, a regra do en passant foi criada. En passant, que em francês significa "na passagem", é um movimento especial de captura do peão que apenas se aplica em determinadas ocasiões. Digamos que o jogador com as peças brancas mova o peão pela primeira vez, e mova duas casas de forma que este fique ao lado de um peão preto. O jogador com as peças pretas pode, então, apenas na jogada seguinte, capturar o peão branco usando o en passant ao avançar o seu peão uma casa na diagonal para que este fique diretamente atrás do peão branco.

A mudança mais radical de todas, entretanto, foi a ascensão da rainha como a peça mais poderosa do tabuleiro de xadrez. Quando o xadrez chegou à Europa, o jogo herdou as peças do vizir que ainda era, no fundo, o mesmo conselheiro insignificante do rajá criado na Índia e limitado a se mover apenas uma casa diagonalmente. Assim como o elefante, o conceito de vizires não emplacou na Europa, por isso os entusiastas batizaram a peça de rainha. Mas foi só uma alteração de nome porque os movimentos permaneceram os mesmos.

Mas, nos séculos XV e XVI, a rainha se transformou no elemento mais poderoso do tabuleiro, com liberdade para andar quantas casas quisesse na horizontal, vertical ou diagonal. O fortalecimento da rainha não foi apenas para acrescentar ação ao jogo. Isso também refletiu como as lideranças femininas estavam assumindo o controle dos reinos em toda a Europa e mostrando que elas podiam governar tão bem quanto qualquer homem.

Liderando a nova onda de mulheres soberanas estava Isabela I de Castela, que governou juntamente com o marido, Fernando II de Aragão, em pé de igualdade. Juntos, o casal reuniu a Espanha, começando a construir um império no Novo Mundo; estabeleceu a Inquisição Espanhola e em 1492 conquistou Granada, o último vestígio do território muçulmano na Ibéria.

À medida que Isabela I transformava a Espanha, outra mulher destemida chamava a atenção na Itália. Catarina Sforza concluiu que o marido dela, o Conde de Forli, carecia do que era necessário para governar um reino, e por isso ela resolveu tratar do assunto à sua maneira. Ciente de que a morte do Papa Sisto VI, em 1484, poderia conduzir a um novo pontífice que tiraria o território da sua família, Sforza partiu para a ofensiva. Apesar de estar grávida de sete meses, ela montou em seu cavalo e disparou a toda velocidade em direção a Roma. Ao completar o percurso de dezesseis quilômetros, ela tomou de assalto a fortaleza papal de Castel Sant'Angelo e recusou-se a devolvê-la enquanto o novo pontífice não garantisse as terras e o título da sua família. Ela conseguiu o que queria.

Mesmo assim, algumas pessoas ainda não entenderam a mensagem de que Sforza era uma mulher que não estava para brincadeiras. Em 1488, um grupo de conspiradores assassinou o seu marido e aprisionou Sforza e os filhos dela. Os rebeldes então exigiram que ela ordenasse que a guarnição de Forli se rendesse. Ela convenceu os seus captores não muito inteligentes de que precisaria de tempo dentro do quartel para negociar a rendição e, ao ser libertada, ela mandou as tropas se prepararem para defender a cidade. Quando se tornou evidente que Sforza os havia enganado, os rebeldes ameaçaram executar os filhos dela diante de seus olhos enquanto ela assistia das ameias.

Conta-se que Sforza respondeu levantando a saia a fim de exibir a sua genitália e gritou para a multidão: "Pouco me importa, vejam, eu tenho isto aqui a meu favor." Outras fontes dizem que ela simplesmente fez um gesto equivalente ao ato de mostrar o dedo do meio na época da Renascença. De qualquer maneira, Sforza deixou muito claro para os rebeldes que ela não entregaria os pontos. Os rebeldes chocados ficaram sem saber como reagir e não cumpriram a sua ameaça. Logo depois, Sforza esmagou a rebelião, resgatou os seus filhos e celebrou a vitória arrastando o mentor da conspiração pelas ruas atrás do seu cavalo antes de o estripar vivo na praça da cidade.

Não é por acaso que os italianos chamaram a nova versão do xadrez de "o jogo da rainha louca".

Muitas outras mulheres líderes se seguiram: de Elizabeth I da Inglaterra até Catarina de Médici, esposa de Henrique II e rainha da França, cada uma ajudando a acabar com a ilusão de que só os homens podiam governar. Nesse contexto, não é nenhuma surpresa que os jogadores também passassem a aceitar a ideia de que a rainha era a peça de xadrez mais poderosa.

A inclusão da rainha superpoderosa transformou o xadrez. De repente, as batalhas em câmera lenta de antigamente tornaram-se enérgicas e rápidas. O xeque-mate podia até acontecer em apenas dois movimentos. A rainha também aprofundou o xadrez, dando um outro nível de complexidade ao jogo e criando novas possibilidades estratégicas. Não se tratava de um mero ajuste, mas, sim, de um momento transformador para o jogo inteiro. O jogo, que tinha começado há tantos séculos na Índia, agora era praticamente indistinguível do jogo que disputamos nos dias de hoje.

A rainha empoderada espalhou-se depressa. Em 1536, a nova rainha ainda era uma novidade nos reinos de língua alemã, mas oitenta anos depois poucas pessoas conseguiam se lembrar das regras antigas. As rainhas frágeis de outrora foram rapidamente esquecidas em toda a Europa.

O xadrez continuou a acompanhar os tempos através dos séculos XVIII e XIX, mas dessa vez foram os jogadores, e não as regras, que mudaram.

À medida que a Revolução Industrial gerava uma nova classe média abastada, crescia o interesse pelo xadrez. Os recém-endinheirados consideravam o xadrez um jogo elegante, digno de mentes sofisticadas. O xadrez tinha um apelo para os indivíduos que estavam dando início ao Iluminismo, com a sua admiração pela lógica e razão.

Poucos explicaram melhor o fascínio que o jogo exercia sobre os intelectuais daquela do que o autor britânico Mortimer Collins, que em 1847 escreveu: "Há duas classes de homens: aqueles que se contentam em se render às circunstâncias e que jogam uíste; e aqueles que pretendem controlar as circunstâncias, e que jogam xadrez."

Os cafés frequentados pela intelligentsia responderam ao interesse cada vez maior do público pelo xadrez inaugurando clubes onde os tabuleiros podiam ser alugados por hora. Esses clubes de xadrez se tornaram lugares em que os jogadores observavam os especialistas jogando; encontravam adversários à altura; aprendiam o jogo; e conheciam pessoas que partilhavam as mesmas ideias.

Como precursores dos cafés de jogos de mesa de hoje em dia, os clubes de xadrez abriram em toda a Europa durante o século XVIII, de Berlim a Budapeste até Edimburgo e Moscou. Nenhum, entretanto, tornou-se mais conhecido do que o Café de la Régence em Paris. Localizado próximo ao Louvre, o estabelecimento atraiu tanto jogadores de xadrez lendários quanto figuras que mudaram o mundo. Voltaire e Jean-Jacques Rousseau jogaram lá, assim como um jovem tenente francês chamado Napoleão Bonaparte. O fã de xadrez Benjamin Franklin visitou o clube quando morou na França e foi nesse lugar que Karl Marx conheceu Friedrich Engels.

O Café de la Régence pode ter tido a clientela de grandes nomes, mas o cenário enxadrista de Londres também tinha muitos grandes jogadores, e, após décadas de rivalidade distante, os clubes franceses e britânicos começaram a realizar competições nos anos 1830 para descobrir quem era o melhor (os franceses numa primeira etapa, caso você esteja curioso). Esses certames marcaram o início dos torneios de xadrez internacionais, e nos anos que se seguiram a esses primeiros confrontos anglo-franceses, cada vez mais clubes começaram a sediar as partidas dos torneios. E à medida que as competições se tornavam mais comuns, os jogadores experientes começaram a encarar seriamente o xadrez e a investir mais tempo em estudar partidas mais antigas e desenvolver novas estratégias para vencer os seus adversários.

Mas quando os jogadores saíram de casa para jogar em clubes desconhecidos, eles descobriram que nem todos jogavam xadrez da mesma forma. O enxadrista britânico George Walker, que jogou no Café de la Régence em 1839, reclamou que os franceses constantemente davam as suas opiniões sobre as partidas em andamento. "Eles não têm nenhum pudor em emitir baixinho as suas opiniões; apontar com os dedos para o tabuleiro; predizer o futuro provável; vilipendiar o passado", ele resmungou. "Eu juro que da próxima vez que jogar xadrez em Paris, será dentro de um recinto barricado."

O mestre de xadrez prussiano Adolf Anderssen, no entanto, achou uma tarefa árdua jogar contra os ingleses. Eles se sentam "com uma postura rígida", analisando repetidas vezes o tabuleiro, e só movem a peça depois que os seus oponentes já "suspiraram centenas de vezes", ele se queixou.

Esses desentendimentos de caráter nacional não eram nada em comparação a um problema de natureza mais fundamental que os jogadores de xadrez que viajavam pelo mundo enfrentavam: descobrir o que qualquer uma das peças de xadrez na frente deles significava. O xadrez pode ter existido por mais de mil anos, mas ainda não havia um consenso sobre como as suas peças deveriam ser. Alguns conjuntos eram representações literais de soldados, enquanto outros mantiveram o legado da influência do Islã com exércitos feitos de formas abstratas. Muitos conjuntos ficaram entre os dois extremos, disponibilizando peças que eram simbólicas, como, por exemplo, cavaleiros reduzidos a cabeças de cavalos.

Os jogadores logo começaram a falar em como o mundo realmente precisava de um jogo de xadrez padronizado. Os clubes de xadrez tentaram impor os seus próprios modelos ao mundo. O Café de la Régence produziu um conjunto, mas as suas peças compridas e finas tinham uma grande tendência a capotar, e como a altura era a principal característica que distinguia as peças, era fácil ficar confuso na hora de saber se a peça com a cabeça era um bispo ou um cavalo. O St. George's Chess Club de Londres também criou o seu próprio conjunto, mas embora as suas bases sólidas significassem que as peças raramente tombavam, os anéis em forma de botão que formavam os corpos das peças tapavam a visão do jogador enquanto ele tentava jogar. O que o xadrez internacional precisava era de peças que fossem projetadas com o conceito de torneios globais em mente, e em 1849 a fabricante de jogos John Jaques & Son, com sede em Londres, apresentou o modelo que os jogadores precisavam: o conjunto de xadrez de Staunton.

As peças de xadrez de Staunton é o que agora vem à nossa cabeça quando pensamos em xadrez. Peça a alguém para desenhar um peão de xadrez comum e essa pessoa vai esboçar o que tem uma bolinha no topo do conjunto de peças de Staunton. Quando pensamos no bispo de xadrez padrão com a mitra, a imagem que nos ocorre é a do modelo de Staunton.

O conjunto de peças foi batizado em homenagem ao jogador britânico Howard Staunton. Na época em que o conjunto foi criado, ele era a coisa mais próxima que o mundo tinha de um campeão de xadrez, mas ele não fez mais do que endossar o projeto. O homem que patenteou o conjunto foi Nathaniel Cooke, editor do Illustrated London News, o primeiro jornal ilustrado semanal do mundo, para o qual ele escrevia a coluna de xadrez, mas algumas pessoas acham que o próprio John Jaques, o dono da fábrica de brinquedos, pode ter sido o verdadeiro criador por causa de suas habilidades como mestre marceneiro. Independentemente disso, as peças de Staunton alcançaram o equilíbrio certo entre elegância e praticidade.

Inspiradas na arquitetura neoclássica que estava na moda na época, as bases e colunas das peças reproduziam os clássicos balaústres que os arquitetos incorporavam às varandas e escadas dos novos prédios. O cavaleiro seguiu com a temática neoclássica ao imitar o cavalo robusto que puxa a biga da deusa da lua Selene nos mármores de Elgin, que foram retirados do Partenon na Grécia e colocados no Museu Britânico em 1816.

O bispo usando a mitra, o cavaleiro com a cabeça de cavalo, a torre do castelo, o diadema da rainha e a coroa do rei já tinham aparecido em outros conjuntos, mas nunca foram feitos com tanta atenção à praticidade. Cada peça era estreita o suficiente para não bloquear a visão do tabuleiro, mas também firme o suficiente para não cair facilmente. As peças individuais também eram reconhecidas imediatamente. Ninguém confundiria um bispo e uma rainha de Staunton. Em segundo lugar, mas igualmente determinante, o modelo de Staunton não era muito elaborado, tornando a produção em larga escala mais barata, o que reduziu o preço dos jogos de xadrez e permitiu que ainda mais pessoas começassem a disputar o jogo.

O conjunto de peças de Staunton era simples, descomplicado e elegante, e o cenário emergente do xadrez competitivo abraçou a ideia. Em 1851, dois anos após a apresentação das peças, o primeiro torneio de xadrez verdadeiramente internacional foi realizado em Londres. Este torneio logo se tornou um evento regular, e à medida que o caráter competitivo do xadrez aumentava, a popularidade das peças de Staunton também crescia. E em 1924 a Federação Internacional de Xadrez (Fide/Fédération Internationale des Échecs) consolidou a posição do conjunto de peças ao declarar que esse seria o modelo padrão para todos os torneios internacionais.

A profissionalização do xadrez também garantiu que as regras se tornassem as mesmas no mundo inteiro. As variações locais desapareceram e a versão europeia do xadrez passou a ser a norma em todos os lugares, incluindo no local de nascimento do jogo na Índia.

O passatempo popular que surgiu no Império Gupta percorreu o mundo repetidas vezes por séculos. Durante o percurso, o jogo foi moldado pela religião, guerra, monarquia feminina e arquitetura neoclássica, e transformou-se em um esporte internacional. E até mesmo desempenhou o papel de cupido para unir casais enamorados. Mas atualmente o jogo se estabilizou e é semelhante em todo o mundo. O jogo que se disputa no Washington Square Park agora é idêntico ao que era disputado pelas pessoas em 1916, e não será nenhuma surpresa se o xadrez também continuar igual em 2116.

GAMÃO: O JOGO FAVORITO DOS PIONEIROS INTERNACIONAIS E ANTIGOS IMPERADORES

Como o gamão se tornou o jogo mais fascinante dos anos 1970

Estamos no início dos anos 1960 e nos clubes mais chiques da Califórnia um homem esquisito faz uma pergunta esquisita.

"Vocês sabem jogar gamão?", indaga o sujeito alto e magro com uma profunda voz de barítono. Os diálogos que se seguem à sua pergunta são praticamente os mesmos aonde quer que ele vá.

"Você disse gamão? Aquele jogo que tem as raquetes e petecas, como se fosse tênis?"

"Não, não é badminton - é gamão!"*, exclama o homem, com as suas sobrancelhas grossas se erguendo ao franzir a testa. "É um jogo", ele explica aos perplexos membros do clube, "disputado em um tabuleiro com aqueles triângulos longos e finos que costumamos ver no verso do tabuleiro do jogo de damas."

"Ah, sim, eu conheço, não faço a menor ideia de como se joga, não mesmo", eles inevitavelmente respondem.

"É um jogo magnífico", afirma o homem. "É o melhor jogo de todos os tempos. Um jogo de ação. Um jogo de destreza. Um jogo do

---

* No original: "No, not badminton - backgammon!", ou seja, um jogo de palavras intraduzível.

destino. Deixem-me ensinar a vocês."

O homem esquisito falando maravilhas a respeito do gamão era o príncipe Alexis Obolensky, um aristocrata russo que fez da sua missão de vida difundir o jogo pelo mundo.

Só o fato de ele ter que esclarecer a diferença entre gamão e badminton já é algo surpreendente. Afinal de contas, o gamão tem resistido há séculos. O jogo viu dinastias irem e virem, e impérios surgirem e desaparecerem. Como um possível descendente do jogo real de Ur, ele já era antigo quando o Cristianismo e o Islamismo foram criados. Guerras mundiais, epidemias, estiagens, urbanização, industrialização e a corrida espacial - o gamão passou por tudo isso e sobreviveu para contar a sua história.

No Oriente Médio, onde é conhecido como nard, o gamão está inserido no DNA cultural. O jogo é disputado nas ruas, nas casas de café, nas praias e em casa. Onde quer que haja pessoas, haverá o gamão. Diz-se que no Irã toda casa deve ter três coisas: uma cópia do Alcorão, as obras reunidas do grande poeta persa Hafez e um jogo de gamão.

"No Irã, todos começaram a jogar desde a infância", explica Chiva Tafazzoli, o presidente iraniano da Associação Mundial de Gamão. "Nesses países, as crianças já nascem com o jogo debaixo do braço."

O gamão é um jogo simples com uma profundidade surpreendente. Para entender o seu funcionamento é preciso decodificar esse tabuleiro peculiar com os triângulos finos. Estes triângulos são chamados de pontos (ou casas) e são os espaços que os jogadores usam para mover as suas peças pelo tabuleiro. No total, são vinte e quatro triângulos de cores alternadas divididos igualmente entre os dois lados do tabuleiro. Os doze triângulos de cada lado são separados no meio para formar duas zonas, e cada uma delas contém seis pontos.

Digamos que você esteja jogando com as peças brancas. A zona na parte inferior direita - os seis pontos mais à direita do seu lado do tabuleiro - é o seu tabuleiro interno, o lugar para onde você precisa mover as suas peças. Seguindo em sentido horário, a próxima zona é o seu tabuleiro externo. Acima desta fica o tabuleiro externo das peças pretas e à direita fica o tabuleiro interno das peças pretas, o lugar para onde o seu adversário quer mover as peças dele. O objetivo do jogo é mover todas as suas peças para o seu próprio tabuleiro interno. Quem tem as peças brancas deve mover essas peças pelo tabuleiro no sentido anti-horário e quem tem as peças pretas deve se deslocar no sentido horário. Os movimentos são controlados por dois dados, e o número que resulta de cada um é tratado separadamente. Digamos que você tenha conseguido um dois e um quatro. Você pode mover uma peça dois espaços e outra, quatro espaços. Se preferir, você pode mover uma peça quatro espaços e, depois, mover a mesma peça mais dois espaços. Decidir como usar os resultados dos dados é a parte em que a habilidade entra no jogo.

Mas existem restrições quanto aos movimentos se um ponto já tiver as peças do seu adversário. Os pontos que tiverem duas ou mais peças do outro jogador estão bloqueados e você não pode parar neste ponto. Mas se um ponto tiver só uma das peças dele, você pode parar lá e removê-la do tabuleiro. Na sequência, o seu adversário tem que usar uma de suas rolagens de dados para devolver a tal peça para o jogo através do seu tabuleiro interno.

A última etapa da partida é a "retirada final", quando as peças são removidas definitivamente do jogo depois de chegarem ao tabuleiro interno do seu respectivo jogador. Para começar a retirada, todas as suas peças devem estar dentro do seu tabuleiro interno. Em seguida, uma vez por turno, você remove as peças do tabuleiro dependendo dos resultados dos dados. Então, se você estiver com as peças brancas e tirar um quatro e um seis, você pode retirar as peças dos seus pontos quatro e seis do lado direito. O primeiro jogador que retirar todas as suas peças vence a partida.

O apelo do jogo reside em sua mistura quase igual de habilidade e sorte. Os resultados dos dados são determinantes, assim como a forma que se utiliza tais resultados. Esse equilíbrio tornou o gamão popular entre os apostadores desde tempos imemoriais, e não existe um jogo de gamão à base de apostas mais famoso ou sangrento do que o que foi registrado pelo antigo historiador grego Plutarco.

Com a ajuda de mercenários gregos e o incentivo da sua mãe,

Parisátide, Ciro, o Jovem, tentou derrubar o seu irmão, o rei persa Artaxerxes II, mas ele acabou morrendo no campo de batalha. Furiosa, Parisátide decidiu se vingar de todos os envolvidos na morte do seu filho favorito. Um a um, eles foram sendo eliminados à medida que Parisátide encontrava maneiras de convencer Artaxerxes a executá--los de forma brutal.

Logo só restou um: Masabates, o eunuco real que decepou a cabeça e a mão direita de Ciro para provar ao rei que o príncipe tinha morrido. Mas Masabates foi cuidadoso e evitou qualquer ação ou palavras que pudessem dar a Parisátide um pretexto para enviá-lo diretamente aos carrascos. Então Parisátide recorreu ao gamão. Ela disputava o jogo com o rei frequentemente e, um belo dia, ela o desafiou a jogar em troca de mil dáricos de ouro.

Ela perdeu o jogo de propósito, pagou a sua dívida e, em seguida, fingindo estar chateada por causa da derrota, pediu-lhe para jogar novamente, mas desta vez pela posse de um eunuco. Com a isca lançada, Parisátide derrotou o rei e reivindicou Masabates como seu prêmio. Depois do coitado do eunuco ter sido esfolado vivo, ela mandou que ele fosse empalado em três estacas cruzadas e que sua pele ficasse pendurada à sua frente para que ele a visse enquanto morria.

Assim como os gregos, os romanos também importaram do Oriente Médio uma versão anterior do jogo que agora conhecemos como gamão. Inicialmente, esse era conhecido como ludus duodecim scriptorum, "o jogo das doze linhas", mas após algumas modificações no tabuleiro ficou conhecido como tábula, que é o latim para "tabuleiro". Ambas as versões foram imensamente populares entre os romanos, muitos dos quais jogavam a dinheiro. Tabuleiros para o jogo foram encontrados entalhados nos pátios de muitas vilas em ruínas de Pompeia, e houve até o registro de uma pintura representando dois homens jogando em uma taverna antes de começarem a discutir e serem enxotados pelo taberneiro.

Os imperadores de Roma eram tão viciados no jogo quanto os seus súditos. Apesar de Calígula obviamente ser um trapaceiro, o seu sucessor Cláudio gostava tanto do jogo que escreveu um livro a respeito do assunto e até mandou fixar um tabuleiro na sua biga para que ele pudesse jogar enquanto estivesse em trânsito. Domiciano, por sua vez, era conhecido como um jogador experiente, enquanto Nero, segundo consta, apostou e perdeu enormes somas de dinheiro disputando esse jogo.

As legiões romanas levaram o tabula a todos os cantos do império, apresentando o jogo ao que hoje é o sul da Alemanha, França e Holanda. O jogo chegou até mesmo à fronteira mais ao norte do império no norte da Grã-Bretanha, onde os habitantes locais passaram a chamar o jogo de tables. Mas quando o Império Romano se desintegrou e os legionários se retiraram de volta para casa, o tables começou a desaparecer. Os antigos súditos dos romanos simplesmente não conseguiram abraçar o jogo com o mesmo ímpeto dos seus mestres que tinham ido embora.

Mas então vieram as Cruzadas, e muitos dos cristãos que seguiram em direção ao Leste para lutar contra os exércitos muçulmanos descobriram e se apaixonaram pelo jogo enquanto estavam na Terra Santa. Os soldados cristãos jogaram tanto durante a Terceira Cruzada que Ricardo I da Inglaterra e o rei Filipe II da França emitiram um decreto conjunto que proibiu qualquer um com o título de cavaleiro de jogar a dinheiro e limitou as quantias que os cavaleiros e clérigos podiam apostar. Aqueles que desobedeciam corriam o risco de serem "chicoteados nus pelos soldados por três dias".

Os cruzados trouxeram o jogo para casa com eles, ressuscitando o interesse europeu e transformando o passatempo em um aspecto da vida cotidiana na Idade Média. Da realeza e aristocracia até as pessoas sem nenhum título de nobreza que jogavam em estalagens que forneciam os tabuleiros aos seus clientes, o jogo de tables tornou-se uma visão comum em toda a Europa. O tables até foi citado na literatura medieval, com menções no poema épico francês A Canção de Rolando e no romance de Geoffrey Chaucer, Os Contos de Canterbury.

Nem todos ficaram satisfeitos com a popularidade do tables. Apesar de aprovar o xadrez, a Igreja Católica não viu com entusiasmo a expansão desse jogo de azar e passou boa parte da Idade Média fazendo campanha para que ele fosse proibido. A Igreja conseguiu algumas vitórias, inclusive convencendo o rei Luís IX a banir o jogo da França em 1254, mas a maior parte das pessoas ignorou a desaprovação do clero.

Assim como com o xadrez, as regras para o tables estavam longe de serem fixas na Europa. Quando a Idade Média deu lugar ao Renascimento, os europeus jogavam cerca de vinte e cinco versões do jogo, cada uma delas muito semelhante, mas todas com pequenas diferenças. Na França, jogava-se tric-trac, no qual marcar pontos realizando movimentos específicos era mais importante do que retirar as peças. Na Suécia, havia o bräde, que oferecia aos jogadores doze maneiras para vencer esse jogo, e na Grã-Bretanha havia o irish, que era muito parecido com o gamão moderno, à exceção de algumas pequenas diferenças no processo de retirada final.

Por fim, em algum momento dos anos 1640, o irish rendeu mais uma variação. Foram duas as principais novidades da criação britânica. Primeiro, se os jogadores tirassem dados duplos, ou seja, quando os dois dados mostram o mesmo número, eles podiam usar o resultado da rolagem para quatro movimentos em vez de apenas dois. Segundo, o jogo acrescentou um sistema de pontuação voltado para os apostadores, que concedia aos jogadores pontos extras dependendo do grau de desvantagem do seu adversário quando o jogo terminasse. Os britânicos chamaram essa nova versão de "backgammon"*, um nome derivado das palavras "back" ("verso") e "game" ("jogo"), e em 1743 Edmond Hoyle, o famoso cronista britânico de jogos de carta e tabuleiro, estabeleceu as regras que perduram em grande parte hoje em dia.

O gamão se tornou a versão mais importante do jogo na Europa, de onde se espalhou para a América do Norte e se manteve popular ao longo dos séculos XVIII e XIX. Thomas Jefferson jogou enquanto fazia uma pausa na sua tarefa de escrever a Constituição dos Estados Unidos. O almirante John Jervis da Marinha Real Britânica reclamou que os médicos da armada de Horatio Nelson desperdiçavam muito tempo com o jogo, e a Emma de Jane Austen jogava com o pai hipocondríaco. Então por que o príncipe Alexis Obolensky teve tanta dificuldade para encontrar alguém que identificasse o gamão enquanto ele entrava e saia dos clubes nos anos 1960?

---

*Esse jogo ficou conhecido como backgammon na Inglaterra, tric trac na França, puff na Alemanha, tablas reales na Espanha, tavola reale na Itália, e gamão em Portugal, que trouxe o jogo ao Brasil junto com os primeiros navegadores.

Os problemas do gamão começaram logo no início do século XX. O estigma em torno do jogo de cartas havia diminuído e os apostadores passaram a ignorar o gamão e dar mais atenção ao uíste e ao bridge. Em meados dos anos 1920, parecia que os dias de glória do gamão, pelo menos fora do Oriente Médio, haviam terminado.

Então, quando os anos 1920 se aproximavam do fim, o jogo recebeu uma injeção de ânimo com uma novidade nas regras: o cubo duplicador, ou seja, um copo - para chacoalhar os dados - e um par de dados grandes com os números 02, 04, 08, 16, 32, e 64 em suas faces. A função do cubo duplicador era acompanhar quantas vezes a aposta original tinha sido dobrada.

Suponhamos que estejamos jogando por um dólar. No início do meu segundo turno, eu decido - em uma atitude de excessiva confiança - que o jogo vai ser do meu jeito, então eu escolho o cubo, chacoalho os dados, tiro um dois e proponho que o valor inicial da partida seja dobrado.

Agora você se encontra em um dilema. Você pode aceitar que a aposta seja dobrada ou desistir do jogo. Se desistir, você tem de me pagar um dólar da aposta original, então você decide aceitar o dobre - afinal, não é tanto assim e o jogo mal começou. Ou seja, agora estamos apostando dois dólares e você passa a ser o dono do cubo.

Em seguida, é a sua vez de jogar, então você resolve usar o cubo para dobrar a aposta. Agora eu também tenho de tomar uma decisão. Eu recuso o dobre e pago os seus dois dólares ou aumento a aposta para quatro dólares? Eu escolho o dobre e desta vez eu fico com o cubo e agora estamos jogando por quatro dólares.

Essa alternância com o cubo segue durante todo o resto do nosso jogo. Sessenta e quatro é o número mais alto que o cubo pode oferecer, mas como não há um limite para dobrar as apostas durante uma partida, fazemos o dobre até chegarmos ao número cento e vinte e oito. Agora jogamos por cento e vinte e oito dólares em vez de um dólar e nós dois rezamos para que os dados estejam a nosso favor.

O cubo duplicador transformou o gamão, fazendo com que o jogo seja tanto uma batalha de nervos quanto uma disputa de habilidade e sorte.

Mas não se sabe quem criou o cubo duplicador. O mais provável é que tenha surgido por volta de 1925 em um dos clubes privados norte-americanos onde o gamão ainda se fazia presente, mas há alegações de que talvez tenha sido usado primeiro em Paris. Seja qual for a sua origem, o cubo renovou o interesse no jogo entre os apostadores endinheirados, que acharam o risco e a emoção de um sistema de apostas crescente atraente demais para ser ignorado.

Por alguns anos, o gamão voltou a entrar na moda, mas o ar de novidade que o cubo duplicador trouxe ao jogo não durou muito tempo, provavelmente atrapalhado pelo início da Grande Depressão. E como o cubo duplicador não conseguiu reverter o quadro em relação aos jogos de carta, o gamão perdeu a popularidade. Quando os anos 1930 deram lugar aos anos de guerra na década de 40, o interesse pelo jogo diminuiu de novo e o seu declínio só acelerou após a Segunda Guerra Mundial. No final dos anos 1950, o gamão foi desprezado e quase esquecido no Ocidente. Poucas vezes disputado fora dos antigos clubes dos ricos, continuou a existir principalmente - sem muita tradição - como o jogo no verso do tabuleiro de damas. O gamão passou a ser visto como algo antiquado e enfadonho, um jogo de uma época passada.

Como o humorista norte-americano Robert Benchley escreveu em 1930, no auge da revitalização que o cubo duplicador proporcionou ao jogo: "Lembro-me de um tempo em que gamão era algo que jogávamos quando tínhamos uma crise de amigdalite, acho até que não era grande coisa na época... Na verdade, o gamão era o espinafre dos jogos de salão, e algo que se reservava quase que exclusivamente para os priminhos visitantes e as crianças que 'não andavam muito bem'."

Na aurora dos anos 1960, a popularidade do gamão andava tão em baixa que até mesmo ser satirizado como "o espinafre dos jogos de salão" já seria um progresso e tanto. Mas então o príncipe Alexis Obolensky veio em seu resgate.

Nascido na capital imperial russa de São Petersburgo em 1914, Obolensky veio de uma linhagem aristocrática. Os seus parentes de sangue azul eram membros respeitados da alta sociedade russa czarista e descendentes da Dinastia Ruríquida, que fundou o estado medieval da Rússia de Kiev, o predecessor espiritual da Rússia.

Obolensky, entretanto, nunca chegou a conhecer a terra de seu nascimento. Em 1917, a Revolução Russa levou os bolcheviques comunistas ao poder e os Obolenskys fugiram do país. Assim como muitos russos brancos, termo pelo qual os russos imigrantes que deixaram o país depois da revolução vieram a ser conhecidos, os Obolenskys foram parar em Istambul. E foi durante o tempo em que a família dele passou lá que ele aprendeu a jogar gamão com o seu jardineiro turco e se apaixonou pelo jogo.

Quando Obolensky já era adulto, a sua família mudou-se para Nova York, onde o jovem príncipe ficou conhecido na comunidade russa de Manhattan como uma pessoa irascível graças ao seu estilo de vida de playboy, seu lado mulherengo e uma queda por jogos de apostas. Na época da Segunda Guerra Mundial, ele passou boa parte do seu tempo em Palm Beach negociando no mercado imobiliário e trabalhando como um agente da inteligência norte-americana com a missão de sondar espiões russos que estivessem tentando se infiltrar nos Estados Unidos pelo sul. Depois da guerra, ele voltou para sua vida de playboy e começou a lutar sozinho para encorajar o seu círculo social nos clubes privados a aceitar o seu jogo favorito. Mas como a sua peregrinação pelos clubes da Califórnia no começo dos anos 1960 provou, foi uma tarefa árdua. Para sua grande decepção, até os que jogavam gamão raramente apostavam altas quantias no jogo.

Então ele recebeu um telefonema do recém-inaugurado Lucayan Beach Hotel nas Bahamas. Esperando atrair o interesse entre os abastados, o dono desse hotel resort multimilionário perguntou ao playboy bem relacionado se ele poderia convencer um grupo de jogadores de gamão ricos a ir até lá e jogar por muito dinheiro. Obolensky folheou a sua abarrotada agenda de contatos e convidou trinta e dois jogadores abonados para participar do que ele chamou de o primeiro Torneio Internacional de Gamão.

Em março de 1964, Obolensky e o seu grupo de convidados que incluía condes, ricaços, acionistas e socialites chegaram em Freeport para um longo final de semana com gamão e grandes apostas. "O resto das pessoas no hotel nos olhavam como se fôssemos de Marte, com todos aqueles tabuleiros de damas", Obolensky contou ao seu sobrinho, Valerian, anos depois.

O torneio foi um evento muito divertido, uma festa ensolarada regada a drinques por conta da casa e sonorizada pelo ruído constante do chocalhar dos dados.

A partida final foi disputada pelo editor de Nova York, Porter Ijams, contra Charles Wacker III, um criador de cavalos de corrida endinheirado de Chicago, que mais tarde se tornou um fugitivo da justiça quando o FBI o acusou de evasão fiscal no valor de milhões de dólares. Estava em jogo a quantia de quase oito mil dólares, algo em torno de sessenta mil dólares em 2017, e o "Troféu Obolensky" de prata. Wacker venceu o jogo, e depois que ele e aqueles que apostaram no seu sucesso coletaram os seus prêmios, as celebridades do gamão compareceram a uma festa de gala, que contava com jogos que podiam ser disputados com apostas ainda maiores, e encerraram o evento com um mergulho ao pôr do sol.

Embora a coisa toda não passasse de um golpe de publicidade para o hotel, quando a festa acabou Obolensky percebeu como ele poderia ressuscitar o gamão. Se essas pessoas estavam dispostas a viajar 1600 quilômetros ou mais apesar do risco de poderem ser eliminados já na primeira fase, então essa ideia de um torneio de gamão não era totalmente descabida. Enquanto ele voava de volta para Palm Beach, Obolensky já estava planejando um segundo torneio.

No ano seguinte, o torneio voltou a ser realizado nas Bahamas, mas desta vez com sessenta e quatro jogadores, incluindo alguns que tinham vindo da Europa.

Em 1966, o evento aconteceu em Londres, onde foi organizado por dois dos clubes mais exclusivos da capital britânica, o Crockford's e o Clermont. Assim como o Racquet and Tennis Club de Nova York, esses dois pontos em Mayfair estavam entre os últimos bastiões do gamão no Ocidente durante os anos 1950, lugares onde o interesse pré-Segunda Guerra Mundial despertado pelo cubo duplicador nunca desapareceu.

Entre os frequentadores do circuito de clubes de gamão de Londres e Nova York estava Lewis Deyong, que enriqueceu no mercado imobiliário de Manhattan. O cenário de Londres, ele se recorda, era um negócio a portas fechadas, mas repleto desse tipo de gente da sociedade que enche as colunas de fofocas dos jornais britânicos. Pessoas como James Goldsmith, o magnata bilionário que inspirou o personagem do especulador corporativo Sir Lawrence Wildman no filme de Oliver Stone de 1987, Wall Street - Poder e Cobiça; e Lorde Lucan, o duque britânico que desapareceu sem deixar vestígios em 1974, depois do assassinato de Sandra Rivett, a babá dos filhos dele.

"Havia um monte de gente e um esquema muito movimentado lá dentro, com altas apostas", comenta Deyong. "Mas o fundador do Clermont, John Aspinall, nunca deixava nenhum jornalista passar da porta de entrada, ele tinha horror disso. Era uma coisa privada."

O advento do Torneio Internacional de Gamão em Londres ampliou mais uma vez o grupo de jogadores da alta sociedade, com Deyong, o armador e magnata grego Aristóteles Onassis, e o produtor dos filmes de James Bond, Albert Broccoli, tornando-se figuras conhecidas no cenário global do gamão.

Com tantos jogadores ricos fisgados pelo gamão, seria apenas uma questão de tempo até que Las Vegas telefonasse, e em 1967 Obolensky foi convidado a trazer o torneio para a Cidade do Pecado por Sanford Waterman, o gerente do Sands Hotel & Casino que depois foi para o Caesars Palace, onde ficou famoso por ter apontado uma arma para Frank Sinatra durante uma discussão por causa das dívidas de cassino do cantor. Mais tarde, naquele ano, o Torneio Mundial de Gamão, como agora era chamado, desembarcou em meio ao neon, brilho, calor e glamour da cidade de Las Vegas e foi maior do que nunca. Desta vez, 128 jogadores e as suas famílias se inscreveram para mais um final de semana de altas doses de adrenalina no tabuleiro de gamão. O vencedor foi Tim Holland, um fumante inveterado nova-iorquino, que ficou viciado em gamão no clube de campo de Miami onde ele jogava golfe por apostas em dinheiro nos anos 1950. Holland disse que levou vários anos e contabilizou prejuízos em torno de trinta mil dólares para aprender o jogo, mas depois de vencer em 1967 e 1968, quando Las Vegas sediou a competição pela segunda vez, seu balanço financeiro no gamão se tornou bastante positivo.

Enquanto Holland comemorava, os derrotados se lamentavam pelos cantos. Depois de muito ouvir as histórias tristes, a direção do torneio fixou uma placa acima de sua mesa detalhando as suas taxas de audição. Uma história de azar: U$1. Ouvir com interesse e acenos solidários: um adicional de U$2.50. Dizer algo como, "Esse é o jogo mais azarado que eu já ouvi falar": mais U$5. Mas em vez de afastar as pessoas, as perdas serviam de estímulo. Graças a uma mistura de sorte e habilidade do jogo, os vencedores podiam ser considerados sortudos ao passo que os perdedores podiam culpar os dados pela sua falta de sorte. Da próxima vez, eles tentavam se convencer, os dados estariam a seu favor.

O Torneio Mundial de Gamão logo levou à criação de uma rede global de campeonatos regionais e de clubes que permitiu aos jogadores mais ávidos passarem as suas vidas em um constante ciclo de voos de primeira classe e competições de gamão em hotéis luxuosos. De Mônaco e Atenas até Miami e Rio de Janeiro e passando por Londres e Viena, onde quer que as chamadas celebridades se reunissem, o gamão estava presente.

As pessoas abonadas podem ter sido fisgadas, mas o resto do mundo ainda não estava muito ligado no crescente cenário do gamão. Ciente de que o jogo precisava de algo mais para chamar a atenção do mundo, Obolensky se juntou ao autor Ted James e escreveu o primeiro livro em inglês sobre o assunto desde 1950. Publicado em 1969, Gamão: o jogo de ação prometia ensinar aos leitores os prós e contras do "jogo favorito dos pioneiros internacionais". A propaganda exagerada deu certo. O livro vendeu centenas de milhares de cópias.

Quando a década de 70 começou, o gamão havia se livrado da sua imagem de ultrapassado. Não era mais o espinafre dos jogos de salão e, sim, o foie gras, um passatempo associado à riqueza, luxo e glamour. "Eu mostrei às pessoas que elas deveriam estar fazendo isso, que apenas os melhores estavam envolvidos", Obolensky declarou à revista Time. "Nós incutimos o esnobismo."

O gamão virou o jogo que todo mundo queria ter ao seu lado. A lista de pessoas influentes que jogavam ou que faziam questão de serem vistas perto das mesas de gamão parece um quem é quem da década de 70. Nela, constavam os nomes de astros de Hollywood como Roger Moore, Joan Crawford, Michael Caine e Polly Bergen. Personalidades do esporte eram comuns, entre elas o lendário rebatedor do Detroit Tigers, Hank Greenberg; o famoso astro da NBA,

Larry Bird; o jogador de cabelos cacheados do futebol inglês, Kevin Keegan; e o tenista número um do mundo, Jimmy Connors. Deyong até se lembra de ter jogado contra membros do Dallas Cowboys. Hugh Hefner organizou partidas de gamão na Mansão da Playboy em Los Angeles que atraíram gente como Diana Ross; o fundador da Motown, Berry Gordy Jr.; a supermodelo Margaux Hemingway; o mandachuva da Atlantic Records, Ahmet Ertegun; Cher; a bond girl Jill St. John; e Linda Lovelace, a estrela do célebre filme pornô Garganta Profunda.

"A residência de Hefner era o centro do gamão", diz Deyong. "A casa dele era simplesmente uma meca para todos esses tipos famosos. Hefner adorava gamão naquela época; nós jogávamos até as quatro da manhã. Não apostávamos muito quando jogávamos. Se você tivesse uma noite desastrosa, poderia perder uns mil, mil e quinhentos dólares. Ninguém ia morrer por causa disso."

O ex-Beatle Ringo Starr foi assistir às últimas partidas do Campeonato Mundial de Gamão de 1976 em Mônaco. Os Rolling Stones Mick Jagger e Bill Wyman foram fotografados disputando o jogo em uma turnê. Tina Turner até chegou a posar para a capa da Las Vegas Backgammon Magazine. Em outros lugares, o gamão foi aprovado por playboys multimilionários como Gunter Sachs, importantes marchands, magnatas parisienses do ramo imobiliário e até o Dr. Christiaan Barnard, o cirurgião sul-africano que realizou o primeiro transplante de coração bem-sucedido do mundo. A lista é interminável.

Com tantos colunáveis jogando gamão, o passatempo virou uma coisa que todos queriam jogar. "De repente, todo mundo precisava ter um tabuleiro de gamão", recorda-se o desenvolvedor de jogos de tabuleiro Mike Gray. "O jogo entrou na moda e as pessoas começaram a jogar. Sempre esteve no verso dos tabuleiros de damas em qualquer lugar do mundo, mas as pessoas nunca o jogavam, só que é um jogo muito melhor do que damas."

A Bloomingdale's duplicou a quantidade de tabuleiros em seus estoques; a FAO Schwarz - a icônica loja de brinquedos onde Tom Hanks dança em um piano no filme *Quero ser grande* - começou a vender os jogos de gamão tão bem quanto os jogos de xadrez, e a Abercrombie & Fitch - uma das marcas de roupas preferidas pelas celebridades modernas - dedicou ao jogo uma página inteira do seu catálogo de Natal de 1974. A loja de departamentos londrina Harrods disse que não conseguia repor os estoques de conjuntos luxuosos de gamão com rapidez suficiente para atender à demanda.

A grife norte-americana Mark Cross - especializada em peças clássicas em couro - começou a vender conjuntos exuberantes que vinham em estojos revestidos em couro de porco castanho e custavam duzentos e oitenta dólares. "O gamão se alastrou como um incêndio", o diretor da companhia de moda declarou à Newsweek. "Este é o jogo para se jogar."

As grandes empresas começaram a investir mais dinheiro no jogo, na esperança de que o brilho do gamão se vinculasse às suas marcas comerciais. Logo em seguida os grandes torneios estavam sendo patrocinados por cassinos de luxo, cigarros e bebidas - da Philip Morris International Filters até o uísque Black & White -, todas as marcas que constantemente procuravam maneiras de contornar as restrições legais à sua promoção. "O gamão foi muito favorável para patrocinadores problemáticos", explica Deyong. "Havia todos os tipos de leis diferentes, mas ninguém sabia exatamente onde encaixar o gamão e ninguém estava muito preocupado com isso."

Foram necessários dez anos para que Obolensky realizasse o seu sonho de revitalizar o gamão. No entanto, em meados da década de 1970, os grandes patrocinadores estavam ficando cansados do homem que criou a moda do gamão, sobretudo por causa das contas de bar astronômicas que o dito-cujo acumulava às custas deles. "Os Obolenskys se sentavam no bar do hotel e pediam champanhe, é ridículo quando você não arca com as suas despesas - isto simplesmente não se faz, não se deve exagerar", diz Deyong. No fim, os patrocinadores chutaram Obolensky para escanteio e pediram a Deyong para começar a organizar os torneios de gamão em seu lugar.

Deyong logo passou a cuidar de cerca de vinte torneios anuais no mundo inteiro e à medida que as empresas patrocinadoras aumentavam as premiações, mais e mais pessoas entravam nos torneios, levando o dinheiro e o excesso a alturas cada vez maiores. No Campeonato Mundial de Gamão de 1977 em Mônaco, quase meio milhão de dólares do prêmio em dinheiro e das apostas paralelas estavam em jogo. Em 1984, a opulência no certame de Mônaco, que se tornou a maior competição do gênero no mundo, foi ainda maior. Bilionários do petróleo do Oriente Médio atracaram os seus iates gigantescos, playboys europeus usando relógios Cartier chegaram no Cassino de Monte Carlo em cadillacs brancos. Mulheres usando vestidos de alta costura pediam drinques que custavam no mínimo vinte dólares e os competidores desfrutaram de um jantar inaugural preparado por chefs de renome mundial.

Quando a competição começou, os salões do cassino foram tomados pelo barulho dos dados chacoalhando nos copos e o burburinho de línguas que iam do inglês, francês e japonês ao hebraico, persa e espanhol. Nesse cenário, grandes apostadores fumando charutos caros faziam apostas de até cinquenta mil dólares em partidas individuais. E quando o gamão foi interrompido, a festa começou. Em um bistrô de Mônaco, um grupo de milionários mexicanos da indústria têxtil comemorou lançando as suas taças de vinho, os pratos e as cadeiras na lareira e, depois que tudo foi consumido pelo fogo, eles começaram a arremessar chumaços de dinheiro nas chamas.

Mas às vezes as quantias em jogo eram exorbitantes até mesmo para os padrões dos ricaços. "Eu joguei uma partida por sessenta e quatro mil dólares - foi o maior jogo da minha vida", conta Deyong. "Isso deve ser cerca de um quarto de milhão de dólares hoje e se quer saber a verdade, sim, foi desesperador."

O jogo foi apertado, com a liderança passando de um jogador para o outro até cada um deles ficar com quatro peças prontas para serem retiradas. Como era a sua vez de jogar, Deyong tinha a vantagem. Se ele conseguisse um valor duplo, o jogo era seu. Se não conseguisse, o seu adversário teria uma última chance de arrebatar a vitória jogando um duplo. As probabilidades de se obter um duplo são de cinco para um, o suficiente para fazer de Deyong o franco favorito. Mesmo assim, os favoritos podem ser derrotados. Tudo agora dependia da sorte e, para aumentar ainda mais a pressão, o dono do cassino tinha apostado dinheiro na vitória de Deyong.

Já que a matemática estava a seu favor, Deyong decidiu dobrar a aposta. "Eu sabia mentalmente que o meu oponente duplicaria a aposta, então eu disse a esse sujeito que era o dono do cassino: espero que não se importe se eu dobrar o valor para sessenta e quatro mil dólares e o homem respondeu: 'Você deveria levar um tiro se não o fizesse'." Deyong propôs dobrar a quantia. O seu adversário aceitou. Com a aposta agora aumentada, Deyong pegou o copo de dados, começou a chacoalhar e, então, deixou os dados rolarem. O futuro dos sessenta e quatro mil dólares estava prestes a ser decidido. Todos prenderam a respiração. "Eu nunca tive muita sorte no jogo de gamão, mas desta vez os deuses estavam comigo e eu tirei um par de dois, por isso ele nem chegou a rolar os dados, eu derrotei quatro homens e ponto final", diz Deyong.

Essas apostas tão altas se tornaram cada vez mais comuns após a crise do petróleo iniciada no final de 1973, que viu o preço do combustível quadruplicar em questão de semanas quando a Opep (Organização dos Estados Exportadores de Petróleo), com as suas estratégias de produção e controle dos preços no mercado, cortou o fornecimento. Os petroleiros árabes que acumularam somas assombrosas por causa da crise logo começaram a esparramar o seu dinheiro nas mesas de gamão. E enquanto os principais jogadores do Ocidente pesavam as probabilidades matemáticas de sucesso antes de decidir se aceitavam ou rejeitavam dobrar a aposta, os jogadores do Oriente Médio preferiam disputar as suas partidas de gamão de maneira rápida e fatalista.

"Todos eles se consideravam os melhores jogadores do mundo e isso era uma mina de ouro para os experientes jogadores profissionais", diz Deyong. "Eles não tinham o cubo duplicador no Oriente Médio e não sabiam que era uma coisa letal. A resposta deles era inshalá, ou seja, se Alá quiser; esse era o seu fator determinante para aceitar o dobre. Essa gente supriu a comunidade de gamão por anos."

Quando todo o dinheiro que rodopiava em torno do jogo de gamão se transformou em um furacão, o passatempo começou a atrair jogadores profissionais de bridge que esperavam que a sua abordagem matemática na formulação do jogo lhes rendesse um bom dinheiro. "Esses jogadores de bridge vinham de uma cultura diferente e não era muito emocionante jogar com eles", comenta Deyong. "O grande jogador de bridge, Oswald Jacoby, era uma companhia divertida para se jogar, mas os outros simplesmente ficavam sentados ali, olhando para o tabuleiro, sem abrir a boca."

"Eu até disputei uma partida com uma jogadora de bridge nas finais do campeonato mundial em 1973", ele se recorda. "O nome dela era Carol Crawford e ela ficava quieta e demorava séculos para fazer uma jogada. Depois de uma meia hora disso, eu puxei um jornal dobrado de dentro do meu paletó e comecei a fazer as palavras cruzadas do New York Times.

"Obolensky e o marido de Carol, John, se aproximaram. Obolensky disse: 'Tem gente da imprensa aqui, você está transformando isto em uma farsa. Eu respondi: 'Olha, a culpa não é minha, é dela. Não posso ficar sentado aqui por horas enquanto ela analisa um movimento.' No fim, eles me imploraram para parar."

Deyong achava o ritmo contemplativo dos jogadores sérios que agora invadiam os torneios uma coisa muito frustrante e fazia o possível para eles se apressarem. "Eu ficava lá e olhava para eles, e se eles não se mexessem, eu dizia: 'Você tem dez segundos para fazer um movimento, senão receberá um ponto de penalidade', e a pessoa respondia: 'Mas por quê?' e eu emendava: 'Agora você só tem cinco segundos'."

Uma parte do problema era que, ao contrário dos playboys, os jogadores sérios que participavam do jogo estavam lá pelo dinheiro. Para eles aquilo era um trabalho, não diversão, e se levar uma eternidade para fazer um movimento perturbasse os seus adversários, tanto melhor.

Em meados dos anos 1980, o abismo entre os jogadores profissionais e os colunáveis começou a abalar o cenário do gamão. Os playboys milionários, os magnatas e as herdeiras não achavam mais o gamão tão divertido de se jogar e pararam de vir. E quando eles se foram, levaram consigo o glamour e o dinheiro.

"Quando organizei o grande torneio de Monte Carlo, em nosso melhor ano, tínhamos setecentas pessoas presentes. Eu soube que, em julho de 2015, Monte Carlo recebeu cerca de cento e vinte pessoas", diz Deyong. "Foi isso que estes jogadores geniais conseguiram. Eles botaram todos para correr, exceto a si mesmos, e como consequência o gamão deixou de interessar ao público em geral, e eles estragaram o que era um tipo muito divertido de passatempo."

Privado do seu glamour e dinheiro, o gamão perdeu o seu encanto. O jogo de pôquer Texas Hold'em virou a nova mania dos apostadores graças às suas regras mais simples, o apelo da tevê, um número bem maior de jogadores e os prêmios mais polpudos. E a chegada dos jogos de aposta online nos anos 1990 só fez acelerar o declínio do gamão. "O pôquer na internet despertou um grande interesse entre todos os que gostavam de disputar jogos", explica Deyong. "Eles tinham duzentas e cinquenta mil pessoas jogando todas as noites em mesas virtuais. O gamão nunca poderia ter feito isso por causa da natureza originalmente complexa do jogo e das regras."

Quando Chiva Tafazzoli começou a participar dos torneios de gamão no início dos anos 1990, o cenário era uma sombra do que já fora. "Eu já tinha ouvido falar do brilho e do glamour do gamão nos anos 1970 e constatei que esses torneios estavam longe de ser glamourosos ou agradáveis ou sociais", ele comenta. "Isso mais afastava do que atraia o público. Havia muito poucas pessoas circulando por ali que você gostaria de colocar na capa de uma revista famosa."

Em 2000, Tafazzoli quis dar uma renovada no gamão. "Eu achei que talvez fosse uma boa hora para tentar trazer de volta o brilho e o glamour do jogo, um pouquinho pelo menos, e criei a Associação Mundial de Gamão", ele explica. "Eu comecei a realizar torneios e providenciei para esses eventos tabuleiros de alta qualidade. Eu devolvi um padrão aos torneios de gamão para que, se houver um torneio da Associação Mundial de Gamão, as pessoas possam saber o que as espera. Elas podem contar com um ambiente de jogo bacana, podem contar também com lugares chiques e bacanas, equipamento de primeira, direção competente do torneio, muita diversão ao mesmo tempo e competições sofisticadas."

No entanto, é um desafio difícil, ele admite. "Antigamente havia muita gente com muito ego e muito dinheiro que frequentava os torneios", ele diz. "Hoje temos bolsos vazios, mas câmeras e computadores em todos os torneios. As pessoas gravam as suas partidas, eles estão fazendo a análise e basicamente é isto: quanto menos erros você cometer, melhor você será. Essa atividade se tornou um jogo muito mais técnico do que um mero jogo de azar. É assim que as coisas funcionam, este é o gamão atualmente."

Apesar de ter perdido seu prestígio, o gamão ainda é popular entre os jogadores profissionais de pôquer. "Alguns dos maiores nomes do pôquer da atualidade têm uma história com o gamão", diz Tafazzoli. "Gus Hansen ainda é um jogador de gamão de nível internacional. Phil Laak é um jogador de gamão. Phillip Marmorstein é campeão mundial de gamão. Essas pessoas viraram jogadores de pôquer profissionais usando os recursos e o processo de raciocínio do gamão no jogo de pôquer."

O que esses astros do pôquer podem tirar a partir do gamão, Tafazzoli esclarece, é um entendimento de como maximizar as chances e minimizar os riscos. "A beleza do jogo é que os melhores jogadores sempre vão ganhar no gamão a longo prazo, mas o que torna o jogo interessante é que ninguém sabe qual é a duração desse prazo", ele diz. "A curto prazo qualquer um pode vencer qualquer um, mas a longo prazo o melhor jogador sempre prevalecerá. O campeão mundial pode perder uma ou duas partidas para Stevie Wonder, mas a longo prazo o campeão mundial acabará por vencer alguém mais fraco do que ele."

E talvez o mesmo se aplique ao próprio gamão. Talvez a longo prazo o jogo do gamão triunfe uma vez mais. Pensando no futuro, o gamão é um vencedor que ficou marcado por uma recente maré de azar, mas quem sabe de que lado os dados vão cair na próxima vez?

4

O JOGO DA VIDA: UMA JORNADA AO DIA DO JUÍZO TIPICAMENTE AMERICANO

O que O Jogo da Vida nos diz sobre o desenvolvimento da sociedade dos EUA

O sol podia estar brilhando em Springfield, em Massachusetts, no verão de 1860, mas para Milton Bradley os dias eram sombrios. Aos vinte e três anos de idade, o rapaz começou o ano com elevadas expectativas. Em janeiro, ele havia comprado uma imprensa litográfica em cores de última geração e inaugurado uma tipografia na sobreloja de um bar próximo à Court Square. Os pedidos não paravam de chegar. Apenas o hábito da prensa de desalinhar as impressões ou borrar a tinta com qualquer gotinha de suor poderia prejudicar o sucesso do seu novo empreendimento. Isso e também o seu empregado, Jack Keppy. Keppy sabia "fazer uma impressão quando não estava bêbado", Bradley escreveu no seu diário. O problema era que Keppy sempre estava bêbado.

Keppy não durou muito tempo e tampouco a avalanche inicial de pedidos. No verão, surgiu uma recessão no horizonte e Bradley se viu com uma prensa ociosa e nenhum cliente à vista. Seu humor mudou drasticamente, e o medo perturbador de que ele acabaria na miséria começou a consumi-lo por dentro. Ele adiou o seu casamento por tempo indeterminado para evitar que a sua futura esposa passasse a vida contando trocados, e os amigos dele começaram a se incomodar

Um amigo preocupado, George Tapley, tentou levantar o ânimo dele sugerindo que os dois se distraíssem com um jogo de tabuleiro chamado The Mansion of Happiness. Lançado em 1800, o jogo The Mansion of Happiness atravessou o Atlântico em 1843 graças à empresa W. & S. B. Ives de Salem, em Massachusetts.

The Mansion of Happiness deu um toque puritano ao Game of the Goose, um jogo mecanicamente simples em que os jogadores rolavam os dados e moviam as peças no sentido anti-horário em uma trilha em espiral, sendo enviados para trás ou para a frente quando paravam em casas especiais durante o percurso. Criado na Itália no século XVI, o Game of the Goose - e suas variantes - se tornou um favorito entre os europeus ricos desde o jovem rei Luís XIII da França até os aristocratas ávidos por emoção que o jogavam a dinheiro. Mas enquanto o Game of the Goose prometia entretenimento, The Mansion of Happiness propunha engrandecer a alma. Para alcançar esse nobre objetivo, foi necessário adotar uma linha-dura em relação ao pecado, impondo punições severas aos jogadores azarados o suficiente para parar em uma casa de maldade.

"Quem infringir a Lei do Sábado deve ser levado ao Tronco e açoitado", esbravejavam as regras. "Quem cair na Paixão deve ser levado para O Rio e tomar um banho forçado para esfriar os ímpetos". Em outra parte, os bêbados iam para a prisão e os perjuros eram colocados no pelourinho. Os jogadores que paravam em Falta de Modéstia ou Atrevimento eram mandados de volta à casa de onde tinham vindo e instruídos a "nem sequer pensar em felicidade, e muito menos se beneficiar dela".

Não que pensar ou se beneficiar da felicidade fosse algo provável quando se jogava The Mansion of Happiness; esse passatempo era tão divertido quanto estar no banco dos réus em um julgamento de bruxas em Salem. Mas para Bradley, um fiel metodista episcopal que cresceu em uma comunidade da Nova Inglaterra, que via os jogos como distrações das atividades divinas de trabalho e oração, foi algo inspirador. Quase imediatamente ele decidiu que devia entrar no ramo de jogos e criar um jogo religioso de sua autoria. Tal como ele relatou em uma carta de 1893: "Eu estava disputando esse jogo certa noite na casa de um amigo, e tive a ideia de um jogo que, pouco tempo depois, foi lançado por nós como o nosso primeiro empreendimento no ramo de jogos, e batizado de Checkered Game of Life."

Perfeitamente ciente de como os seus pares religiosos reagiriam ao fato de ele estar fabricando jogos, Bradley vendeu o Checkered Game of Life como um sermão dominical levemente disfarçado anunciado como "um jogo com altos valores morais... que incentiva as crianças a levarem uma vida exemplar". O objetivo era ter uma vida boa e ser o primeiro jogador a chegar a uma velhice feliz acumulando cem ponto ao andar pelas sessenta e quatro casas vermelhas e brancas do tabuleiro do jogo. Enquanto as vermelhas estavam vazias, as casas brancas mostravam os altos e baixos da vida vistos através do prisma moral da América do século XIX. Havia casas de virtude que levavam os jogadores adiante em direção a casas que os recompensavam com pontos, e as casas de vícios que afastavam os jogadores dos cinquenta pontos disponíveis para quem parava na casa "Velhice Feliz" no canto superior direito do tabuleiro.

As ligações entre as casas de vícios e de virtudes revelavam claramente a mentalidade protestante da época. Os jogadores que paravam em Honestidade avançavam para Felicidade; Perseverança levava à casa do Sucesso; Coragem levava à Honra; e Indústria levava à Riqueza. As casas de vícios, por seu lado, alertavam sobre as armadilhas da vida. Jogos de aposta levavam os jogadores à Ruína; Ociosidade resultava em Desgraça; Excesso conduzia à Pobreza; e Crime significava um período na Prisão. O mais tenebroso de todos os vícios era a casa do Suicídio, que eliminava os participantes do jogo e que tinha uma ilustração arrepiante de um homem pendurado em uma corda amarrada a um galho de árvore.

Algumas casas eram neutras. Os jogadores que paravam em Verdade, Casamento ou Cadeia não recebiam prêmios nem castigos. O mesmo se aplicava à Pobreza, sobre a qual as regras de Bradley diziam o seguinte: "Não é necessariamente verdade que a pobreza seja uma desvantagem, por isso no jogo não acontecerá nada ao jogador que passar pela pobreza."

A mensagem subentendida do joga era clara: cada pessoa, seja homem ou mulher, é responsável por suas próprias ações e todos os obstáculos - tirando o suicídio - podem ser superados se você se esforçar em prol do bem. As desvantagens decorrentes de fatores externos como doenças, raça ou circunstâncias do nascimento nem sequer aparecem nesse jogo.

O Checkered Game of Life reforçava ainda mais a sua mensagem sobre responsabilidade individual pela forma como os jogadores se moviam pelo tabuleiro. Alinhado à sua postura contra os jogos de apostas, o jogo dispensou os dados. Em vez disso, os jogadores giravam um teetotum, um tipo de pião pequeno com um disco hexagonal de papelão, que tinha os números um a seis, preso a uma haste. O teetotum funcionava exatamente como um dado, mas sem a pecha de jogo de apostas.

Excepcionalmente para a época, os números no teetotum não apenas indicavam quantas casas os jogadores podiam andar, como também as direções que podiam tomar. Tirando o número um, podia-se mover uma casa para cima ou para baixo do tabuleiro. Tirando cinco, podia-se mover uma ou duas casas para a esquerda ou para a direita. Às vezes, a borda do tabuleiro forçava o movimento, mas quase sempre os jogadores tinham de escolher. Será que eles procurariam Felicidade avançando até Honestidade? Ou será que iriam para a escola a fim de poder entrar na faculdade?

Perto dos castigos piedosos de The Mansion of Happiness, o Checkered Game of Life parecia um sinônimo de politicamente correto, mas a mistura de Bradley de sorte com a interatividade do jogador significava que o seu jogo tinha demonstrado o seu ponto de vista moral de forma mais eficaz. The Mansion of Happiness deixava tudo por conta da sorte. Você fazia o teetotum girar - repetindo, não havia nenhum dado diabólico - e descobria se devia ser um santo ou um pecador. Castidade ou arrogância, basicamente tudo se resumia à mão invisível do destino. Mas, no jogo de Bradley, o caminho para a felicidade dependia do jogador fazer as escolhas certas e não desistir diante das adversidades.

Apesar desses fundamentos morais, Bradley ainda tinha receio de que os seus irmãos de fé pudessem desaprovar a sua criação. Os grupos religiosos da Nova Inglaterra viam os jogos de tabuleiro como uma porta para as drogas que podia levar as crianças a uma vida de jogo e pecado. Temendo uma reação negativa, ele decidiu que, em vez de vender o seu jogo para a população de Springfield, ele o colocaria à venda na cidade de Nova York.

A Grande Maçã parecia um bom lugar para vender um jogo cândido. Os moradores da Nova Inglaterra consideravam Nova York um antro de iniquidade, um lugar onde os ensinamentos dos ministros puritanos e metodistas eram ignorados. Bradley viu nisso uma oportunidade. A falta de devoção, ele pensou, poderia deixar os nova-iorquinos mais suscetíveis - e provavelmente mais necessitados - em relação ao seu jogo, e se o jogo vendesse bem lá, uma divulgação mais favorável poderia ultrapassar os limites da cidade. Por isso, em setembro de 1860, Bradley embarcou em um trem para Nova York com um baú cheio de várias centenas de cópias do Checkered Game of Life. Dois dias depois de chegar à movimentada metrópole, ele já tinha vendido todo o seu estoque para as lojas de departamento, novos comerciantes e papelarias de Manhattan.

Esse foi um início promissor, mas ao voltar para Springfield, Bradley perdeu o interesse no jogo quando começou a ganhar dinheiro com a agitação em torno do anúncio da candidatura de Abraham Lincoln à presidência, vendendo impressões a cores de um retrato do homem que se previa que se tornaria o próximo morador da Casa Branca. As impressões foram um sucesso instantâneo entre os ferrenhos abolicionistas de Springfield e, por algumas semanas, o pavoroso verão de Bradley virou uma memória distante.

Os negócios estavam indo muito bem até que uma menina de onze anos de idade de Westfield, em Nova York, escreveu uma carta a Lincoln em outubro de 1860. O nome da menina era Grace Bedell e ela apoiava Lincoln, mas quando o seu pai chegou em casa com uma imagem da esperança presidencial, ela não se impressionou. Por isso, a menina pegou o bico de pena, molhou-o no tinteiro e escreveu uma carta para Abe. O ponto crucial da missiva de Grace foi contundente. Abe, deixe a barba crescer. Agora mesmo. "Você ficaria bem melhor porque tem o rosto muito magro", ela explicou. "Todas as senhoras gostam de barba e elas estimulariam os seus maridos a votar no senhor e então o senhor seria o presidente."

Alguns dias depois, um Lincoln indeciso respondeu. "Quanto à barba, por nunca ter usado, você não acha que as pessoas diriam que é uma afetação ridícula da minha parte se eu começasse a usar uma?", ele perguntou. Apesar de suas ressalvas, Lincoln aceitou o conselho de Grace. Ele parou de se barbear e deixou crescer a imponente barba sem bigode que passou a ser indissociável da sua figura.

Depois que a notícia sobre o novo visual de Abe se espalhou, a procura das impressões de Lincoln feitas por Bradley sumiu e os clientes indignados começaram a pedir o dinheiro de volta. Abalado, Bradley levou os milhares de retratos de Lincoln, que agora ninguém mais queria, para o quintal do seu escritório e pôs fogos neles. Mais uma vez o jovem empreendedor enfrentava a ruína. Mas então o Checkered Game of Life veio em seu auxílio.

O palpite de Bradley sobre Nova York estava certo. Depois de encontrar aceitação na Grande Maçã, a propaganda boca a boca do seu jogo se espalhou e não demorou a chegar na Nova Inglaterra e em muitos outros lugares. Os pedidos começaram a aparecer, com os números crescendo todos os dias até se transformarem em uma enxurrada. Na primavera de 1861, Bradley tinha vendido mais de quarenta mil cópias do Checkered Game of Life e se reinventado como um criador de brinquedos e jogos. Ele nunca olhou para trás.

A Milton Bradley Company foi se tornando cada vez mais forte. Esta prosperou durante a Guerra de Secessão vendendo versões de bolso do Checkered Game of Life, gamão e xadrez para os soldados da União. Posteriormente, a empresa se consolidou como um dos maiores fabricantes de jogos dos Estados Unidos.

O Checkered Game of Life não parou de ser vendido durante décadas, mas com o passar dos anos o interesse diminuiu. No final do século XIX, o jogo parecia uma relíquia, uma recordação de uma era de vida rural dura e bico de pena que foi substituída por arranha-céus, luz elétrica e telefones em um país que agora havia se tornado a maior economia do mundo.

Com a ajuda da tecnologia de impressão em escala industrial e do crescimento do tempo de lazer, os fabricantes norte-americanos de jogos de tabuleiro pararam de ficar com o dedo em riste dando lições de moral para as crianças e começaram a vender entretenimento.

Quem liderou a substituição dos jogos religiosos foi George

Parker, que fundou a Parker Brothers em 1888. Sua carreira de criador de jogos começou na sua casa de infância em Medford, em Massachusetts, onde ele jogava com os seus amigos. Certo dia, um amigo se queixou da pregação moral que alicerçava todos os jogos deles e de como gostaria que os jogos fossem mais divertidos. Disposto a aceitar o desafio, Parker inventou um jogo de cartas chamado Banking, em que os jogadores tentavam ficar ricos por meio da especulação. Os seus amigos adoraram e, assim, o adolescente empreendedor começou a vender groselhas nas ruas até juntar dinheiro suficiente para imprimir cópias do jogo para pôr à venda.

Nos anos 1890, a Parker Brothers e outros fabricantes estavam lançando jogos que apenas queriam divertir e ser modernos. Em vez de intimidar os jogadores com idas ao tronco de açoite, os jogos de tabuleiro agora ofereciam às pessoas um gostinho da nova moda do ciclismo com o Game of Bicycle Race; todos também podiam passar de contínuo a diretor executivo no Game of Telegraph Boy; ou embarcar em uma exótica aventura com To the North Pole by Air Ship. Os jogadores até podiam se divertir em excursões de compra pelo tabuleiro com o Game of Playing Department Store, que aproveitou a animação com as lojas de departamento que estavam sendo inauguradas em cidades de todo o país.

Até mesmo jogos antigos de mentalidade moralista, como o indiano moksha patamu, mudaram com o tempo. Neste jogo, que se baseava em crenças jainistas e hindus, os jogadores andavam pelo tabuleiro em direção à libertação espiritual. Ao longo do trajeto, eles subiam escadas que representavam virtudes como sabedoria e generosidade, e deslizavam por serpentes que representavam vícios como raiva, vaidade, luxúria e assassinato. Com um excesso de serpentes se comparado às escadas, a mensagem do moksha patamu era a de que o caminho do bem é pior do que o caminho do mal. Mas quando o moksha patamu chegou à Inglaterra vitoriana nos anos 1890 como Snakes & Ladders, os vícios e as virtudes tinham sido removidos, e a quantidade de escadas e serpentes era a mesma, resultando em um passatempo livre de mensagens. E quando o jogo finalmente chegou aos Estados Unidos em 1934 como Chutes & Ladders, nem as serpentes existiam mais.

O já idoso Bradley não se impressionou com esses novos jogos. Em um artigo de 1896 para a revista Good Housekeeping, ele criticou o modo como os jogos de "discurso saudável" iguais ao Checkered Game of Life tinham sido substituídos por novos jogos em caixas "cafonas" e "espalhafatosas".

Poucos deram ouvidos ao seu protesto. O tempo do Checkered Game of Life tinha terminado, e uma hora o jogo desapareceu dos catálogos da Milton Bradley Company. Mas como o seu centésimo aniversário estava se aproximando, o jogo regressou ao mundo dos vivos. Só que desta vez foi reinventado para a geração televisiva de um jeito que provavelmente fez Bradley revirar no túmulo.

Reuben Klamer foi o homem responsável pela ressurreição do jogo e em 1959 ele tinha um grande destaque no ramo de brinquedos. "Eu era uma brasa", ele afirma, com um sorriso se abrindo no rosto e os olhos brilhando por causa da lembrança. Kramer tinha acertado na loteria dos brinquedos no ano anterior com o hula-hoop*. "Todas as crianças na Austrália tinham um hula-hoop, embora este não fosse o seu nome na época", ele explica. "A febre era tão grande na Austrália que eu imaginei que poderia reproduzir esse fenômeno nos Estados Unidos."

Com a ajuda do astro da televisão Art Linkletter, Klamer lançou o Spin-A-Hoop. Junto com o bambolê da empresa Wham-O, o Spin-A-Hoop virou a maior mania em termos de brinquedos dos anos 1950. No final de 1958, milhões de crianças americanas movimentavam os quadris para manter esses aros de plástico girando e Klamer havia se tornado um cobiçado inventor de brinquedos "de aluguel", com um elegante escritório à altura da sua reputação em Beverly Hills. O desafio agora era como conseguir emplacar outro sucesso de público igual ao Spin-A-Hoop. Klamer logo teve um lampejo. "Eu dei uma olhada na revista Toy and Hobby World e vi um anúncio da Milton Bradley Company de lápis de cor", ele conta. "A empresa produzia lápis de cor e eu pensei em entrar em contato com eles para tentar vender-lhes a ideia de um centro de arte infantil."

---

*No Brasil, o brinquedo foi rebatizado de bambolê pelo publicitário Hugo Maia e lançado pela Estrela, no mesmo ano que nos EUA.

Em junho de 1959, Klamer viajou para Springfield, em Massachusetts, a fim de apresentar a sua proposta de um centro de arte ao presidente da Milton Bradley, James Shea Sr. O executivo não se interessou, mas perguntou a Klamer se ele podia tentar bolar um jogo de tabuleiro para a comemoração do centenário da empresa em 1960. "Farei o possível", respondeu Klamer. "Tudo bem se eu der uma olhada nos seus arquivos amanhã de manhã?"

No dia seguinte, Klamer se viu revirando os cantos mais escuros dos arquivos da Milton Bradley Company. E então, em meio à poeira e desordem de cem anos de fabricação de brinquedos, ele se deparou com uma caixa de um jogo de tabuleiro pouco familiar: o Checkered Game of Life. "A palavra 'vida' me impactou, me deixou empolgado", ele diz. "Eu pensei: 'É um tema e tanto para um jogo'. Eu não vi o jogo. Eu não sabia como jogar, mas o título Vida foi o que me encantou."

Klamer não comentou nada sobre a sua descoberta, despediu-se de todos e então passou o voo de volta para casa escrevendo no seu bloco de notas - estudando ideias, pensando em conceitos e esboçando planos para um jogo sobre a vida. De volta à Califórnia, ele se associou ao artista Bill Markham e os dois passaram a trabalhar em um protótipo. Determinado a fazer o jogo se destacar na televisão, Klamer usou a sua experiência com plástico para criar edificações e cenários tridimensionais a fim de dar impacto visual ao jogo. Ele também criou pequenos pinos de plástico rosas e azuis que simbolizavam os membros da família de cada jogador no tabuleiro e que eram inseridos nos buraquinhos da frente dos carrinhos em material plástico, que representavam as peças do jogo.

Dois meses depois, Klamer voltou a Springfield para mostrar o resultado à Milton Bradley Company: The Game of Life*. A empresa adorou o projeto e antes do mês de setembro de 1959 acabar, ele fechou um acordo.

Assim como o Checkered Game of Life, a criação de Klamer refletiu a sua época, conservando o otimismo e o consumismo da América branca no início dos anos 1960. Mas, ao invés do tabuleiro usado

*Uma versão do passatempo, batizada de Jogo da Vida, chegou ao Brasil nos anos 1970 e 1980 através da Estrela.

no jogo de 1860 de Bradley, o Jogo da Vida transformou a jornada pela vida em uma estrada longa e sinuosa que serpenteava pelo tabuleiro, passando por edificações de plástico e atravessando montanhas de polietileno. A estrada da vida às vezes se ramificava, mas o destino final era sempre o mesmo: o Dia do Juízo, o momento em que o valor das vidas dos jogadores no tabuleiro era medido ao contabilizar a soma do dinheiro de todos os participantes para ver quem era o mais rico. As boas ações tinham saído, e as verdinhas, entrado. Cem anos depois das lições de moral de Bradley, os jogadores já não queriam mais saber de uma velhice feliz, e, sim, de aproveitar as suas aposentadorias em grande estilo em um recanto de milionários.

E como dinheiro era o segredo da vitória, a escolha mais importante no jogo acontecia logo no início, quando os jogadores decidiam se iriam para a faculdade ou se seguiriam o caminho dos negócios - um escolha que determinava quanto eles ganhariam quando passassem por uma das tantas casas de Dia do Pagamento espalhadas pelo tabuleiro. Aqueles que entravam no mundo dos negócios ganhavam cinco mil dólares a cada Dia de Pagamento enquanto os que optavam pelo percurso mais dispendioso da faculdade tinham a chance de parar em uma casa com uma carreira bem-sucedida como médico, advogado, cientista, professor ou jornalista. E, como estávamos em 1960, todos os empregos eram para toda a vida. Como constava nas regras: "Uma vez médico, sempre médico."

Após essa decisão inicial, a escolha praticamente não existia mais. Em vez disso, o resto da jornada da vida dependia de girar uma grande e colorida Roda da Sorte que ficava em cima de uma montanha de plástico no centro do tabuleiro. Assim como o teetotum do Checkered Game of Life, o disco chamativo - e ótimo para girar - era fruto do melindre em relação aos dados. "O Sr. Shea me disse: 'Não use dados, os dados são uma desgraça, e além disso o Monopoly vem com dados e não queremos imitar o Monopoly.'" Klamer diz rindo: "A roleta só surgiu por causa disso."

Embora o legado do puritanismo justificasse o uso da roleta, o tema religião mal apareceu no jogo de Klamer. Tirando uma parada obrigatória na igreja para se casar (não é permitido ser solteiro, nem solteira, nem viver em pecado), a religiosidade está ausente. O único deus nessa sociedade americana era o dinheiro.

A mensagem implícita podia ser a de que dinheiro é o que distingue os vencedores dos perdedores na vida, mas havia outras lições para os jogadores também. É quase sempre mais prudente entrar na faculdade do que não entrar. Se não comprar um seguro, você corre o risco de ter despesas catastróficas caso bata o carro, ou se um furacão deixar a sua casa em pedacinhos. Você pode fazer um empréstimo no banco, mas terá que devolver todo o valor com juros altos. Os jogadores também podiam investir em ações - um novo conceito para uma época em que apenas um entre dez cidadãos norte-americanos era um acionista, em comparação com cerca de metade disso em 2017. Porém, embora seja possível fazer uma fortuna apostando no mercado de ações, você também pode perder tudo. Klamer considerou a inclusão de ações, seguros e dívidas uma coisa educativa. "As crianças não sabiam o que eram ações, então era uma boa oportunidade para os pais conversarem com os filhos sobre ações", ele explica.

Para alguns, as lições do Jogo da Vida eram uma mudança de vida. E uma que o jogo mudou foi a do cirurgião cardíaco que um dia salvaria a vida de Klamer. "Quando eu era novo e brincávamos com o Jogo da Vida, sempre que eu era o médico no jogo ganhava a partida, então comecei a pensar que eu deveria ser médico quando crescesse", o cirurgião contou a Klamer ao descobrir que o seu paciente tinha criado o jogo.

O reflexo da realidade do Jogo da Vida provou ser uma receita vencedora. Quando a Milton Bradley apresentou o jogo na Feira de Brinquedos de Nova York em fevereiro de 1960, foi um sucesso instantâneo entre os varejistas. "O interesse imediato era evidente", Klamer se recorda. "Naquela época, os clientes importantes carregavam consigo os seus blocos de pedidos e eles faziam grandes encomendas meses antes da produção."

Respaldado pela grande quantidade de pedidos, um endosso do ator Art Linkletter e uma das primeiras campanhas publicitárias em rede nacional na televisão para um jogo de tabuleiro, o Jogo da Vida virou um sucesso estrondoso. O jogo tem sido produzido há mais de cinquenta e cinco anos e as suas diversas edições e derivados, que incluíram as versões temáticas de My Little Pony - e também Star

Wars -, venderam dezenas de milhões de cópias em todo o mundo. E a sua popularidade não mostra sinais de enfraquecimento, com o jogo atingindo o seu maior índice de vendas em um único mês, em toda a sua história, em dezembro de 2014. Klamer credita o sucesso duradouro do jogo às suas bases na realidade: "É totalmente pé no chão. As informações do dia a dia faziam parte desse jogo, era um sinônimo de vida. As pessoas se identificavam com o passatempo, as pessoas estavam interessadas em ter filhos, um seguro e todas as coisas que a vida incluía."

Mas o jogo que é vendido hoje em dia não é o mesmo jogo que impressionou os varejistas na Feira de Brinquedos de Nova York em 1960. O Jogo da Vida é um jogo em mutação, em constante movimento com os tempos, e as suas alterações revelam muito como a sociedade norte-americana mudou desde a primeira vez em que chegou às prateleiras das lojas.

Se observarmos com atenção a edição de 1960, logo veremos casas que batem de frente com a nossa visão atual das coisas. Tome como exemplo a casa em que os jogadores são informados com alegria que eles descobriram um depósito de urânio no valor de cem mil dólares. Encontrar uma jazida de minerais radioativos pode não se destacar em uma lista de desejos da vida nos dias de hoje, mas em 1960 muitos americanos sonhavam com tal achado. Encorajados pela promessa da Comissão de Energia Atômica dos Estados Unidos de ganhar muito dinheiro para descobrir depósitos de urânio, a América dos anos 50 enlouqueceu por causa do urânio. Milhares de garimpeiros amadores se equiparam com contadores Geiger comprados em catálogos da Sears e em guias como From Rags to Riches with Uranium, e seguiram para os desertos do sudoeste em busca de uma bolada atômica. Toda essa empolgação até inspirou um jogo de tabuleiro "aprovado por educadores", o Uranium Rush de 1955, em que os jogadores procuravam urânio usando um contador Geiger movido a bateria. A corrida do urânio da vida real acabou sendo interrompida em meados dos anos 60 depois que a Comissão de Energia Atômica suspendeu os incentivos financeiros.

Atualmente, a chance de encontrar urânio no Jogo da Vida é nula. Esse nem sequer aparece na versão mais recente da edição de 1960, na qual o urânio foi substituído pela descoberta menos inquietante de um "depósito mineral". Outra coisa que também não aparece mais nessa versão é a casa exigindo que os jogadores comprem um casaco feito de pele de guaxinim. Agora é simplesmente um casaco - não precisa ser de pele.

A decisão de apagar esses elementos menos palatáveis da recriação do original veio da Hasbro, os atuais donos do jogo. "Há algum tempo, a Hasbro modificou esses pontos para entrar em sintonia social com os novos tempos e não me lembro até que ponto insistimos com a história, mas eles não arredaram pé", diz Philip E. Orbanes, cofundador da Winning Moves, a empresa fabricante de jogos que relançou a edição de 1960.

Os casacos de pele de guaxinim e as minas de urânio não foram as únicas casas da versão original de 1960 do Jogo da Vida a serem eliminadas. Outra delas foi o Asilo dos Pobres, a última morada dos perdedores do jogo. Implementados na década de 1880, os asilos eram instituições mantidas por impostos que acolhiam as pessoas que não podiam pagar as próprias contas. Os idosos empobrecidos, os falidos, os sem-teto, os loucos, os órfãos e os inválidos - todos eles acabavam nos asilos. Em troca de uma cama e refeições regulares, eles, se fossem capazes, trabalhavam a terra até a morte vir buscá-los, altura em que eram enterrados na propriedade em sepulturas anônimas. Em 1960, os Asilos dos Pobres estavam com os dias contados graças ao advento da Previdência Social, mas a possibilidade aterradora de ir parar lá ainda permanecia no imaginário coletivo.

Assim como na realidade, o Asilo dos Pobres proporcionava um final deprimente ao Jogo da Vida. Se os jogadores chegassem ao Dia do Juízo sem dinheiro suficiente para vencer, a única esperança deles era apostar tudo o que tinham em um único giro da Roda da Sorte na esperança de ser declarado um magnata milionário e ganhar imediatamente o jogo. E se o seu número da sorte não saísse, eles eram mandados para o asilo.

O Asilo dos Pobres não durou muito tempo no jogo. Mas o seu substituto inicial também não foi dos melhores. Agora os jogadores que não conseguiam ficar milionários acabavam a partida "desamparados e humilhados" e "tendo que viver às custas da Previdência

Social" em uma casa pequena.

No final dos anos 1970, entretanto, este triste destino se transformou em uma tentadora Casa de Campo após outra reformulação de como funcionava o Dia do Juízo do jogo. O novo final ofereceu aos jogadores uma escolha. Se os jogadores achassem que tinham mais dinheiro do que os outros, eles podiam se mudar para a Mansão dos Milionários para tomar champanhe e viver dos lucros dos iates, cavalos de corrida, jatinhos particulares e outros símbolos de status que haviam comprado no seu caminho pelo tabuleiro. Por outro lado, os jogadores podiam hibernar na Casa de Campo recebendo uma pensão equivalente ao seu salário em cada turno enquanto esperavam os outros jogadores terminarem a partida.

A ideia capitalista original de Klamer do "vencedor leva tudo" tinha sido suavizada. Agora, mesmo que não fosse o jogador mais rico, você ainda podia desfrutar de uma agradável aposentadoria. Essa mudança provavelmente foi feita para oferecer a todos os jogadores um final feliz, mas também estava de acordo com as políticas da administração Reagan, que se seguiu alguns anos mais tarde na década de 1980. A política econômica do presidente Reagan se baseava na crença de que todos na sociedade se beneficiam com a redução de barreiras para a criação de riqueza e de empregos, uma ideia que a nova conclusão do Jogo da Vida confirmava. Talvez você não conseguisse passar a sua velhice na Mansão do Milionário realizando as suas fantasias à la Duran Duran na MTV com a ajuda de um luxuoso iate, mas ainda podia aproveitar uma vida de sucesso. Todo mundo agora era um vencedor, mas talvez não o grande campeão.

A versão do jogo dos anos 80 também modificou a forma como as vidas de papelão dos jogadores começavam. Em vez de escolher se deveria comprar o seguro do carro antes de seguir pela estrada da vida, todos os jogadores agora iniciavam o jogo com a cobertura do veículo. Essa mudança refletiu a revolução no seguro automotivo que ocorreu durante os anos 1970, quando estado após estado tornou obrigatória a cobertura de veículos. Os choques do preço do petróleo dos anos 1970 também deixaram a sua marca, com as peruas de plástico que bebiam gasolina da edição de 1960 sendo substituídas por minivans mais econômicas.

Embora essas mudanças se encaixassem bem na era Reagan, nos anos 1990 o Jogo da Vida já parecia estar fora de sintonia com os tempos atuais. A década de 90 estava sendo anunciada como o decênio da "partilha e solidariedade" - um novo começo após uma década de riquinhos idolatrando Gordon Gekko, os altos e baixos do mercado de ações, ternos de executivos e o uso exagerado de laquê. Entrou o Nirvana, saiu o Mötley Crüe. Adeus, presidente George H. W. Bush, olá presidente saxofonista Bill Clinton.

Nesse clima, a obsessão por riqueza do jogo parecia datada e a Hasbro, que adquiriu o controle do jogo após comprar a Milton Bradley Company em 1984, sabia disso. A resposta da Hasbro foi desistir completamente do dinheiro. A empresa definiu uma nova direção para o Jogo da Vida, uma em que as boas ações fossem mais importantes que os lucros. Em vez de dinheiro, os jogadores agora acumulavam Peças de Vida que representavam as experiências de uma vida bem vivida. Quem terminasse a partida com mais Peças de Vida era consagrado o vencedor.

Mas os jogadores que a Hasbro chamou para testar o jogo revisado detestaram o resultado. Eles queriam o dinheiro de volta no jogo. "A empresa procurou alternativas apenas para constatar que parecia muito importante para as pessoas ganhar dinheiro", diz Beatrice Pardo, diretora executiva da Reuben Klamer Toylab. "Por isso, quando eles tentaram mudar o formato para o que talvez pudéssemos chamar de alternativas politicamente corretas, o negócio não deu certo. Nós descobrimos que o dinheiro era o fator motivador, então continuou assim."

As Peças de Vida finalmente chegaram às lojas de uma forma atenuada na edição de 1991 do Jogo da Vida, que tentou encontrar um meio-termo entre o apelo natural de ficar rico e o sentimento persistente de que a vida não deveria girar em torno de dinheiro. Como sempre, os jogadores trilhavam o difícil caminho da vida, mas desta vez eles não apenas guardavam os seus salários, como também ganhavam Peças de Vida sempre que paravam em uma casa representando uma ação com implicações sociais, como dizer não às drogas, ajudar os sem-teto ou reciclar o lixo.

Cada uma das cartas de Peça de Vida anunciava uma experiência de vida positiva. Os jogadores poderiam descobrir que tinham escrito o maior romance americano, recebido um Prêmio Nobel ou inaugurado uma rede de produtos naturais. Mas quando chegava o Dia do Juízo essas realizações eram convertidas em dinheiro vivo. Receber um prêmio humanitário dava direito a cem mil dólares. Compor uma sinfonia dava direito a cento e cinquenta mil dólares. Salvar uma espécie em extinção? Pode embolsar mais duzentos mil dólares. A vida, pelo visto, sempre se resume a dinheiro, não importa o que você faça.

A edição de 1991 também atualizou as oportunidades de carreira. A faculdade agora era mais cara, deixando os jogadores com uma dívida de trinta mil dólares em vez do buraco quase imperceptível nas suas finanças como era antigamente. E em vez de ter a sua profissão determinada pela casa em que parava no tabuleiro, agora era possível tirar uma profissão aleatoriamente de um baralho de cartas de carreira. Você poderia ser um médico ou um contador, um atleta ou um policial, ou até mesmo se tornar um "superastro".

Mas a mudança mais notável nas carreiras foi a de que nenhum jogador tinha mais uma ocupação para a vida toda. No mundo real, a era dos empregos vitalícios parecia estar desaparecendo rapidamente à medida que a globalização e uma onda de redução de pessoal viam o local de trabalho nos EUA se tornar um lugar cada vez mais inseguro para muitos. Tendo isso em mente, o caminho do Jogo da Vida agora estava cheio de oportunidades para mudanças de carreira. Você poderia ser demitido, ter sua carreira abalada em mais uma rodada de redução de pessoal ou estar passando por uma crise de meia-idade que leva você a pedir demissão em um momento de pânico por estar envelhecendo (cadê a carta de símbolo de status com um carro esporte quando se precisa dela?). Ou você também poderia estudar à noite para conseguir um emprego mais lucrativo. Mas independentemente de como a sua carreira tinha acabado, havia sempre um novo trabalho à sua espera. O Jogo da Vida era animado demais para condenar qualquer pessoa ao desemprego prolongado.

Só que enquanto a Hasbro evitou o lado sombrio da vida, um homem assumiu a tarefa de trazer mais realismo ao jogo. Esse homem era Chris Pender, que tinha passado a maior parte da sua infância nos anos 60 na cidade de Macedônia, em Ohio, brincando com o Jogo da Vida. "Era o meu jogo favorito", ele se recorda. "Eu adorava as casas em que algo acontecia com um jogador, como um furacão derrubar a sua casa ou você herdar uma fazenda fedorenta. O pessoal do Monopoly estava mais interessado em negociação e dinheiro. Eu gostava mais do Jogo da Vida porque as coisas acontecem - você praticamente interpreta um personagem."

Mas à medida que Pender entrava na adolescência e as imagens da Guerra do Vietnã passavam na televisão da sala, ele começou a questionar as omissões do jogo. "Quando eu era criança, o Vietnã já estava fervendo, e eu me lembro da noite em que todos assistíamos à loteria do recrutamento, que era televisionada e parecia o sorteio da loto", ele conta. "Eu me lembro que estávamos todos assistindo e as minhas três irmãs mais velhas tinham medo que os seus namorados fossem recrutados, mas eu ainda era muito pequeno, por isso ainda brincava com o Jogo da Vida, e foi quando me ocorreu pela primeira vez que seria uma casa interessante para incluir no jogo: 'Você foi recrutado e tem que ir para o Vietnã".

Ao longo da sua adolescência, as omissões do jogo se acumularam cada vez mais. Onde estava o sexo? E a questão de raça e gênero? Por que o jogo não dá muita importância à religião e aos pequenos momentos de alegria da vida?

A maioria das pessoas teria seguido em frente, aceitando o fato de que o Jogo da Vida foi criado para os pais brincarem com os seus filhos, por isso mandar o pequeno Johnny para a guerra ou deixar a pequena Joanna engravidar aos dezessete anos dificilmente incentivaria as vendas. Mas não no caso de Pender. Os seus planos para tornar o jogo mais real nunca desapareceram, e conforme as ideias para melhorias surgiam na sua cabeça, ele sempre as anotava nos seus cadernos. Um dia, ele prometeu a si mesmo, eu farei a minha versão do jogo.

Mais tarde, ele finalmente começou a desenvolver a sua versão: The Game of Real Life, uma paródia do passatempo favorito da sua infância que se aventurou por caminhos que a Hasbro não teria coragem. "Foi como uma crise de meia-idade", ele conta. "Eu completei quarenta anos e tive essa sensação de mortalidade, que eu realmente ia morrer, e achei melhor fazer esse jogo antes de bater as botas. Foi isso que me motivou a começar a trabalhar para valer nesse negócio.

A sátira principal é que a felicidade vence o jogo em vez do dinheiro e eu acredito que esse é o argumento sociológico. Eu me interesso menos em dinheiro e mais na felicidade e no meu jogo as pessoas tomam as decisões com base nisso, e eu acho que esse é o rumo que a nossa cultura está tomando, ou pelo menos o que sobrou dela."

Lançado em 1998, o jogo era um passeio periclitante pela vida em que o objetivo era se tornar o jogador mais feliz no tabuleiro em um mundo repleto de rasteiras antes de seguir em direção à luz branca no fim do túnel. Embora nem todos os jogadores conseguissem chegar tão longe, porque no jogo de Pender os participantes podiam morrer antes da velhice. O primeiro contato deles com a morte acontecia logo no início: se tirassem o número um no dado, eles acabariam sendo abortados e teriam que começar uma nova vida. Mais tarde, eles podiam morrer em um assalto ou - em uma referência à versão de 1960 do Jogo da Vida - após sofrer envenenamento por radiação graças a um depósito de urânio.

Em outra parte, os jogadores podiam se ver usando LSD, vivendo em tempos de guerra ou precisando de um transplante de órgão. Eles podiam encontrar Deus; acabar se prostituindo nas ruas; ver neve pela primeira vez na vida; engravidar depois de fazer sexo; ir ao cinema com os seus netos; ou serem obrigados a participar de um programa de condicionamento físico corporativo.

Cada cópia do jogo de Pender era feita à mão e vendida na feira de artesanato do Mercado de Sábado de Portland, no Oregon, e, posteriormente, na internet. Apesar da sua produção de baixa fidelidade, o jogo virou um sucesso cult. Desde o seu lançamento em 1988, Pender fez e comercializou mais de vinte mil unidades, o suficiente para ganhar a vida modestamente com isso.

The Game of Real Life até mesmo se tornou um dos favoritos dos educadores que trabalham com adolescentes problemáticos e em programas de drogas e álcool. "Eu acho que as pessoas gostam do jeito que as coisas funcionam quando alguém para em uma casa de drogas ou sexo e a droga ou sexo estão ali disponíveis", explica Pender. "Essa foi a minha experiência. Eu me lembro de estar em uma festa quando tinha vinte e poucos anos e havia um espelho com pó branco em sua superfície vindo em minha direção. Quando chegou até mim eu me lembro de ter perguntado à pessoa o que era aquilo e eles responderam: 'Sei lá'. Eu disse: 'Ah', e simplesmente passei adiante porque se ninguém sabe do que se trata, por que estão cheirando esse troço?"

"Então, no jogo você se encontra naquele tipo de situação social em que as drogas estão sendo oferecidas, e é você quem decide se quer aceitar a droga ou não, por isso entra nessa questão da responsabilidade. Eu acho que o pessoal dos Alcoólatras Anônimos gosta dessa coisa de 'A responsabilidade é sua e de mais ninguém'."

Os temas do The Game of Real Life nunca seriam permitidos no Jogo da Vida "real", mas a Hasbro não parou de tentar fazer com que o jogo fosse menos voltado para a riqueza. Em 2007, houve mais uma tentativa de se distanciar do dinheiro com o derivado chamado Game of Life: Twists & Turns. Prometendo "mil maneiras de viver a sua vida", o Twist & Turns excluiu muitas das características familiares do Jogo da Vida. Agora o caminho não tinha um fim, tratava-se apenas de uma rede de caminhos entrelaçados que levavam para dentro e para fora de quatro áreas: Ganhar, Aprender, Viver e Amar.

Os jogadores podiam andar por onde bem entendessem. Se quisessem que a sua vida de papelão girasse em torno de dinheiro, eles podiam entrar na área de Ganhar, mas se o que desejavam era uma família feliz, eles podiam se divertir na zona do Amor. Ou, caso não conseguissem escolher, eles podiam transitar de um lado para o outro entre os setores, experimentando um pouco de tudo.

No caminho, os jogadores pegavam cartas de Evento da Vida que detalhavam mais de cem experiências para as suas vidas de mentirinha. Talvez eles criassem um clube de ajuda para deixar de fumar na faculdade enquanto estivessem na área de Aprender ou cantassem o hino nacional para o presidente na área de Viver. No espaço de Ganhar, eles podiam acrescentar um site premiado ao seu currículo, ou impedir um ladrão de assaltar a sua vizinha na zona do Amor.

Os grandes prêmios eram os pontos de vida adquiridos com essas experiências. Isso porque embora o jogo ainda envolvesse a questão de ganhar dinheiro, os pontos de vida é que determinavam quem vencia. No fim da partida, que podia durar quantas rodadas os jogadores quisessem, o dinheiro, as experiências e os pertences de todos os participantes eram convertidos em Pontos de Vida pelo Salva-Vidas Eletrônico do jogo por meio de uma fórmula secreta. O Salva-Vidas Eletrônico também fazia o papel de banco, registrando o progresso de todos os jogadores com a ajuda dos cartões de crédito com a bandeira Visa que os jogadores usavam em vez de notas de dinheiro.

A adoção dos cartões de crédito foi pontual. O Twist & Turns chegou às lojas no auge da explosão do crédito nos anos 2000 e isso fica muito claro. O Salva-Vidas era um financiador generoso - o tipo de instituição financeira que deve ter falido ou pedido socorro com dinheiro público quando a bolha de crédito estourou logo depois. Em Twist & Turns você poderia ser um limpador de estábulos ganhando cinco mil dólares por ano, mas se quisesse viver em uma mansão de milhões de dólares, por que deixar o dinheiro atrapalhar? O Salva-Vidas tem as hipotecas de alto risco para oferecer a você. E assim como na farra do crédito da vida real, os jogadores podiam fazer empréstimos à vontade sem ter que pensar em como devolveriam o dinheiro.

Mas apesar de toda a escolha e liberdade que proporcionava, o Twist & Turns parecia algo sem propósito. E até mesmo superficial. Era uma vida desprovida de sentido. Sem o Dia do Juízo surgindo à distância, tudo o que restava fazer era circular pelo tabuleiro até o tempo acabar, flutuando de um evento aleatório para o outro como uma água-viva sendo fustigada pelas correntes marítimas.

O Twist & Turns pode ter se distanciado do objetivo financeiro que continua a ser fundamental para as edições principais do jogo, mas justamente por isso também destacou a lição mais reveladora do Jogo da Vida até agora: que uma jornada pela vida sem uma direção não tem a menor graça.

5

A MENSAGEM ESQUECIDA DO MONOPOLY

*Como Monopoly foi do discurso antiproprietário
à celebração do capitalismo selvagem*

Os soldados estavam encurralados. Do lado de fora, milhares de homens, mulheres e crianças furiosos queriam que eles morressem.

A milícia tinha chegado a Pittsburgh para restabelecer a ordem, mas quando eles começaram a abater a multidão de trabalhadores ferroviários revoltosos e os seus simpatizantes com tiros e golpes de baionetas, os manifestantes não fugiram. Em vez disso, eles retribuíram o fogo e jogaram pedras, tijolos, blocos de calçamento e outros entulhos até que as tropas foram forçadas a se entrincheirar na garagem da estação ferroviária da cidade.

Enquanto a milícia derrotada procurava refúgio, a multidão ateou fogo ao terminal. Logo, colunas espessas de fumaça preta, iluminadas pelo clarão de mais de mil prédios e vagões incandescentes, preencheram o céu noturno. Em seguida, a turba se apoderou de uma locomotiva, que foi incendiada e empurrada ruidosamente pelos trilhos em direção ao depósito de areia próximo à garagem. A locomotiva flamejante chocou-se contra o depósito de areia, deixando-o em chamas. Em pouco tempo, nuvens densas de fumaça cáustica se espalharam pela garagem. Sufocando e cuspindo, os soldados pegaram todos os extintores que puderam e começaram a lutar para conter o fogo.

Às sete horas da manhã, a milícia decidiu que não tinha outra escolha a não ser abrir o caminho a tiros. Assim que eles saíram, a turba avançou em sua direção e os disparos partiram dos dois lados. Quando a milícia finalmente escapou, vinte pessoas estavam mortas e muitas outras ficaram feridas.

A violência em Pittsburgh na noite de 21 de julho de 1877 não foi um acidente isolado. Nos Estados Unidos, trabalhadores ferroviários grevistas e cidadãos interromperam o funcionamento da malha ferroviária, paralisando a economia. De Newark a São Francisco, e Chicago à Virgínia, os trens ficaram parados e instalações da empresa ferroviária foram incendiadas. A violência só terminou em setembro, depois que o presidente Rutherford B. Hayes ordenou que tropas federais fossem de cidade em cidade, e restabelecessem a ordem sob a mira de uma arma.

A decisão da Baltimore and Ohio Railroad de cortar o salário de seus empregados em dez por cento foi o estopim dessa explosão de raiva pelo país, mas as causas eram muito mais profundas do que as ações de uma única empresa.

Os Estados Unidos de 1877 eram uma nação dividida. A maioria dos empregados trabalhava muitas horas em condições precárias por um péssimo salário, enquanto os seus patrões acumulavam fortunas quase inimagináveis. Figurões como John D. Rockefeller, cuja companhia Standard Oil estava ocupada criando um monopólio no refino de petróleo, e o rei das ferrovias Cornelius Vanderbilt. Homens que nas décadas seguintes iriam apenas ampliar o seu domínio sobre a indústria norte-americana. Ninguém personificava melhor os magnatas dessa Era Dourada do que J. P. Morgan, o investidor que usou a sua fortuna e as suas conexões para criar colossos industriais como a U.S. Steel, a primeira corporação de bilhões de dólares do mundo. Morgan encarnou a imagem popular do capitalista do século século XIX: o banqueiro de bengala com um proeminente bigode branco, que usava smoking e cartola.

Alguns viam esses homens como capitães da indústria que estavam deixando os americanos mais ricos e louvavam a sua filantropia. Outros os rotulavam de barões gatunos que usavam o seu poder e as suas riquezas para eliminar a concorrência, explorar os trabalhadores e minar a democracia subornando políticos corruptos. Enquanto esses industriais e investidores acumulavam milhões, as rachaduras sociais se abriam cada vez mais. As pessoas começaram a falar em luta de classes e a formar sindicatos para retomar o poder.

O economista Henry George acreditava que tinha uma resposta melhor para a desigualdade que estava destruindo o país, e, em 1879, ele apresentou o seu plano em um livro intitulado Progresso e Pobreza. George argumentava que as terras inexploradas eram uma dádiva de Deus e que qualquer aumento no seu valor era por causa do trabalho feito pelas pessoas. Por isso, o dinheiro que os proprietários ganhavam pelo simples fato de serem os donos da terra pertencia a todos e o governo deveria pegar esse dinheiro de volta em nome da sociedade, mediante a aplicação de um imposto sobre o valor do terreno. A receita proveniente do imposto, George acreditava, seria tão vasta que todos os outros impostos poderiam então ser abolidos, uma medida que deixaria o povo ficar com os lucros do seu próprio trabalho. Isso, ele concluía, reduziria o fosso entre ricos e pobres promovendo um uso mais produtivo da terra, aumentando a renda dos trabalhadores e impedindo que os proprietários de terras acumulassem riquezas de modo parasitário sem fazer nada para o merecer.

Os opositores rebateram dizendo que o plano faria com que as pessoas fossem taxadas independentemente da sua capacidade de pagar, alegando que as terras não podem se tornar instantaneamente produtivas, e que o tal imposto poderia reduzir, ao invés de incentivar, os investimentos, mas mesmo assim os argumentos de George causaram impacto. Progresso e Pobreza virou um campeão de vendas e gerou um novo movimento político, os adeptos do imposto único, que queriam ver a teoria de George ser colocada em prática.

Elizabeth Magie foi uma das pessoas que se juntaram à luta por uma sociedade de imposto único. Nascida em Macomb, em Illinois, no ano de 1886, Magie era uma mulher de mentalidade moderna aprisionada em uma era não tão moderna assim, com um espírito independente que procurava seguir o seu próprio caminho ao invés de depender de um marido para a sustentar. Ela trabalhava, redigia poemas sobre amor e injustiça, escrevia contos e impressionava os seus amigos de teatro com retratos contundentes de personagens masculinos. Magie também era uma inventora. Aos vinte e seis anos, ela criou um aparelho que permitia que o papel fosse colocado com mais facilidade nas máquinas de escrever e o patenteou em uma época em que menos de um por cento das patentes eram propriedade de mulheres. Ela conheceu as teorias de George quando o seu pai lhe deu um exemplar de Progresso e Pobreza. Após a leitura, ela se tornou uma discípula do imposto único e até juntou-se ao movimento, no qual acabou se tornando secretária do Clube Feminino do Imposto Único de Washington, D.C. Quando George faleceu em outubro de 1897, Magie, e muitos outros adeptos do imposto único, juraram que continuariam a lutar pelos ideais dele, mas sem o seu líder carismático, o movimento rapidamente perdeu a sua força.

Sem se deixar abater, Magie procurou outras formas de reavivar o interesse pelo sistema de imposto único. Ela tentou dar palestras sobre o assunto, mas achou que estava atingindo um número muito pequeno de pessoas. Então, em 1902, ela criou um jogo de tabuleiro que tornaria realidade os argumentos de George demonstrando os danos causados pelos proprietários monopolistas e como o imposto sobre o valor da terra era a solução.

Ela o chamou de The Landlord's Game.

No jogo, os participantes andavam de um lugar para outro no tabuleiro usando dinheiro de brinquedo para comprar terrenos, ferrovias e serviços públicos. Depois de comprar uma propriedade, os jogadores podiam cobrar aluguel de qualquer um que parasse na casa e construir prédios que aumentavam o valor que eles podiam pedir. A cada vez que os jogadores completavam o circuito do tabuleiro, eles passavam por uma casa situada no canto em que se lia: "Trabalhar a Mãe Terra gera salários" e recebiam um salário de cem dólares. Outras casas no tabuleiro exigiam que os jogadores pagassem impostos, comprassem bens ou pegassem uma carta de Sorte. Em um canto do tabuleiro havia uma casa com o aviso: "Entrada proibida. Vá para a cadeia". Essa casa, ela explicou em um artigo para a Single Tax Review, pertencia a um lorde britânico e representava a "propriedade de estrangeiros de solo norte-americano". Quem parasse ali seria mandado para a cadeia no canto diagonalmente oposto do tabuleiro, de onde não sairia enquanto não tirasse dois números iguais nos dados ou pagasse uma multa de cinquenta dólares. A última casa situada no canto tinha um parque público e o asilo dos pobres para onde os jogadores falidos eram enviados. Os jogadores só podiam sair do asilo dos pobres se outro jogador lhes emprestasse dinheiro suficiente para eles saldarem as suas dívidas. Depois que os jogadores tivessem dado uma volta completa pelo tabuleiro um número definido de vezes, o jogo acabava e o jogador com mais dinheiro era declarado o vencedor.

Este é o jogo que viria a ser Monopoly*. Mas a visão de Magie para o jogo era muito diferente do passatempo mundialmente famoso que a sua criação gerou.

The Landlord's Game, Magie explicou, mostrava "como o proprietário ganha o seu dinheiro e o guarda". Quando as crianças brincassem com o jogo, ela achava que estas aprenderiam que "a maneira mais rápida de acumular riquezas e ganhar poder é comprar o máximo de terras possível nos melhores lugares e ficar com elas". Magie reconhecia que algumas pessoas podiam achar que essa era uma lição perigosa, mas argumentava que o jogo permitiria às crianças "ver claramente a flagrante injustiça do nosso atual sistema fundiário" e assim elas cresceriam e se tornariam adultos que fariam campanha contra isso.

Mas para o caso de a mensagem não ter ficado suficientemente clara, Magie elaborou um conjunto de regras alternativas para mostrar como um adepto do imposto único poderia criar uma sociedade mais igualitária. Nesta versão do jogo não havia asilo dos pobres, ninguém precisava comprar bens e a casa com "entrada proibida" podia virar uma "faculdade gratuita" para que os jogadores não fossem mais presos. A forma como o aluguel funcionava também mudou. O aluguel arrecadado com as terras não utilizadas iam para o Tesouro em vez dos donos da propriedade, e os jogadores só podiam receber dinheiro dos outros se tivessem construído casas na sua terra. Essas

---

*Em 1944, a Estrela começou a vender no Brasil uma versão desse jogo com o nome de Banco Imobiliário. Anos depois, a Estrela fez uma parceria com a Hasbro, que tinha adquirido o Monopoly, para seguir publicando o Banco Imobiliário, e tudo correu bem até 2009, quando as duas empresas encerraram o acordo. Então, a Estrela lançou uma nova versão do Banco Imobiliário, com pequenas modificações para não ter problema de patentes, enquanto a Hasbro decidiu comercializar o jogo no país com o nome original, Monopoly.

regras, entretanto, eram opcionais. O principal do jogo ainda era que os jogadores tentassem ficar ricos com a posse de terras, e apesar do sentimento inerente de prazer em tirar o dinheiro dos outros jogadores, Magie acreditava piamente que quando as pessoas brincassem com o Jogo do Proprietário, elas veriam a injustiça disso tudo.

Depois de patentear o seu jogo em 1904, Magie começou a fazer cópias de forma artesanal para os outros adeptos do imposto único e ofereceu um desses jogos feitos à mão aos moradores de Arden, em Delaware.

Fundada em 1900, a cidade de Arden foi um dos vários experimentos da vida real com o modelo econômico georgista financiados pelo milionário fabricante de sabão, Joseph Fels. O empresário já havia apoiado uma experiência similar em Fairhope, no Alabama, e, em algum momento, esperava usar as lições aprendidas com essas comunidades para criar uma terra judaica baseada na teoria do imposto único de George.

Em Arden, os moradores podiam arrendar, mas não possuir a sua própria terra. O aluguel que eles pagavam apenas refletia o valor da terra que ocupavam e todo o dinheiro arrecadado pela cidade era reinvestido na comunidade. A visão de vida alternativa de Arden atraiu não apenas os adeptos do imposto único, como também outros radicais e não conformistas, incluindo socialistas como Upton Sinclair, o autor de The Jungle (A Selva), a denúncia de 1906 sobre a indústria de carne norte-americana.

A população de Arden gostava de brincar com The Landlord's Game. Afinal de contas, era um jogo baseado nos próprios ideais que os tinham atraído a essa comunidade emergente no condado de New Castle.

Scott Nearing, um professor de economia da Universidade da Pensilvânia, que se mudou para Arden em 1905, era um dos moradores que brincava com o jogo. Achando que seria uma ótima ferramenta para ensinar a seus alunos sobre os efeitos da especulação nos aluguéis, Nearing fez uma cópia caseira e começou usá-la em suas aulas. Ele não sabia qual era o verdadeiro nome do jogo e por isso o batizou de Anti-Landlord Game. Os seus alunos decidiram que Monopoly, ou Business, seria um nome melhor, mas gostaram do jogo mesmo assim, e alguns deles fizeram cópias para que pudessem jogar sempre que quisessem.

Enquanto Nearing apresentava The Landlord's Game aos estudantes de economia, Magie encontrava dificuldades para conseguir que o jogo fosse publicado oficialmente. Primeiro, ela cofundou uma pequena empresa de jogos e lançou uma versão em 1904, mas vendeu poucas unidades. Depois de descartar essa abordagem, ela ofereceu o jogo à Parker Brothers, a principal fabricante de jogos do país. A Parker Brothers não quis saber do jogo. "É muito político e muito complexo", eles lhe disseram.

Era uma crítica justa. A abordagem política era inegável, aliás a ideia era exatamente essa e, comparado a outros jogos à venda na época, também era muito complicado. A maioria dos jogos desse período era diferente apenas pelo tipo de tema. Os jogadores podiam apostar corrida em dirigíveis, subir na hierarquia empresarial ou reencenar as conquistas de Napoleão Bonaparte, mas as regras eram sempre as mesmas: jogue o dado, mexa a sua peça e torça para ser o primeiro a chegar ao fim.

Em comparação com essa competição boba, The Landlord's Game era como A revolução dos bichos, de George Orwell, em um mundo cheio de infinitas versões de A lagarta muito faminta. E enquanto The Landlord's Game definhava no limbo, o movimento do imposto único que o inspirou foi se retraindo.

Para muitas das causas progressivas que se manifestaram na mesma época que o movimento do imposto único, os anos 1910 foram uma década de sucesso. As pessoas que lutavam pelo sufrágio feminino, a proibição do álcool e as leis antitruste para quebrar monopólios como o da Standard Oil fizeram grandes avanços. Por outro lado, os adeptos do imposto único passaram a década vendo o seu movimento sair do radar da política.

Primeiro foi a morte de Fels em 1914. Sem as suas benesses, o crescimento das comunidades foi bruscamente interrompido. Em seguida veio a Ameaça Vermelha. Depois que os comunistas tomaram o poder na Revolução Russa de 1917, o povo norte-americano se voltou contra o socialismo e outros movimentos radicais, enxergando-os como o inimigo interno. O medo de que os "comunas" estivessem secretamente fomentando uma revolução se instalou e, nesse clima de paranoia, o movimento do imposto único passou a ser vinculado ao socialismo na cabeça das pessoas.

Isso foi um equívoco. George não era nenhum socialista, apenas alguém que acreditava que as suas ideias podiam fazer o capitalismo funcionar melhor, e ele e Karl Marx, o coautor de O Manifesto Comunista, não morriam de amores um pelo outro. Marx achava que a criação de um imposto único prejudicaria o comunismo e, em uma carta de 1881, ele descreveu George como um "grande retrógrado".

A opinião de George a respeito de Marx não foi menos grosseira. Ele acreditava que o comunismo levaria à ditadura e chamou Marx de "o príncipe dos ignorantes". Mas sob a influência da paranoia da Ameaça Vermelha, muitas pessoas não perceberam o abismo que havia entre George e Marx.

E enquanto o movimento do imposto único caía no esquecimento, The Landlord's Game discretamente conquistava simpatizantes nos corredores da academia. Depois que Nearing apresentou o jogo aos seus alunos, este chegou às universidades nos estados do nordeste. Poucos daqueles que se deparavam com o jogo sabiam de onde aquilo tinha vindo ou quem o tinha criado e o porquê, mas eles jogavam, gostavam, faziam cópias, modificavam as regras e acrescentavam outras.

Em uma época de produção em massa, isso era uma coisa bastante antiquada, um retrocesso aos séculos passados em que jogos como o xadrez e o gamão se espalhavam através do boca a boca e cópias artesanais enquanto eram aperfeiçoados aos poucos com as contribuições de inúmeros indivíduos anônimos.

As pessoas faziam cópias do The Landlord's Game para os seus amigos em folhas de oleado que eles coloriam cuidadosamente com tinta ou giz de cera. Eles datilografavam ou escreviam à mão as cartas de Sorte e os títulos de propriedades em papel cartão liso e transformavam brincos, moedas e diversos itens domésticos em peças do jogo. Para as casas, eles desenhavam casinhas em cartolina e as cortavam com tesouras ou usavam pedacinhos de madeira colorida.

À medida que recriavam as suas próprias versões, eles também aprimoravam o jogo e as suas regras. As propriedades no tabuleiro muitas vezes levavam os nomes de lugares próximos à casa da pessoa que fez a cópia do jogo. As propriedades também eram organizadas em grupos para que os jogadores que fossem donos de todos os lotes em um conjunto pudessem cobrar o dobro do aluguel. As casas de "comprar bens" foram descartadas, assim como o limite de quantas vezes os jogadores podiam andar pelo tabuleiro. Em uma alusão à ascensão dos automóveis, o parque público virou um estacionamento gratuito. As regras correspondentes ao imposto único foram esquecidas e a Mãe Terra se transformou em largada ou ponto de partida.

Em 1927, o jogo modificado acabou chegando às mãos de Daniel Layman, um estudante do Williams College em Williamstown, Massachusetts. Layman mostrou o jogo ao seus amigos Ferdinand e Louis Thun. Depois de jogar por um tempo, os Thuns criaram uma novidade para o jogo: as cartas de Caixa da Comunidade. Enquanto as cartas de Sorte basicamente moviam os jogadores pelo tabuleiro, as cartas de Caixa da Comunidade normalmente davam dinheiro aos jogadores.

Os irmãos tiraram a ideia das caixas da comunidade da vida real, grupos geridos por voluntários que recolhiam doações e depois distribuíam o dinheiro para boas causas na região. A primeira caixa de comunidade foi criada em Cleveland, Ohio, no ano de 1913, e a ideia rapidamente se espalhou pelo país. Em 1927 havia mais de trezentas caixas de comunidade e juntas elas distribuíam mais de sessenta milhões de dólares todos os anos. Os doadores empresariais particularmente gostavam do modelo da caixa de comunidade, pois isso significava que eles podiam dar o dinheiro sem ter que passar pelo problema de identificar para quais causas estavam dispostos a doar.

Após se formar em 1929, Layman voltou para casa em Indianápolis e começou a disputar o jogo com os seus amigos. Encorajado pela reação positiva, Layman convenceu um fabricante de baterias local a lançar o seu jogo, e em 1932 foi colocado à venda como Finance.

As diferenças entre o Finance e o atual Monopoly são puramente formais. Não havia hotéis, mas os jogadores podiam construir até cinco habitações nas suas terras. Ao invés da casa Apenas Visitando ao lado da cadeia, havia a exigência de uma taxa de vinte dólares. Ponto de Partida se chamava Largada. Mas além disso e de algumas regras avançadas opcionais, o Finance não passava de um Monopoly sem o estilo gráfico.

A dimensão política do The Landlord's Game também sumiu. As regras do Finance descreviam o jogo como algo que "é semelhante às transações dos negócios modernos" e "oferece a todos a oportunidade de ganhar uma fortuna".

Mas mesmo sem ter mais a parte política, os distribuidores não estavam muito confiantes em relação ao Finance. Assim como a Parker Brothers tinha dito à Magie vinte anos antes, as lojas consideravam o jogo complicado demais e se recusavam a mantê-lo em seus estoques. Um belo dia, Layman vendeu os direitos do jogo para uma empresa de Indianápolis chamada Knapp Eletric, que também achou o produto difícil de vender.

Mas o jogo de Layman encontrou uma fã em Ruth Hoskins. Antes do lançamento do Finance, Hoskins tinha brincado com uma cópia artesanal do jogo, que na época ainda chamavam de Monopoly, enquanto visitava a sua família em Indianápolis. Ela achou muito bom e fez uma cópia para levar de volta a Atlantic City, onde ela lecionava em uma escola quaker. Hoskins e os seus colegas quakers então criaram uma versão do jogo que materializava o balneário que os rodeava. A quinta casa virou um hotel. A mistura de ruas reais e imaginárias de Layman se tornou um passeio turístico por Atlantic City, da decadente Baltic Avenue, onde morava a empregada afro-americana de um dos quakers, até o famoso Calçadão passando por Marven Gardens, uma zona residencial a alguns quilômetros ao sul.

As ferrovias também combinavam com as que cobriam a cidade, incluindo a Shore Fast Line, que ligava os calçadões de Atlantic City e Ocean City. A Shore Fast Line era uma das últimas linhas interurbanas, as ferrovias elétricas que preenchiam a lacuna entre os bondes e as ferrovias adequadas usando vagonetas velozes para transportar os passageiros entre diferentes áreas urbanas. Durante as primeiras décadas do século XX, as linhas interurbanas proliferaram, apenas para serem fechadas no seu auge por causa do advento dos automóveis acessíveis e o início da Grande Depressão. Quando a Shore Fast Line foi incluída no tabuleiro em 1932, a maioria das linhas interurbanas nos Estados Unidos tinha sido desativada. Em 1948, a Shore Fast Line teria o mesmo destino.

A versão de Atlantic City do Monopoly chegou à Filadélfia, onde foi apresentada a Charles Todd e sua esposa, Olive, que moravam no bairro de Germantown. Como tantos outros, Todd gostou muito do jogo e fez uma cópia para si mesmo. O tabuleiro recriado em um oleado era idêntico ao jogo de Atlantic City, só que ele mudou o nome da Shore Fast Line para Short Line e escreveu Marvin Gardens em vez de Marven Gardens.

Pouco depois de fazer a sua cópia, Todd deu de cara com Esther Jones, uma amiga de infância que ele não via há anos. Foi um encontro casual que transformaria o destino do jogo.

Quando ficou sabendo que Jones morava nas proximidades e agora estava casada com um homem chamado Charles Darrow, Todd convidou o casal para jantar. A ceia foi um sucesso. Darrow, um sujeito encorpado na casa dos quarenta anos, de óculos com armação de arame, parecia ser uma boa pessoa, direto, mas também amigável.

Eles passaram a maior parte da noite conversando sobre as dificuldades econômicas da cidade. A Grande Depressão havia arrasado a Filadélfia. A população fora reduzida a pedir esmolas ou revirar latas de lixo na esperança de encontrar restos suficientes para se alimentarem. Por toda a cidade se espalhavam acampamentos de sem-teto. As pessoas chamavam esses bairros degradados de Hoovervilles em homenagem ao presidente que governava durante a Grande Depressão. Na cidade inteira cerca de trezentas mil pessoas estavam desempregadas e Darrow era uma delas. Depois de perder o seu emprego como técnico de aquecedores, Darrow teve dificuldades em encontrar trabalho. Ele tentou ser passeador de cães, consertar ferros elétricos e até mesmo produzir e vender quebra-cabeças, mas esses bicos não rendiam muito. A família sobrevivia do dinheiro que a sua esposa conseguia costurando para fora.

Para piorar a situação, Dickie, o mais novo de seus dois filhos, sofrera danos cerebrais em decorrência de um surto de escarlatina. Nos Estados Unidos dos anos 1930, havia muito pouco apoio para ajudar a família a lidar com o desafio de cuidar do seu filho deficiente. As instituições que acolhiam crianças como Dickie eram ambientes brutais, lugares onde os internos muitas vezes eram amarrados às camas, espancados, mal alimentados e sujeitos a experimentos médicos. Recusando-se a internar o seu filho em um lugar tão horrível e sem condições de pagar por um atendimento mais humanizado, os Darrows se esforçavam para tentar fazer o melhor possível por Dickie.

Ao final da noite, Todd e sua esposa disseram ao casal que eles deveriam voltar de novo para jogar um passatempo chamado Monopoly. Os Darrows nunca tinham ouvido falar dele, mas concordaram em jogar na próxima vez que fossem lá.

Quando os casais voltaram a se reunir, Todd pegou o seu tabuleiro caseiro do Monopoly e eles jogaram. Passados alguns dias, Darrow encomendou uma cópia do jogo para Todd, e, mais tarde, Darrow também pediu que Todd escrevesse as regras para ele.

Assim que Todd entregou as regras a Darrow, os dois nunca mais se falaram. Todd ficou intrigado com a perda repentina de contato, mas então ele viu um cartaz anunciando que Darrow faria uma demonstração do seu novo jogo, Monopoly, em um banco local. Todd se enfureceu. Darrow tinha roubado o jogo e agora o estava vendo. Como ele pôde traí-los dessa maneira? Todd espumou de raiva.

Depois de receber o jogo e as regras das mãos de Todd, Darrow pediu ao seu colega cartunista Franklin Alexander para dar um pouco mais de vida ao tabuleiro sem graça. Feliz em ajudar o seu parceiro de pescaria, Alexander incluiu barras de cores nas casas de propriedade e criou algumas ilustrações que Darrow acrescentou ao tabuleiro. A reformulação deixou o jogo muito mais atraente e emocionante do que o tabuleiro funcional que Todd tinha feito. Com o jogo melhorado, Darrow adicionou os dizeres "Copyright 1933 Chas B. Darrow" ao tabuleiro e começou a fazer cópias para vender. Nada mais foi alterado. Até o erro ortográfico de Todd ao trocar Marven Gardens por Marvin Gardens seguiu intacto.

As primeiras cópias do Monopoly de Darrow foram feitas com um orçamento tão apertado que o jogo nem sequer vinha com as peças para jogar. Em seu lugar, as regras sugeriam que as pessoas usassem quaisquer objetos domésticos como dedais, moedas ou bijuterias de pulseiras.

Depois de vender uma centena de cópias artesanais, Darrow usou o dinheiro que ganhou para viabilizar a fabricação profissional de mais quinhentas unidades, e, em seguida, convenceu a loja de departamentos da Wanamaker, no centro da Filadélfia, a colocar o jogo em suas prateleiras. Com o Monopoly sendo vendido pela principal loja de departamentos da cidade, não foi muito difícil arranjar outros distribuidores interessados no passatempo, tanto que logo depois ele fechou negócio com a loja de brinquedos F.A.O. Schwarz para incluir o jogo no catálogo deles. Darrow também enviou cópias do Monopoly para os principais fabricantes de jogos do país, a Parker Brothers e a Milton Bradley, na esperança de que comprassem o seu jogo. As duas empresas não se interessaram. A Parker Brothers achou que o Monopoly era muito complicado, muito demorado para se jogar e que conceitos como financiamento causariam estranheza aos jogadores.

Mesmo assim, Darrow não desistiu. Não que ele tivesse muita escolha. Ele precisava se sustentar e o Monopoly era a melhor chance que tinha em anos de ganhar dinheiro.

Em outubro de 1934, a Wanamaker e a F.A.O. Schwarz já tinham vendido todas as unidades do jogo e encomendado mais cópias. Os pedidos de outros lojistas também estavam chegando, por isso Darrow bancou a produção de mais 7.500 cópias. A notícia do sucesso de vendas do Monopoly na Filadélfia logo alcançou a Parker Brothers, que então se ofereceu para comprar o jogo de Darrow.

No dia 18 de março de 1935, Darrow chegou ao escritório da empresa no Flatiron Building na cidade de Nova York para negociar com o presidente da Parker Brothers, Robert Barton. O combinado foi que Darrow receberia royalties e sete mil dólares. Enquanto se preparavam para assinar os contratos, Barton perguntou a Darrow se ele era o único inventor do jogo. Darrow respondeu que sim.

Depois de fechar o acordo, a Parker Brothers decidiu imediatamente corrigir o defeito mais gritante do jogo: a falta de peças para os jogadores. Tomando como base a ideia de utilizar as bijuterias de pulseiras, a Parker Brothers pediu à Dowst Manufacturing - uma empresa de Chicago que fazia os brindes que vinham nas caixas de salgadinhos Cracker Jack - para lhes fornecer peças de metal para os jogadores usarem nas partidas. Pouco depois disso, todos os tabuleiros do Monopoly vinham com um encouraçado, um canhão, um ferro de passar, uma botina, uma cartola e um dedal. No ano seguinte, a Parker Brothers continuou a fazer melhorias. A empresa redesenhou o dinheiro de brinquedo, acrescentou ilustrações às cartas de Sorte e de Caixa da Comunidade, e criou uma mascote para o jogo: um banqueiro estereotipado que parecia um J. P. Morgan fofinho e que atualmente é conhecido como Mr. Monopoly.

Assim que a Parker Brothers assumiu a produção do Monopoly, a empresa foi inundada de pedidos. Os comentários sobre o jogo se espalharam rapidamente. Monopoly era o máximo, mas ninguém sabia muito bem o porquê. Será que era a emoção de poder segurar chumaços de dinheiro de brinquedo após anos de esforço para juntar uns míseros trocados? Ou talvez fosse a possibilidade de comprar o seu próprio imóvel em uma época em que a maioria dos norte-americanos morava em casas alugadas. Talvez a natureza competitiva do jogo servisse para as pessoas aliviarem a tensão. No Monopoly, elas podiam levar os seus amigos e parentes à falência sem precisar se preocupar com as repercussões porque tudo fazia parte do jogo. Muito simples.

Ou será que o Monopoly finalmente deu aos adultos um jogo de tabuleiro com o qual podiam se identificar?

"Apesar de hoje considerarmos o Monopoly como um jogo de família, antes era jogado principalmente por adultos", diz Philip E. Orbanes, que se tornou o especialista em jogos interno da Parker Brothers durante o seu período como vice-presidente sênior da empresa. "Pelos padrões atuais, o Monopoly pode depender muito de sorte, mas o jogo era revolucionário na época. Como resultado do seu sucesso, a Parker Brothers, a Milton Bradley e todos os seus principais concorrentes se sentiram seguros para experimentar outros jogos voltados para adultos."

Com as vendas crescendo, a Parker Brothers decidiu patentear o jogo, mas os advogados da empresa logo se depararam com um problema. Darrow não era o autor do passatempo. Enquanto preparava a solicitação de patente, a equipe jurídica encontrou a patente de Magie do The Landlord's Game e o jogo Finance de Layman, praticamente idêntico. Eles também descobriram outra versão do jogo chamado Inflation, à venda no Texas. A Parker Brothers respondeu sacando o seu talão de cheques. A empresa pagou dez mil dólares para ficar com o Finance e também comprou os direitos do Inflation. Mas o mais importante de tudo é que a empresa também comprou os direitos do The Landlord's Game.

A esta altura, Magie morava em Arlington, na Virgínia, e o acordo era tão importante para o futuro do Monopoly que George Parker, o fundador de sessenta e nove anos da empresa, foi negociar com ela pessoalmente. Magie ficou encantada em vê-lo. Enfim, depois de tanto tempo, alguém queria o seu jogo. Ela concordou em vender os direitos para a Parker Brothers por quinhentos dólares e o compromisso de que The Landlord's Game também seria lançado.

Além disso, a empresa aproveitou a situação para renegociar o seu acordo com Darrow e reduzir os seus royalties derivados do jogo. Mas para o mundo exterior nada mudou. A Parker Brothers manteve a narrativa de que Darrow era o criador de Monopoly. A história da sua ascensão triunfal servia de chamariz para a mídia e o público se identificaria mais facilmente com isso do que com um conto sobre uma mulher excêntrica inspirada por um economista há muito esquecido e as incontáveis imitações feitas por pessoas desconhecidas.

Mesmo com os seus royalties reduzidos, o Monopoly deixou Darrow milionário. No final de 1935, mais de 250.000 cópias do jogo já tinham sido vendidas. Alguns meses depois, Darrow se aposentou e se mudou com a família dele para uma fazenda em Bucks County, na Pensilvânia. Ele passou o resto da sua vida viajando pelo mundo, cultivando orquídeas e plantando arbustos de rosas para proteger os faisões dos caçadores. E embora a sua riqueza não pudesse recuperar a saúde de Dickie, esta permitiu que os Darrows garantissem que ele tivesse os melhores cuidados que o dinheiro podia comprar.

Mas o sucesso não pararia por aí. "No dia 2 de janeiro de 1936, o dilúvio se abateu sobre a Parker Brothers na forma de uma demanda tão grande pelo jogo que a nossa modesta fábrica começou a funcionar imediatamente em uma escala de três turnos de vinte e quatro horas", Barton se recorda em uma carta escrita em 1957. "Nós suspendemos a impressão de quase todos os outros jogos da nossa linha."

Não adiantou nada. A Parker Brothers logo estava produzindo vinte mil unidades do Monopoly por semana e mal conseguia lidar com a situação. As encomendas dos lojistas entravam em um ritmo tão acelerado que os corredores da sede da empresa em Salem, em Massachusetts, ficaram cheios de cestos de roupa de vime transbordando de pedidos pendentes. Sobrecarregada, a empresa pediu ajuda a escritórios contábeis. Uma das firmas que eles contataram deu uma olhada nos corredores entupidos de cestos de roupa cheios de pedidos preenchidos e declinou do serviço na mesma hora. Nem mesmo a decisão de aumentar o preço do Monopoly em vinte e cinco por cento conseguiu reduzir a demanda.

Naquele ano, a Parker Brothers vendeu 1.750.000 unidades de Monopoly nos Estados Unidos. A febre do Monopoly se acalmaria, mas o jogo continuou vendendo centenas de milhares de cópias por ano até que a Segunda Grande Guerra forçou a produção a ser interrompida.

Em 1939, a Parker Brothers finalmente decidiu iniciar a produção do The Landlord's Game. Magie ficou exultante. Ela aprovou o novo visual que a Parker Brothers tinha dado ao seu jogo e estava torcendo para que, depois de um longo tempo, The Landlord's Game e a sua mensagem finalmente encontrassem o seu público.

Diante de tamanha expectativa, o que se seguiu deve ter sido desolador. As vendas foram péssimas. Os lojistas que tinham estocado The Landlord's Game ameaçaram parar de encomendar o Monopoly se a Parker Brothers não aceitasse a devolução do produto. A maior parte das dez mil cópias do The Landlord's Game que a empresa produziu foi destruída. Tudo que Magie pôde fazer foi observar impotente enquanto o sonho do seu jogo de tabuleiro se desfazia. The Landlord's Game já era. A sua tentativa de espalhar a palavra de Henry George não tinha dado certo. A única coisa que sobrou foi o Monopoly, o monstro de Frankenstein que ela involuntariamente havia criado.

A mensagem do The Landlord's Game ainda está presente no Monopoly. Esta ainda pode ser vista na maneira como cada partida sempre termina com um proprietário monopolista milionário e todos os outros arruinados. Mas as pessoas não perceberam, como Magie esperava, a injustiça do sistema.

Em vez disso, os jogadores olharam para o Monopoly e decidiram que eles queriam ser um proprietário monopolista milionário. Afinal de contas, quem quer ser um falido? É muito melhor ser o causador da falência. Se vencer o jogo significa deixar os seus adversários sem nada, que assim seja. Se o Monopoly parece uma celebração do capitalismo selvagem, é porque era exatamente isso que as pessoas queriam que fosse.

Nos anos seguintes, o cenário de competitividade cruel do Monopoly levou à sua proibição na China comunista e na URSS. Após assumir o poder em Cuba, Fidel Castro chamou o jogo de "símbolo de um sistema capitalista e imperialista" e ordenou que todas as cópias existentes na ilha fossem confiscadas e destruídas. Tal era a oposição dos comunistas ao jogo que no Leste Europeu cópias caseiras ilegais do Monopoly circulavam em segredo entre as pessoas que sonhavam com liberdade e capitalismo ao invés de uma ditadura.

Nada disso deteve o Monopoly. Em 2016, o jogo vendeu mais de 250 milhões de cópias no mundo inteiro. Esse é, de longe, o jogo de tabuleiro temático mais vendido que já foi criado e nenhum outro jogo, tirando talvez o xadrez, ficou tão gravado no imaginário coletivo do planeta. A terminologia do jogo impregnou a nossa linguagem. Frases como "Passe livre da prisão", "Não passe pelo ponto de partida" e "Receba $200" são conhecidas por quase todas as pessoas.

Quem sabe o que mais o Monopoly incutiu em nossas mentes durante esses bilhões e bilhões de partidas? Depois da Segunda Guerra Mundial, o número de pessoas com casa própria cresceu e os Estados Unidos deixaram de ser um país de inquilinos para se tornar uma nação de proprietários. Isso ocorreu basicamente em função da política econômica e do aumento de renda, mas não é improvável que o Monopoly tenha enfiado na cabeça das pessoas a ideia de que a propriedade privada é o caminho para a riqueza, e que ninguém vence na vida pagando aluguel.

Supondo que saibamos qual é a maneira correta de se jogar, claro.

Porque, apesar do seu sucesso, um número surpreendente de jogadores do Monopoly não conhece as regras. "Tem um monte de gente que sempre jogou Monopoly do jeito errado", diz Ben Rathbone, vice-presidente de design dos atuais donos do Monopoly, a Hasbro Gaming, que comprou a Parker Brothers em 1991. "Há muitos jogadores que insistem que cada vez que alguém paga uma multa ou um imposto, coloca-se o dinheiro no centro do tabuleiro e se você parar na casa do Estacionamento Gratuito, pode pegar esse dinheiro de volta. A coisa é tão séria que, há muitos e muitos anos, tivemos uma redatora que incluiu isso nas regras. Nós dissemos: 'Não, não mesmo', e ela defendeu com unhas e dentes que estava nas regras, sim, e nós respondemos: 'Não, não está'."

O problema da regra do Estacionamento Gratuito é que isso faz o jogo se estender por muito mais tempo do que precisa. "Os jogadores acham que faz sentido porque assim conseguem mais dinheiro, mas o que eles não entendem é que o Monopoly foi feito para que o jogador tire dinheiro do jogo", explica Rathbone. "Se começam a repor o dinheiro, isso faz com que o jogo dure mais tempo, porque a ideia é deixar as pessoas sem nada."

O tempo que se leva para jogar Monopoly é uma questão que acompanha o jogo há anos, segundo Orbanes: "Apesar de o passatempo ter caído nas graças do público, uma das primeiras críticas da Parker Brothers quanto ao jogo ainda é válida: a de que é um jogo demorado."

Este é um problema mais grave hoje do que era em 1935. Em meados dos anos 80, uma pesquisa do departamento de marketing da Hasbro descobriu que, em comparação com as décadas anteriores, as famílias não passavam mais muito tempo juntas para aprender e brincar com novos jogos.

"A família como uma unidade central se reunia por muito menos tempo do que em qualquer outro período da história, e por isso o pouco tempo que as pessoas tinham para ficar juntas era precioso e elas queriam uma experiência única", comenta Orbanes. "Nós começamos a definir esses momentos de convivência como 'urgência'. Nós precisávamos criar coisas que pudessem ser concluídas em uma tacada. Uma tacada podia significar trinta ou cinco minutos, mas seja lá o que fosse, tínhamos que nos adaptar a essa realidade."

Isso era um grande obstáculo no caso do Monopoly. "Dave Wilson, que era o presidente da Hasbro na época, veio se queixar comigo porque ele não sabia como sair da situação: o Monopoly demorava tanto tempo porque era o Monopoly", diz Orbanes.

Então, certa manhã, quando estava no chuveiro, Orbanes teve uma ideia: o dado de velocidade especial.

Depois de completar uma volta no tabuleiro, os jogadores começavam a rolar o dado de velocidade junto com os dois dados normais. Se o dado de velocidade mostrasse um, dois ou três, o resultado era adicionado ao número de casas que o jogador podia andar. Se o dado de velocidade mostrasse um ônibus, os jogadores podiam usar o resultado total ou um dos números individuais que apareciam nos dois dados normais quando em movimento. Por fim, se o dado de velocidade mostrasse a imagem do mascote do jogo, o Mr. Monopoly, os jogadores eram levados para a propriedade mais próxima que ainda estivesse à venda, e se tudo já tivesse sido comprado, eles eram encaminhados para a próxima casa onde teriam que pagar aluguel.

Orbanes não pensou no Monopoly tradicional quando inventou o dado de velocidade. Na realidade, ele achou que era uma ótima ideia para o Monopoly: The Mega Edition, uma versão ampliada do jogo na qual ele estava trabalhando, que foi lançada em 2006, mas a Hasbro gostou de como o dado de velocidade acelerava o jogo e o transformou em um componente permanente do Monopoly padrão em 2007.

Seis anos depois, a Hasbro foi ainda mais longe com o Monopoly Empire, um derivado do Monopoly tão rápido que as partidas podem acabar em menos de trinta minutos. Ao invés de comprar propriedades e construir habitações, desta vez os jogadores adquirem grandes marcas mundiais como Coca-Cola, Spotify e My Little Pony em uma disputa para preencher as suas torres de outdoor de publicidade que leva a agressividade do Monopoly a novos patamares. O jogo é um turbilhão de traições e individualismo. Os jogadores roubam as marcas das torres uns dos outros, prejudicam aquisições e são presos por abuso de informação privilegiada. Os adversários agem cada um por si com cartas de "reviravolta de aluguel" e formam alianças de curta duração para derrubar os seus concorrentes.

"Nós queríamos fazer algo muito diferente", diz Rathbone. "É basicamente o mesmo jogo, só que mais rápido e competitivo e as pessoas adoraram porque parece com o Monopoly, mas com uma dinâmica de jogo diferente. Por isso estamos fazendo outras coisas nessa linha."

Com o seu gritante marketing empresarial e a sua essência cruel, é difícil imaginar um jogo que seja mais incompatível com os ideais do jogo de protesto que Magie criou em 1902 do que Monopoly Empire. Por isso é melhor mesmo que Magie não esteja mais por perto para ver no que a sua parábola antiproprietário se transformou.

6

DO KRIEGSSPIEL AO RISK: UMA DIVERSÃO SANGRENTA E MODELADORA DO MUNDO

Como os jogos de mesa prepararam o mundo para a guerra

As primeiras limousines chegaram aos imponentes portões de ferro da Academia de Guerra Naval, em Tóquio, pouco antes das nove da manhã. Mais e mais carros se seguiram, de onde desciam almirantes, generais e oficiais militares seniores. Dentro da academia, a crescente multidão da elite militar do Japão fervilhava de entusiasmo. Eles sempre gostaram dessas reuniões semanais anuais. Durante o dia, eles disputavam jogos de guerra de mesa criados para pôr à prova as suas estratégias ofensivas e defensivas. Em seguida, eles jantavam e bebiam lautamente noite adentro.

Para a maioria dos participantes do encontro de jogos de mesa de guerra de Tóquio em setembro de 1941, o evento parecia ser o mesmo de sempre, mas em um local silencioso na ala leste da academia havia algo de diferente: uma sala estritamente proibida para qualquer pessoa sem convite.

Lá dentro encontravam-se cerca de trinta dos oficiais mais graduados das forças armadas do Japão imperial, que estavam reunidos para disputar um jogo de guerra ultrassecreto que mudaria o curso da história: um ensaio geral de um audacioso plano para lançar um ataque surpresa contra Pearl Harbor.

No centro da sala havia uma mesa comprida coberta de papéis. Nas paredes pendiam mapas do Oceano Pacífico em que a ilha havaiana de Oahu e a sua base naval, Pearl Harbor, foram assinaladas. Por todo o recinto espalhavam-se cadernos e fichários repletos de informações recolhidas por espiões japoneses, junto com tabelas complexas de probabilidades que determinavam os resultados do jogo que eles iam disputar.

Os oficiais presentes estavam divididos em relação ao plano de Pearl Harbor. O vice-almirante Isoroku Yamamoto e os seus partidários acreditavam que o ataque podia neutralizar a ameaça que os Estados Unidos representavam ao ambicioso plano do Japão de tomar o controle do leste da Ásia. Mas a maioria dos oficiais, incluindo o vice-almirante Chüichi Nagumo, achava que o plano era muito absurdo para dar certo. Até mesmo muitos dos auxiliares de Yamamoto consideravam a ideia uma loucura, mas eles não se manifestaram por lealdade ao seu oficial superior. O ataque muito provavelmente fracassaria, os opositores argumentavam, e também afastaria forças navais indispensáveis para a invasão da Ásia Oriental.

Mas o momento para debates já tinha terminado. Este jogo de guerra de mesa era o mais próximo que eles poderiam chegar de testar a missão de Pearl Harbor sem a colocar realmente em prática.

Após uma palestra introdutória sobre como o jogo funcionava, os oficiais se dividiram em duas equipes. Uma comandaria a frota japonesa, e a outra, a defesa dos norte-americanos. As equipes foram realojadas em salas separadas para que uma não soubesse o que a outra estava fazendo e começaram a jogar, passando as ordens aos árbitros na sala principal, que tinham a tarefa de supervisionar o jogo e retransmitir as informações para as equipes.

O jogo terminou em desastre para o Japão. A equipe dos japoneses tentou deslocar sorrateiramente a sua frota pelo Pacífico, apenas para uma patrulha aérea norte-americana perceber o óleo na superfície da água que vazou de um submarino japonês submerso. Depois de ver isso, a equipe dos norte-americanos ficou inquieta e estendeu o perímetro de seu patrulhamento aéreo de 500 km para 900 km. Logo em seguida, um avião de reconhecimento norte-americano encontrou a força-tarefa naval indo em direção à Oahu. Os japoneses derrubaram a aeronave antes que esta pudesse informar a sua descoberta, mas o elemento surpresa não existia mais. Agora era só uma questão de tempo até que os norte-americanos descobrissem onde eles estavam. A frota japonesa se apressou, rumando o mais rápido possível para Oahu. Enquanto a frota avançava pelos mares, chegou uma mensagem enviada pelos seus submarinos: dez cruzadores norte-americanos estavam indo em sua direção. A cerca de 320 km de Oahu, a frota japonesa estacionou e lançou a sua primeira ofensiva. O ataque fracassou. As baterias antiaéreas, os canhões dos navios e os interceptadores norte-americanos mandaram os caças e bombardeiros japoneses pelos ares.

Os japoneses tentaram de novo, lançando um segundo ataque que provou ser tão ineficaz quanto o primeiro. Os poucos aviões japoneses que conseguiram escapar retornaram à frota principal depois de infligir apenas pequenos danos à base naval de Oahu. Os navios japoneses bateram em retirada, mas os bombardeiros norte-americanos logo os alcançaram e afundaram um terço da armada.

O ataque contra Pearl Harbor foi por água abaixo. O Japão agora estava em guerra com os Estados Unidos e o seu poder naval tinha sido severamente enfraquecido no processo. "Assim como prevíamos", os opositores da operação pensaram. Mas esse foi apenas o primeiro jogo e quando todos se reagruparam para uma segunda tentativa no dia seguinte, a equipe dos japoneses tinha aprendido com as lições do seu fracasso.

Desta vez, os jogadores japoneses mudaram de rota, deslocando-se até um local a 720 km ao norte de Oahu. Ao chegar ali, os navios seguiram a toda velocidade para o sul em direção à ilha enquanto o sol começava a se pôr. Cientes de que as patrulhas aéreas geralmente regressavam à base ao entardecer, a equipe dos japoneses calculou que isso os colocaria a uma distância de ataque de Pearl Harbor antes que a próxima patrulha os avistasse.

A jogada deu certo. A frota se posicionou a 320 km ao norte de Pearl Harbor sem ser detectada e lançou um ataque surpresa devastador que afundou quatro encouraçados, dois porta-aviões e três cruzadores. Um encouraçado e quatro cruzadores ficaram seriamente danificados. O poderio aéreo norte-americano também foi massacrado. Uma centena de caças norte-americanos foram abatidos em pleno ar e outros oitenta foram destruídos antes mesmo de sair da pista de decolagem.

Depois do estrago feito, a frota japonesa conseguiu escapar do local com o auxílio de uma providencial tempestade, e com apenas um porta-aviões perdido e alguns pequenos danos. O segundo jogo provou que atacar Pearl Harbor não era algo tão absurdo afinal de contas.

Um mês depois, os oficiais retornaram à academia de guerra e jogaram novamente com uma armada japonesa menor, um novo ponto de encontro para os navios e as questões sobre o reabastecimento das embarcações resolvidas. Mais uma vez os japoneses lançaram um ataque surpresa bem-sucedido e saíram vitoriosos, reforçando mais uma vez a ideia de atacar Pearl Harbor.

No dia 7 de dezembro de 1941, os japoneses colocaram em prática as lições aprendidas com os seus jogos de guerra. A frota seguiu a rota em direção ao norte previamente traçada na academia de guerra e desferiu um poderoso ataque que afundou dezoito navios, destruiu quase duzentos aviões e matou mais de dois mil norte-americanos. Os japoneses se retiraram de Oahu com perdas relativamente bem menores.

O ataque ensaiado em segredo nas mesas da academia de guerra mudaram o curso da história, envolvendo os Estados Unidos na Segunda Guerra Mundial e abrindo caminho para a derrota do Terceiro Reich na Europa e a criação da bomba atômica.

O fato de o Japão ter usado um jogo para planejar tal ataque não era uma coisa de outro mundo. Na época, todas as potências globais usavam jogos de tabuleiro igualmente complexos para testar as suas estratégias.

A ideia de usar jogos como instrumentos de planejamento militar surgiu nos Estados germânicos da Europa. Uma das primeiras tentativas ocorreu em 1559 quando o Conde Reinhard zu Solms, um teórico militar da cidade hessiana de Lich, no centro da Alemanha, desenvolveu um jogo de cartas para ajudar no planejamento de formações militares. Cada uma das cartas representava diferentes unidades militares e os jogadores as agrupavam em formações opostas antes de discutir qual era a melhor delas. Como instrumento militar e como jogo foi uma decepção. Não havia regras e nenhuma maneira de determinar claramente quem tinha o melhor arranjo de tropas. De toda forma, já era um começo.

Inabalável, o fascínio alemão por jogos de guerra se manteve nos dois séculos seguintes. Versões elaboradas de xadrez disputadas em tabuleiros enormes com centenas ou até mesmo milhares de casas e novos tipos de peças de jogo eram muito comuns. Nada disso, entretanto, se mostrou útil para o exército. As peças ainda se moviam pelo tabuleiro de maneira invariável e forçada, e se capturavam entre si, assim como no xadrez, independentemente de qual unidade militar elas representavam.

No final do século XVIII, a necessidade de um jogo de guerra melhor se tornava mais urgente à medida que armas de fogo aumentavam a exigência por estratégias que ultrapassassem a ideia de milhares de tropas lutando até cair em um combate corpo a corpo.

Pouco a pouco, os jogos de guerra se afastaram do conceito do xadrez e passaram a ser mais realistas. Em 1780, o matemático alemão Johann Hellwig criou casas que representavam diferentes tipos de terreno. Dezesseis anos depois, Giacomo Opiz da Boêmia trocou o combate ao estilo do xadrez e começou a usar dados para determinar o resultado das batalhas.

A grande inovação só veio a ocorrer quatro anos depois, em 1810, quando o tenente Georg von Reisswitz da Prússia se dedicou a criar um jogo de mérito militar. Enquanto os outros ofereciam tabuleiros planos divididos perfeitamente em espaços de tamanho igual, ele construiu um modelo tridimensional de uma paisagem com colinas, rios e florestas para servir de cenário para uma partida. Os jogadores não mais se depaurariam com tabuleiros de campos de batalha em que os rios se dobravam em ângulos retos e as colinas eram retangulares.

Além disso, ele também fez o modelo em escala para que três centímetros no seu tabuleiro equivalessem a cem passos. Por se tratar de uma época em que os exércitos ainda se deslocavam a pé, o passo era o padrão de medição militar mais importante que existia - um meio de calcular a que velocidade e a que distância as tropas podiam viajar. Um único passo correspondia a setenta e cinco centímetros e quando marchavam rapidamente as tropas eram capazes de se mover a um ritmo de cento e vinte passos por minuto.

O uso da escala e do tabuleiro em estilo livre já representavam uma considerável inovação por si só, mas Von Reisswitz não parou por aí. Ele também enfeitou dezenas de cubinhos de madeira com símbolos para que estes retratassem as diferentes unidades militares e estipulou regras matemáticas para orientar os seus movimentos.

As demais regras de Reisswitz, entretanto, eram tão simples que basicamente se resumiam aos movimentos. Qualquer outro aspecto do jogo era decidido por um árbitro que, como um precursor do mestre de Dungeons & Dragons, determinava o desfecho de cada confronto e os efeitos dos detalhes da guerra, como, por exemplo, o tempo que levaria para novas ordens chegarem às tropas.

Von Reisswitz não tinha grandes planos para o seu jogo. Ele, sem muita criatividade, o chamou de Kriegsspiel, a palavra em alemão para "jogo de guerra", jogou com alguns amigos e deixou por isso mesmo. Mas então um capitão que conhecia o seu jogo o mencionou durante uma palestra para cadetes do exército na Academia Militar de Berlim. Na plateia se encontravam os filhos do rei Frederico Guilherme III. Intrigados, os dois príncipes convidaram um surpreso Reisswitz a ir ao Palácio de Berlim para lhes mostrar a sua criação.

Von Reisswitz chegou ao majestoso palácio barroco e foi conduzido ao grande Salão Branco, um amplo aposento decorado com azulejos de mármore alabastrino e ornamentos de prata. Lá, estavam à sua espera os dois príncipes e um grupo de conselheiros reais.

Após a demonstração do jogo de Reisswitz, os empolgados príncipes escreveram ao seu pai, comunicando a sua descoberta. Logo em seguida, Von Reisswitz foi chamado para mostrar o Kriegsspiel ao rei em Potsdam, local das residências reais do Reino da Prússia. Com receio de que o seu jogo tão frágil não aguentasse a viagem até Potsdam, Von Reisswitz disse que faria uma versão de melhor qualidade e que a levaria ao rei assim que possível.

Um ano depois, Von Reisswitz enfim chegou ao Castelo de Sanssouci, a gigantesca residência de verão em estilo rococó do rei, com um enorme baú de seis metros quadrados. Em cima do baú havia um grande tabuleiro de madeira e na sua parte inferior, gavetas cheias de peças de jogo e o equipamento necessário para disputar o Kriegsspiel. Entre os itens dentro das gavetas havia uma coleção de peças de terreno feitas de gesso e pintadas para retratar diferentes tipos de área, de estradas e vilas a pântanos e colinas. Esses blocos de quatro centímetros quadrados foram projetados para que pudessem ser constantemente organizados e reorganizados a fim de formar novos cenários para servir de campo de combate para os jogadores. Os cubos de madeira que simbolizavam os soldados, por sua vez, agora eram estatuetas de porcelana. As demais gavetas continham os instrumentos necessários para disputar o jogo, incluindo uma régua para medir distâncias e caixinhas para ocultar soldados que os exércitos do jogador adversário não podiam ver.

Impressionado, o rei ordenou que o jogo ficasse permanentemente montado no palácio e nos anos seguintes essa atividade se tornou um dos seus passatempos favoritos. Ele começou a organizar festas por causa do Kriegsspiel e os seus absolutamente resignados familiares e cortesãos muitas vezes tinham de ficar acordados até depois da meia-noite jogando com o seu anfitrião. O rei nunca usou o jogo para planejar batalhas específicas, apesar de reconhecer o seu valor por lhe dar ideias diferentes para manobras militares. Mas à medida que os anos passaram, o rei ficou cada vez menos tempo em Potsdam e o jogo foi deixado de lado.

Embora o rei possa ter se esquecido do jogo, o filho de Von Reisswitz, Georg, não o fez. Assim como o seu pai, o Von Reisswitz mais moço era um militar. Ele ingressou no corpo de artilharia aos quinze anos, na mesma época em que o seu pai estava mostrando o jogo aos príncipes prussianos, e logo depois criou um clube de Kriegsspiel na guarnição de Berlim, onde ele e os outros oficiais disputavam o jogo do seu pai uma ou duas vezes por semana.

No decorrer dos anos, o Von Reisswitz filho fez algumas melhorias no jogo que ele testou com as pessoas que frequentavam o seu clube. Ele substituiu os blocos por mapas militares de terreno de verdade para que as batalhas de mesa tivessem um impacto direto nos conflitos reais. Ele também ampliou expressivamente as regras, a fim de que estas conduzissem assuntos tão variados como ataques noturnos e a construção e destruição de pontes. Ele também utilizou as informações militares a respeito do desempenho de armas para criar tabelas de probabilidade que os jogadores podiam, com a ajuda dos dados, usar para calcular os efeitos do fogo de artilharia contra as tropas inimigas.

A notícia do Kriegsspiel aprimorado pelas mãos de Von Reisswitz filho logo chegaram à corte real e, no início de 1824, ele também foi convidado para ir ao Palácio de Berlim a fim de mostrar a sua versão do jogo. Pouco depois dessa reunião, foi-lhe ordenado que se reportasse a Karl von Müffling, o chefe do Estado-Maior prussiano.

Quando se apresentou, Reisswitz descobriu que todo o Alto Comando do Exército prussiano estava lá para ver a sua criação. A princípio, Von Müffling pareceu desinteressado no jogo do jovem oficial de artilharia, mas conforme a demonstração se desenrolava, ele ficava mais admirado, até finalmente declarar: "Isto não é um jogo, é um exercício de guerra. Eu recomendo fortemente a todo o exército!"

Alguns dias depois, Von Reisswitz foi colocado no comando de uma oficina encarregada de montar tabuleiros de Kriegsspiel para cada regimento do exército prussiano. No outono de 1824, o Kriegsspiel passou a fazer parte do treinamento militar prussiano e clubes dedicados ao jogo surgiram nos regimentos espalhados por todo o reino.

Apesar do entusiasmo do alto escalão com o Kriegsspiel, nem todos no Exército aceitaram muito bem o jogo. Os generais veteranos, particularmente, se sentiram excluídos pelo Kriegsspiel, acreditando que este desvalorizava a experiência que acumularam nos campos de batalha reais. Eles também detestavam como o jogo deixava os oficiais mais jovens pensando que sabiam o que estavam fazendo. As únicas guerras que conheciam implicavam apenas em empurrar peças de brinquedo ao redor de tabuleiros. Eles não sabiam nada sobre o sangue, o horror e a fumaça do fogo da artilharia.

A velha guarda também não gostava de Von Reisswitz. Eles achavam a sua confiança e o seu estilo jocoso irritantes e não se conformavam com o imenso prestígio desse oficial de baixa patente. Então o colocaram em seu devido lugar. Eles promoveram Reisswitz a capitão e o transferiram para uma brigada de artilharia em Torgau, uma cidade a 240 km ao sul de Berlim. Isso significava o exílio e Von Reisswitz, que queria ficar em Berlim, não aceitou a mudança muito bem. A sua alegria se foi, e, no verão de 1827, enquanto estava de licença, ele acabou com tudo, pegando a sua arma e se matando.

Embora Von Reisswitz não tenha vivido para presenciar esse momento, os generais que eram contra o Kriegsspiel perderam a discussão, e o seu jogo tornou-se uma das principais inovações que ajudaram a transformar a Prússia em uma das maiores potências militares do mundo no decorrer dos anos 1800.

Na década de 1850, o Kriegsspiel tornou-se um instrumento fundamental no planejamento militar prussiano e no treinamento de seus oficiais. E quando a Guerra Franco-Prussiana estourou em julho de 1870, os benefícios daquelas inúmeras horas passadas na mesa de Kriegsspiel foram mostrados para o mundo inteiro.

A guerra foi provocada pela crescente preocupação da França com o objetivo da Prússia de criar uma Alemanha unificada. Temendo a formação de um novo império central europeu tão perto de suas fronteiras, a França declarou guerra. Os franceses esperavam vencer, principalmente porque tinham armas superiores, incluindo a temida mitrailleuse, uma versão inicial da metralhadora, e a maior parte do mundo acreditava na mesma coisa.

Por isso foi um verdadeiro choque quando aconteceu exatamente o contrário. Batalha após batalha, o exército prussiano obteve vitórias rápidas e decisivas. Em setembro, os prussianos varreram o norte da França e cercaram Paris. Em janeiro de 1871, Paris se rendeu e os estados germânicos se unificaram e formaram a Alemanha.

No período que se seguiu, os prussianos se vangloriaram do papel que o Kriegsspiel desempenhou na sua retumbante vitória, afirmando que o jogo permitiu aos seus oficiais agir com rapidez porque eles já tinham ensaiado incontáveis batalhas no tabuleiro. Os exércitos de outros países prestaram atenção e começaram a adotar o Kriegsspiel.

Logo em seguida, os austríacos, os russos, os britânicos, os italianos, os norte-americanos, os japoneses, e, sim, até mesmo os franceses, estavam apresentando o jogo de guerra alemão aos seus comandantes. E à medida que o mundo marchava em direção à aparentemente inevitável Grande Guerra, o Kriegsspiel era utilizado para refinar as estratégias que seriam colocadas em prática caso eclodisse a tal "guerra que acabaria com todas as guerras".

No início do século XX, a marinha norte-americana usou o Kriegsspiel para simular um confronto com as forças navais britânicas. Para o seu horror, eles constataram que o alcance mais longo das armas dos navios britânicos significava que as embarcações da marinha norte-americana podiam ser atingidas a distâncias de onde eles nem sequer podiam sonhar em contra-atacar. Por isso, a marinha norte-americana passou a desenvolver armas de maior alcance e a reforçar os seus navios para que estes ficassem mais protegidos caso o país entrasse em guerra contra os britânicos.

Mas nem todos os países levaram as lições do Kriegsspiel muito a sério. Depois que o Japão e a Grã-Bretanha formaram uma aliança em janeiro de 1902 como resposta à expansão russa no nordeste da Ásia, os russos organizaram um jogo de guerra para avaliar o resultado de uma guerra com o Japão. O jogo sugeriu que, ao invés de declarar guerra, os japoneses lançariam um ataque surpresa que destruiria a frota russa em Port Arthur, o porto setentrional atualmente conhecido como Lüshun, que a Rússia havia arrendado dos chineses.

Este resultado deveria ter feito soar todos os alarmes nas forças armadas russas. Afinal, no inverno os mares ao redor da maioria dos portos russos costumavam congelar, retendo os seus navios de guerra, por isso perder o acesso às águas mais quentes de Port Arthur seria um grande revés. Mas a advertência do jogo foi ignorada. Os militares russos tinham dúvidas quanto ao Kriegsspiel, menosprezando os jogos como sendo algo para crianças e achando que todas aquelas rolagens de dados e equações de probabilidade não compensavam o esforço.

Os japoneses encararam os jogos de guerra com mais seriedade e as suas partidas chegaram praticamente à mesma conclusão que as partidas realizadas pelos russos. Em fevereiro de 1904, o Japão lançou um ataque surpresa que incapacitou a frota russa no Pacífico. Os japoneses venceram a Guerra Russo-Japonesa que se seguiu a esse episódio e forçaram a Rússia a sair de Port Arthur, da Coreia e da Manchúria. Depois disso, os russos levaram o Kriegsspiel mais a sério.

Enquanto todo mundo se ambientava com o Kriegsspiel, a Alemanha estava ocupada reinventando o jogo. Após a sua vitória em 1871 sobre a França, o exército alemão abandonou os jogos de regras complexos idealizados pelo Von Reisswitz filho em prol de um "Kriegsspiel espontâneo". A nova encarnação pretendia aproveitar ao máximo a experiência pessoal de combate que os generais alemães adquiriram durante a Guerra Franco-Prussiana. Este modelo simplificou os cálculos enfadonhos e aumentou a importância da opinião profissional para determinar de que modo as batalhas no tabuleiro se desenrolavam. Em muitos aspectos, tratou-se de um retorno ao Kriegsspiel original criado pelo Von Reisswitz pai em 1810.

E foi essa versão do jogo que o marechal de campo Alfred von Schlieffen, o chefe do Estado-Maior alemão, passou a usar em 1897 para descobrir um meio de vencer uma guerra contra a França e a Rússia. Esse cenário era motivo de preocupação para os alemães. A Alemanha estava espremida entre esses dois grandes impérios, e portanto vulnerável a uma invasão simultânea da França e da Rússia.

Von Schlieffen disputou centenas de partidas do Kriegsspiel que reproduziram esse mesmo cenário e o que ele aprendeu motivou uma manobra que ficou conhecida como o Plano Schlieffen.

O plano era neutralizar a França o mais depressa possível para que o exército alemão pudesse se concentrar contra os russos na sua frente oriental. Para derrotar a França rapidamente, o Plano Schlieffen propôs enviar o exército alemão através da Bélgica e da fronteira franco-alemã de tal modo que as tropas francesas pudessem ser flanqueadas e, em seguida, derrotadas. As partidas que Von Schlieffen disputou sugeriram que seu plano os levaria à vitória contra os franceses em apenas seis semanas.

Embora Von Schlieffen tenha se reformado em 1906, o seu sucessor, o general Helmuth von Moltke, seguiu aperfeiçoando o plano com a ajuda dos jogos de guerra. Em uma sessão, Von Moltke percebeu que o exército alemão ficaria sem balas e cartuchos antes que os franceses fossem derrotados, por isso ele determinou a criação dos primeiros batalhões de munição motorizados do mundo para manter as armas carregadas e prontas para atirar.

Mas apesar de toda a sua preparação, quando a Alemanha colocou o Plano Schlieffen em prática no início da Primeira Guerra Mundial, o mundo real se recusou a cumprir a versão dos eventos mostrados no tabuleiro. Os russos se mobilizaram mais rápido do que as suas partidas previram, forçando Von Moltke a desviar tropas para o leste, e os belgas resistiram à invasão com mais força do que se esperava, retardando a marcha da Alemanha em direção à França. Mais tarde, enquanto as tropas alemãs invadiam a França, uma interrupção inesperada nas comunicações deixou Von Moltke sem qualquer informação acerca do paradeiro das suas unidades e sem condições de coordenar as suas ações de forma eficaz.

No tabuleiro, o Plano Schlieffen prometeu a vitória em seis semanas. Na realidade, a manobra conduziu a um impasse e quatro anos horríveis de guerra de trincheiras.

Após o fracasso do Plano Schlieffen era de se esperar que o caso de amor da Alemanha com os jogos de guerra tivesse chegado ao fim, mas na verdade ocorreu justamente o contrário. Após a sua vitória na Primeira Guerra Mundial, os aliados impuseram restrições rigorosas aos exercícios de tropas alemãs e por isso os jogos de guerra se tornaram mais importantes do que nunca para os militares do país. E depois que os nazistas assumiram o poder, eles se prepararam para a conquista da Europa usando jogos de guerra para planejar tudo, desde as invasões da Polônia e da Rússia até a blitz de Londres, muitas vezes com uma precisão surpreendente.

Mas após a Segunda Guerra Mundial, os dias de generais empurrando tanques por mapas estendidos em cima das mesas de campanha e consultando tabelas de probabilidade estavam chegando ao fim. Seis meses depois da rendição do Japão, a Universidade da Pensilvânia ligou o Eniac (Electronic Numerical Integrator and Computer/ Computador e Integrador Numérico Eletrônico), um dos primeiros computadores programáveis do mundo. Esta máquina colossal de trinta toneladas tinha um único objetivo: calcular as tabelas de fogo de artilharia para o exército dos Estados Unidos. Era um sinal do que estava por vir.

À medida que a capacidade de processamento aumentou, cada vez mais o trabalho matemático envolvido na realização de jogos de guerra passou a ser feito por computadores. No final dos anos 1970, os computadores capazes de efetuar todos os cálculos necessários em tempo recorde transformaram os jogos de guerra de mesa em algo redundante.

Mas apesar de as forças armadas terem trocado as mesas pelas telas, o jogo de guerra encontrou um novo sopro de vida em nossas casas.

O conceito de jogar jogos de guerra remonta ao início do século XX, quando entusiastas inspirados na obsessão do exército pelo Kriegsspiel começaram a escrever regras para os jogos de guerra que as pessoas podiam jogar em casa com a ajuda de soldadinhos de brinquedo.

O mais famoso desses manuais foi o Pequenas Guerras. Escrito por H. G. Wells, o autor de A Guerra dos Mundos e O Homem Invisível, o Pequenas Guerras tentou resgatar os jogos de guerra do tédio dos números militares.

Como era de se esperar de um jogo criado por um homem que considerou a paixão do mundo pelo xadrez "inexplicável", o Pequenas Guerras valorizou mais a ação do que a estratégia. Ao invés de cálculos meticulosos e realismo, Wells defendeu a criação de campos de batalhas imaginários em que fortalezas de papelão ficam perto de rios desenhados com giz e de árvores feitas de pequenos galhos de arbustos. No lugar dos dados e tabelas de probabilidade, o Pequenas Guerras utiliza as regras básicas para conduzir um combate e estimula o uso de canhões de brinquedo de mola para injetar mais ação no jogo.

Sendo um pacifista convicto, Wells viu o seu jogo como um antídoto para a guerra real. "Esta simpática miniatura é muito melhor do que o original!", ele alardeou em seu livro. "Aqui temos a premeditação, a emoção, a tensão de acumular vitórias ou desastres - e não há corpos esmagados nem ensanguentados, edifícios requintados destroçados, campos devastados, crueldades mesquinhas, as horrendas tristezas e amarguras universais, o penoso atraso ou impedimento ou desconforto impostos a qualquer criatura graciosa, valente, gentil e simpática, coisas que nós, que somos velhos o suficiente para se lembrar de uma verdadeira guerra moderna, sabemos que é a realidade da beligerância."

Apesar dos esforços de Wells para fazer o mundo jogar em vez de travar batalhas, ainda levaria mais quarenta anos antes que os jogos de guerra realmente se tornassem um passatempo.

A grande reviravolta se deu em 1952 quando o amante da história militar Charles Roberts entrou na Guarda Nacional dos Estados Unidos e passou a procurar jogos de guerra para jogar na esperança de que estes ampliassem a sua compreensão sobre a guerra. Como esse tipo de jogo ainda era raramente visto fora dos círculos militares, Robert não conseguiu encontrar nada parecido. Então ele optou pela segunda alternativa: ele criou o seu próprio jogo, e o batizou de Tactics.

O Tactics simulava conflitos entre duas nações fictícias usando tanques, infantaria e força aérea. Não muito diferente dos jogos inspirados no xadrez que antecederam o Kriegsspiel, o tabuleiro era uma grade de quadrados, sendo que cada um representava diferentes tipos de terrenos que variavam de rios a cordilheiras. A sua dinâmica de combate, entretanto, era bastante calcada no trabalho do Von Reisswitz filho. Para saber como cada confronto tinha terminado, os jogadores rolavam um dado e depois consultavam uma tabela que usava o número que foi tirado e o coeficiente de ataque na defesa de unidades para obter o resultado.

Em 1954, Roberts decidiu publicar o Tactics "por diversão" e começou a vendê-lo por correspondência da garagem da sua casa em Avalon, em Maryland. Ao contrário de muitos dos primeiros jogos de guerra para serem jogados em casa, que basicamente se resumiam a uma lista de regras e o eventual mapa, a caixa do Tactics incluía as miniaturas de tanques, infantaria e aviões, que eram indispensáveis para o bom andamento de uma partida.

Nos quatro anos seguintes, Roberts vendeu cerca de duas mil cópias do Tactics e se convenceu de que havia um público para jogos iguais ao seu que estava sendo ignorado pela indústria. Por isso, em 1958, ele fundou a Avalon Hill, uma editora dedicada a produzir jogos complexos para adultos. Roberts sabia que a sua empresa precisava vender simulações de esportes e negócios além dos jogos de guerra, mas em termos de vendas era evidente que o lucro vinha dos jogos militares. Nos anos seguintes, a Avalon Hill transformou os jogos de guerra em um hobby de sucesso, mesmo sendo um nicho específico de público.

Na primavera de 1964, a empresa lançou uma revista de propaganda chamada The General, que se tornou referência para todos os interessados em jogos de guerra. A The General oferecia anúncios gratuitos para clubes de jogos de guerra e com isso ajudou a promover uma comunidade de generais de poltrona, que, em troca, começou a publicar fanzines e a criar novos jogos de guerra. E enquanto o hobby crescia, o mesmo acontecia com as vendas da Avalon Hill.

Mas embora a Avalon Hill tenha dado origem a uma atuante, porém minúscula, comunidade de jogos de guerra, foi um diretor de cinema francês quem apresentou o gênero ao grande público.

No início dos anos 50, Albert Lamorisse, que mais tarde ganhou um Oscar pelo seu filme de 1956, O Balão Vermelho, inventou um jogo de guerra chamado La Conquête du Monde durante as férias com a família. Como o nome sugere, o objetivo era a dominação global, e permitia que os jogadores combatessem com exércitos e navios de guerra napoleônicos em todo o mundo até restar apenas um jogador.

Diferentemente do modelo mais matemático desenvolvido pela Avalon Hill, o jogo de Lamorisse restringiu as batalhas por cada pedaço de território a uma competição de lançamento de dados. A cada nova tentativa, o jogador com a pontuação mais baixa perdia uma unidade e continuava assim até que um dos lados fosse derrotado.

Depois de requerer uma patente em março de 1954, Lamorisse vendeu La Conquête du Monde para a fabricante de jogos francesa Miro, que pediu ao desenvolvedor de jogos e professor de filosofia Jean-René Vernes para aperfeiçoar o passatempo. Vernes retirou os navios de guerra e reformulou o sistema de combate para que este favorecesse os jogadores na defensiva. Agora os jogadores tinham um dado para cada exército - até o máximo de três - que mandassem para a batalha, e se tirassem o mesmo número que o jogador defensor eles perderiam um dos seus exércitos de ataque.

Com as revisões concluídas, La Conquête du Monde começou a ser vendido na França em 1957. Logo depois, a Miro mostrou o jogo para a gigante norte-americana dos brinquedos Parker Brothers, que aproveitou a oportunidade para lançar o jogo na América do Norte.

Apesar de ter adquirido os direitos, a Parker Brothers achou que as melhorias de Verne não foram tão abrangentes. O principal problema era que o jogo demorava séculos para acabar com tropas atacando constantemente defensores entrincheirados. A solução que a Parker Brothers encontrou foi desequilibrar a balança da guerra a favor dos atacantes, limitando os defensores a usar, no máximo, dois dados em um combate. Depois de resolver o problema, eles mudaram o nome do jogo para Risk* e o lançaram em 1959.

Muita gente dentro da Parker Brothers ficou apreensiva com o Risk. As vendas dos jogos de guerra estavam caindo depois que os pais se voltaram contra a ideia de armar crianças com metralhadoras de plástico e os outros apetrechos de combate de mentirinha. A empresa teve medo que o Risk também fosse uma vítima da reação adversa dos pais. Outra preocupação era o preço. A maioria dos jogos de tabuleiro custava por volta de dois dólares, mas o Risk custava sete e cinquenta, graças ao seu tabuleiro enorme e a quantidade de pecinhas de madeira coloridas que formavam as tropas do jogo.

Mas ao invés de espantar os consumidores com o seu preço e o tema militarista, o Risk se tornou um dos jogos de maior sucesso do ano com mais de 100.000 unidades vendidas no ano do seu lançamento. Nos anos seguintes, o Risk vendeu milhões, tornando-se não apenas o jogo de guerra mais popular já criado, como também um dos jogos de tabuleiro mais famosos de todos os tempos.

Os dedicados aficionados por jogos de guerra com assinaturas vitalícias da The General talvez tenham desdenhado do confronto simplista e da falta de realismo, mas os seus jogos preferidos não

---

*Na década de 1970, aqui no Brasil, um grupo de alunos da Escola Politécnica de São Paulo desenvolveu e lançou um jogo de tabuleiro baseado nas mecânicas e características do Risk original, que foi chamado de War. Mais tarde, graças ao sucesso do jogo, eles fundaram a empresa Grow, cujo nome é uma junção das letras iniciais dos quatro sócios, Gerald Dinus Reiss, Roberto A. Schussel, Oded Grajew e Valdir Rovai (o V foi substituído pela letra W por uma questão de "sonoridade").

chegavam aos pés do imediatismo do Risk. "Desde o primeiro movimento já é um negócio competitivo", diz Philip E. Orbanes, que fundou a editora de jogos de guerra Gamescience em 1965. "Você está se metendo com os outros e os está atacando ou vice-versa. Você não precisa montar pacientemente o seu exército - é ação instantânea desde o início e este é um dos seus grandes méritos."

E graças ao seu apelo de massa, o Risk seguiu fazendo sucesso mesmo quando os jogos de guerra de mesa pareciam estar com os dias contados no final da década de 1970.

O primeiro golpe contra os jogos de guerra veio de um monstro de sua própria criação: o Dungeons & Dragons. Publicado pela primeira vez em 1974, o Dungeons & Dragons nasceu de uma conversa entre os desenvolvedores de jogos de guerra Dave Arenson e Gary Gygax. Alguns anos antes, Gygax tinha cocriado um jogo de guerra da era medieval chamado Chainmail, que incluía elementos de fantasia como magia. O Chainmail foi bem aceito pelos aficionados por jogos de guerra, mas ficou claro que era a fantasia e não o combate medieval que os estava conquistando.

Gygax e Arenson responderam criando um jogo de pura fantasia que transferiu os dados e os sistemas de probabilidade de combate dos jogos de guerra para um cenário inspirado em O Senhor dos Anéis, de J.R.R. Tolkien. O resultado foi Dungeons & Dragons, o primeiro role-playing game.

Em Dungeons & Dragons, os jogadores assumem a personalidade de magos, guerreiros e outros heróis e saem em jornadas épicas planejadas e conduzidas por um mestre, que atua de forma parecida com os árbitros das partidas do Kriegsspiel. Mas ao contrário dos jogos de guerra que o inspiraram, o Dungeons & Dragons não precisa de um tabuleiro. Em vez disso, ele conta com a imaginação dos jogadores. Com a ajuda da narrativa do mestre, os jogadores representam as vidas dos seus aventureiros e usam os dados para determinar os resultados das decisões e batalhas com monstros assustadores.

Dungeons & Dragons se tornou um fenômeno e deu origem a muitos outros jogos de interpretação de papéis desde as aventuras cyberpunk do Shadowrun ao horror gótico de Vampiro: A Máscara.

Em 1979, foram vendidos mais de 250 mil livros de regras de Dungeons & Dragons, e muitas das pessoas que os compraram possivelmente já tinham se visto na pele de um general em um jogo de guerra em vez de interpretar o papel de um temível elfo matador de orcs. O final da década de 1970 também apresentou mais um desafio para os jogos de guerra: o computador doméstico. Durante a década de 1980, os jogos de guerra computadorizados começaram a tomar o lugar dos jogos de mesa que os inspiraram, tal como se fazia nas salas de comando do Exército. O apelo dos jogos de guerra computadorizados foi duplo, comenta Joel Billings, o fundador da Strategic Simulations Inc., a desenvolvedora e editora de videogames da Califórnia, que estava na vanguarda da transição digital dos jogos de guerra nos anos 80.

"Um era ter alguém contra quem jogar porque sempre foi difícil encontrar adversários", ele diz. "Eu passei a maior parte da minha infância jogando paciência. De vez em quando, eu jogava por correspondência ou em estabelecimentos onde era possível fazer contato com outros jogadores e jogar, mas quase sempre era só paciência. Por isso, poder jogar contra o computador era demais. Esta foi a primeira coisa. E a segunda foi a 'névoa da guerra'."

Em um campo de batalha real, os exércitos não têm pleno conhecimento das posições e ações do inimigo. Esta falha de percepção é chamada de "névoa da guerra" e sempre foi o calcanhar de Aquiles dos jogos de guerra de mesa. Quando se disputa um jogo de tabuleiro, assegurar a névoa de guerra é quase impossível. Mesmo que as suas tropas estejam escondidas por caixinhas como no Kriegsspiel original, o seu oponente ainda sabe que você tem alguma coisa ali, apesar de ele não ter certeza do quê. A única solução eficaz para o problema é deixar os jogadores em salas diferentes e ter um árbitro controlando a comunicação, como os japoneses fizeram quando planejaram o ataque a Pearl Harbor. Mas jogar contra adversários com quem você não pode nem ficar na mesma sala não é lá muito divertido.

Computadores, entretanto, podem ocultar informações facilmente apenas mostrando o que os jogadores devem saber - reproduzindo a experiência da névoa de guerra.

Em quase todos os outros aspectos, os primeiros jogos de guerra de computador eram iguais às suas contrapartes de mesa com partidas baseadas em turnos e combates determinados por tabelas de probabilidade. Mas a opção de se jogar contra o computador e a névoa de guerra foram suficientes para afastar muitas pessoas dos jogos de mesa. No início dos anos 90, os jogos de guerra de mesa estava em franco declínio, perdendo jogadores para os jogos de guerra de computador e os role-playing games. Mas apesar do passatempo ter se tornado um nicho ainda mais específico, o Risk continuou a oferecer às pessoas do mundo inteiro um gostinho dos jogos de guerra tanto na sua forma tradicional quanto por meio de inúmeros derivados, alguns dos quais praticamente sem nenhuma relação com o jogo original de Lamorisse.

O Risk: Star Wars Edition é um exemplo perfeito. Lançado em 2015, leva o nome do jogo de guerra mais conhecido do mundo, mas é difícil identificar qualquer outra ligação com as guerras napoleônicas do primeiro Risk. Em vez disso, permite que dois jogadores recriem a batalha final de O Retorno de Jedi, conduzindo naves espaciais ao redor da galáxia em um tabuleiro com o formato do caça TIE de Darth Vader.

No entanto, embora essa batalha espacial de mesa em uma galáxia muito, muito distante e a abundância de jogos de guerra de computador à venda hoje em dia pareçam muito diferentes dos jogos de guerra criados na Prússia do século XIX, as suas raízes ainda estão profundamente ligadas a esse gênero sangrento e modelador do mundo dos jogos de tabuleiro.

7

EU ESPIÃO

Como o Xadrez e o Monopoly viraram ferramentas de espionagem e propaganda

"Por favor, eu gostaria de mandar imprimir alguns cartões de visita", disse o homem atarracado de sobrancelhas grossas. O ano era 1940 e o sujeito que fez o pedido havia chegado de surpresa na empresa da gráfica e editora de jogos britânica Waddingtons, localizada na Wakefield Road nº 40, em Leeds.

Os funcionários da gráfica acharam que se tratava de um pedido incomum. O homem tinha dito que era um empresário, mas não solicitou cartões de negócio. Em vez disso, ele queria cartões de visita, os cartões de apresentação de gente da alta-roda que considerava a existência de detalhes de contato em seus cartões uma coisa vulgar e mundana. Um cartão de visitas indicava o nome de uma pessoa e, quando muito, o nome do clube ao qual pertencia.

Mas negócios eram negócios, e não cabia à Waddingtons questionar as exigências de um cliente, por isso eles aceitaram o trabalho. Que nome devemos colocar no cartão?, perguntou o empregado que estava anotando o pedido. "E. D. Alston", o homem respondeu.

Quando os cartões de visita ficaram prontos, Alston voltou, pagou o que devia e foi-se embora. Parecia ser apenas mais um serviço de impressão.

Alguns dias depois, Alston voltou e, com um ar de autoridade, pediu para conversar a sós com Norman Watson, o dono da empresa. Quando ficaram sozinhos, Alston disse a Watson que ele estava prestes a discutir um assunto de segurança nacional e que por isso a Lei dos Segredos Oficiais aplicava-se ao caso. Comentar o que eu vou lhe dizer com qualquer outra pessoa pode resultar em multas e prisão, Alston informou ao perplexo presidente da companhia.

Alston não era empresário coisa nenhuma. Oficialmente, ele era um funcionário público que cuidava da aquisição de tecidos no Ministério do Abastecimento no centro de Leeds, mas isso não passava de um disfarce. Na verdade, ele era um agente da inteligência britânica trabalhando para o MI9, um novo departamento do serviço secreto britânico criado em 23 de dezembro de 1939, enquanto o país se preparava para a iminente invasão nazista da Europa Ocidental. A missão do departamento era ajudar os soldados a não serem capturados e ajudar os que tinham sido presos a fugir.

O MI9 não era o típico grupo de espiões. Estava mais para um laboratório de ideias que inventava novos aparelhos e estratagemas para livrar as tropas das garras do inimigo. No centro disso tudo estava o diretor técnico Christopher Clayton Hutton, um excêntrico ex-diretor de filmes publicitários que era a resposta do MI9 ao guru das armas especiais Q de James Bond.

Ele e a sua equipe projetaram rádios portáteis, fizeram barras de sabão com bússolas minúsculas escondidas em seu interior e montaram bombas de bicicleta que também funcionavam como lanternas. Eles confeccionaram uniformes da força aérea que podiam ser facilmente transformados em roupas civis e criaram latas impermeáveis de provisões cheias de rebuçados, pastilhas de purificação de água e tabletes de "fígado caramelizado" marrons e grudentos, uma mistura de malte e óleo de fígado de bacalhau que pelo visto tinha um sabor melhor do que parecia, o que não devia ser muito difícil.

Outra ideia que surgiu do grupo de pesquisa no quarto 242 do Metropole Hotel de Londres, que o governo britânico havia transformado em uma sede no período que antecedeu a guerra, foi passar mapas de fuga feitos de seda para dentro de campos de prisioneiros de guerra.

E foi aí que a Waddingtons entrou em cena. Afinal, além de ser a fabricante do Monopoly no Reino Unido, a Waddingtons basicamente era a única gráfica do país que sabia como imprimir em seda. Antes da guerra, a Waddingtons produzia programas feitos em seda para os membros da família real britânica que compareciam ao Royal Variety Command Performance, um evento de gala anual voltado para comédia, música, mágica e teatro em nome da caridade.

Ainda assim, mesmo no caso da Waddingtons, imprimir em seda era um desafio. Primeiro, o raiom, a seda artificial que a empresa utilizava, precisava ser tratado com tungstato de bário para deixar o tecido opaco e habilitar a impressão frente e verso. O processo tinha que ser feito da maneira certa. Se a quantidade de tungstato de bário fosse insuficiente, a seda não absorvia a tinta; e se fosse usado em excesso, o material ficava grudado nas peças da imprensa.

Após o tratamento, a seda era colocada na prensa tipográfica. E mais uma vez o processo tinha que ser realizado com todo o cuidado possível porque até mesmo a mínima falha no material causaria o desalinhamento da impressão. A tinta também devia ser especialmente misturada e, por fim, a seda impressa precisava ser lubrificada com um equipamento próprio para torná-la à prova d'água.

Por mais complicado que fosse lidar com a seda, o MI9 sabia que era o material perfeito para mapas de fuga. Ao contrário do papel, a seda podia ser amassada e guardada em pequenos espaços sem sofrer qualquer dano, facilitando assim o seu contrabando para os campos de prisioneiros e também tornando-a mais fácil de ser escondida pelos soldados. A seda também não faz nenhum ruído, por isso os fugitivos podiam usar os mapas sem o risco de entregar a sua posição. Além disso, os mapas de seda são difíceis de rasgar, não se desmancham na água e, graças à lubrificação, a tinta não escorre nem borra na chuva.

O MI9, Alston explicou a Watson, queria que a Waddingtons imprimisse centenas de milhares de mapas de seda da Europa e da Ásia que se planejava enviar para as tropas da comunidade britânica durante a guerra. Além disso, eles queriam que a empresa produzisse tabuleiros do Monopoly que também servissem como kits de fuga que eles poderiam, então, enviar para os soldados britânicos nos campos de prisioneiros de guerra.

O plano envolvendo o Monopoly era típico da imaginação revolucionária de Clayton Hutton. A base de papelão do tabuleiro do jogo tinha compartimentos fininhos inseridos em seu interior para que uma pequena bússola, duas limas e um mapa de seda pudessem ser colocados lá dentro. Em seguida, o papel com a área de jogo era colado na parte de cima para camuflar o equipamento escondido no tabuleiro.

Os nomes de propriedades específicas no tabuleiro eram marcados com um ponto para que os oficiais dentro dos campos soubessem que continham equipamento de fuga e o MI9 soubesse qual mapa tinha sido incluído no tabuleiro. Um ponto na área de Mayfair, o equivalente britânico do Calçadão do Monopoly, por exemplo, assinalava a inserção de um mapa da Noruega, Suécia e o norte da Alemanha. Uma marcação no Estacionamento Gratuito significava que o tabuleiro escondia um mapa do norte da França e as suas fronteiras com a Alemanha.

O monte de dinheiro de brinquedo do Monopoly, por sua vez, era um esconderijo para as notas de Reichsmark e das outras moedas das forças do Eixo para os prisioneiros usarem como propina ou para ajudar em suas tentativas de fuga.

Ansioso para apoiar os esforços de guerra, Watson prontamente concordou em ajudar e designou três dos empregados mais confiáveis da empresa para cuidar da tarefa. O MI9 se comprometeu a providenciar vigias armados para manter os bisbilhoteiros afastados, mas Watson declinou da oferta. Isso apenas levantaria suspeitas e assustaria os empregados, ele explicou.

Para manter o sigilo, a Waddingtons não escreveu uma linha a respeito do seu serviço para o MI9 e passou a se referir a Alston como o Sr. A para o caso de alguém que não estivesse por dentro da situação ouvir alguma coisa.

Nos anos que se seguiram, a Waddingtons produziu centenas de tabuleiros adulterados do Monopoly. Em cada um, eles esconderam instrumentos metálicos fornecidos pelo MI9 e as suas reproduções feitas em seda dos mapas disponibilizados pela agência de inteligência. De tempos em tempos, Watson pegava um trem de Leeds para Londres e deixava os jogos na seção de bagagem extraviada da estação de King's Cross. Mais tarde, um agente do MI9 aparecia no local para reivindicar o pacote. A Waddingtons não foi a única fabricante de jogos que o MI9 convocou. Outro recruta foi a John Jaques & Sons, a empresa londrina responsável pelo conjunto de xadrez de Staunton, que foi encarregada de produzir conjuntos de xadrez e cópias do jogo Snakes & Ladders com compartimentos secretos para os apetrechos de fuga.

Com o seu estoque de jogos de tabuleiro pronto, o MI9 se debruçou sobre a questão de como fazer para que estes entrassem nos campos de prisioneiros de guerra sem que ninguém percebesse.

Enviar os jogos com os carregamentos de ajuda humanitária da Cruz Vermelha britânica estava fora de cogitação. Os prisioneiros britânicos dependiam dos alimentos que a Cruz Vermelha distribuía, e se um jogo contendo equipamento de fuga fosse descoberto em uma das remessas de caridade, isso daria motivo para as forças do Eixo pararem de aceitar essas provisões capazes de salvar vidas.

A solução do MI9 foi inventar uma rede nacional de organizações com nomes como o Fundo das Horas de Lazer dos Prisioneiros; a Sociedade de Caridade das Senhoras de Londres; a Missão de Amparo da Coroa e o Clube de Militares de Liverpool. Para dar legitimidade a essas organizações inexistentes, o MI9 escolheu os endereços de prédios que tinham sido destruídos nos ataques aéreos da Luftwaffe e forrou as caixas da remessa com páginas amassadas dos respectivos jornais locais.

Por precaução, o M19 remeteu cartas das organizações falsas aos comandantes dos campos de prisioneiros para dizer-lhes que tinham levantado dinheiro para enviar uma remessa de jogos e outros passatempos para os detentos britânicos, que em breve estaria a caminho. Por fim, o MI9 mandou cartas codificadas de parentes fictícios aos oficiais britânicos encarregados das operações de fuga nos campos de prisioneiros para que eles ficassem de olho na remessa.

Assim que as remessas chegavam, os oficiais que cuidavam dos planos de fuga pegavam o equipamento escondido e, em seguida, queimavam o que restou dos jogos no fogão do alojamento para eliminar as evidências. Por isso, é impossível saber exatamente quantos jogos do MI9 foram parar nos campos de prisioneiros sem serem detectados, mas muitos chegaram ao seu destino.

Quando a história das atividades dos tempos de guerra do Monopoly veio a público em 1985, muitos ex-prisioneiros de guerra escreveram para a Waddingtons para confirmar que eles tinham visto os tabuleiros.

Um dos veteranos foi J. T. Robson, um soldado capturado na Grécia em 1941. Certa noite, ele encontrou um mapa de seda dentro de um tabuleiro danificado do Monopoly quando estava preso no Stalag XVIII - um campo de concentração perto da cidade austríaca de Wolfsberg. Ele levou sua descoberta a um oficial superior que lhe disse para não contar aquilo a mais ninguém. Robson nunca soube o que aconteceu depois, porque logo em seguida os nazistas o transferiram para outro campo de prisioneiros no norte da Áustria.

Os jogos do Monopoly conseguiram entrar até no Castelo de Colditz, o infame campo de prisioneiros de segurança máxima para onde os nazistas mandavam os oficiais aliados encrenqueiros que já tinham tentado escapar várias vezes de outros campos. Em uma carta de 1985 para a Waddingtons, Bill Lawton contou como ele encontrou vários tabuleiros do Monopoly do MI9 durante o período em que fez parte do comitê de fugas britânico em Colditz. "Muitos dos itens contidos nos tabuleiros foram de grande valor para os fugitivos do castelo, tanto nas tentativas bem-sucedidas quanto nas tentativas infrutíferas", ele escreveu.

Nem todas as remessas chegaram ao seu destino, é claro. O MI9 relatou que apenas algumas das remessas enviadas para a Itália conseguiram passar, uma falha que eles atribuíram à "ineficiência da administração italiana", o que fez com que muitas das remessas se perdessem ou atrasassem durante meses. Os alemães, por sua vez, descobriram como os britânicos estavam usando os conjuntos de xadrez para levar itens para dentro de seus campos de concentração. Os nazistas acusaram os britânicos de estar violando a Convenção de Haia no tocante à condução da guerra e fazendo um "jogo sujo". Em sinal de retaliação, eles ameaçaram instituir "zonas mortais" ao redor dos campos de prisioneiros dentro das quais os fugitivos seriam mortos a tiros na mesma hora.

Mas a maioria das remessas foi até o fim. O MI9 calculou que noventa por cento das mil e duzentas remessas enviadas em 1941 chegaram sem percalços. Apesar de terem encontrado os instrumentos de fuga escondidos nos conjuntos de xadrez, as forças do Eixo aparentemente nunca suspeitaram do papel do Monopoly em infiltrar equipamentos de fuga nos campos, e tudo indica que os alemães não tinham ideia da dimensão da operação de contrabando britânica.

Até o final do conflito pouco mais de 21.000 soldados da comunidade britânica já haviam escapado dos campos de prisioneiros de guerra e o governo do Reino Unido estimou que um terço dessas fugas foi possível graças às ações do MI9 e aos mapas de seda produzidos pela Waddingtons.

Os Estados Unidos também usaram o Monopoly para levar kits de fuga aos campos de prisioneiros. Inspirados nas atividades do MI9, os norte-americanos criaram uma agência equivalente chamada MIS-X* em outubro de 1942.

Ao invés de trabalhar diretamente com a Parker Brothers, a dona do Monopoly nos Estados Unidos, o MIS-X comprava os jogos nas lojas e os levava para a sua sede em Fort Hunt, na Virgínia. Os seus agentes então removiam o papel do tabuleiro cuidadosamente com vapor, inseriam pequenos compartimentos na base de papelão e os enchiam com mapas de seda, bússolas do tamanho de um botão, limas e serras de Gigli, os fios de aço flexível utilizados pelos cirurgiões para o corte do osso. Em seguida, o papel era recolocado na base de papelão com exatamente a mesma cola que era usada na fábrica da Parker Brothers. Por fim, as notas de Reichsmark eram acrescentadas ao estoque de dinheiro de brinquedo do jogo.

Depois de tudo pronto, o MIS-X, assim como o MI9, infiltrava os jogos nos campos de prisioneiros em nome de organizações de mentira e avisava os oficiais de fuga sobre o envio do equipamento com cartas codificadas de parentes fictícios.

Enquanto os britânicos e os norte-americanos transformavam os jogos de tabuleiro em kits de fuga, os nazistas os usavam como pro-

---

*Military Intelligence Service — Escape and Evasion Section, ou seja, Serviço de Inteligência Militar - Seção de Fuga e Evasão.

paganda. Após conquistar a França em 1940, os nazistas descobriram que o campeão mundial de xadrez Alexander Alekhine agora era um cidadão do Terceiro Reich. Quando a guerra começou, o grande mestre russo - que se mudou para Paris em 1920 e virou cidadão francês em 1927 - entrou para o exército francês como intérprete, mas quando a França foi derrotada, ele virou a casaca.

Encorajado, ou possivelmente coagido, pelos nazistas, Alekhine começou a escrever ensaios sobre o xadrez que apoiavam a ideologia antissemita dos nazistas. Em uma série de seis ensaios, Alekhine condenou a influência de jogadores judeus no jogo e afirmou que eles jogavam de maneira covarde, preferindo buscar o empate em vez da vitória, ao contrário dos jogadores arianos que sempre procuravam vencer.

Depois da guerra, Alekhine tentou salvar a sua reputação renegando os seus escritos a favor dos nazistas e até alegou que outra pessoa havia redigido os textos. Não deu certo e ele foi excluído dos principais torneios de xadrez por causa das suas conexões com os nazistas. Quando ele morreu em 1946, os manuscritos originais dos seus ensaios pró-nazistas foram encontrados na sua residência.

Mas a tentativa dos nazistas de alinhar o xadrez às suas odiosas convicções foi um trabalho amador se comparado com o que veio a seguir, pois a União Soviética estava pronta para levar a ideia de usar os jogos de tabuleiro como ferramentas de propaganda e espionagem a um outro patamar.

Nikolai Krylenko foi o homem responsável por consolidar o xadrez dentro da sociedade soviética. Após comandar brevemente o Exército Vermelho, ele assumiu o cargo de procurador-geral da União Soviética e usou a sua posição para promover o conceito de "legalidade socialista", em que considerações de natureza política anulavam provas, declaravam a culpa e determinavam a pena.

Quando não estava ocupado com julgamentos de fachada, Krylenko falava maravilhas sobre o xadrez, que ele considerava "uma arma científica na batalha no âmbito cultural". Para os comunistas, o xadrez simbolizava a lógica e os ideais racionais que eles queriam incutir nas massas para que estas ficassem imunes a crenças religiosas.

Os bolcheviques também pensaram que os torneios internacionais de xadrez poderiam ser uma maneira bastante clara de mostrar ao mundo inteiro que o sistema soviético era intelectualmente superior ao capitalismo. Incentivados por Krylenko, os comunistas efetivaram o xadrez como parte integrante da cultura soviética. Clubes de xadrez foram abertos em toda a URSS, despontando em fábricas, escolas, quartéis militares e fazendas coletivas. O estado também patrocinou as carreiras de jogadores promissores. As vendas das revistas de xadrez cresceram e em 1929 cerca de 150.000 jogadores foram inscritos no programa soviético de xadrez.

Mas Krylenko não se deu por contente. Em 1932, ele disse a um grupo de enxadristas que algo mais ainda precisava ser feito para transformar o xadrez em uma ferramenta do comunismo. "Nós devemos formar brigadas de choque de enxadristas, e dar início imediatamente à realização de um plano de cinco anos para o xadrez", ele declarou.

Seu apelo parecia apenas mais uma manifestação do desejo soviético de golpear a realidade até que esta se adequasse à sua ideologia, além das suas demandas por matemática marxista e física leninista.

Mas ao mesmo tempo em que ele propunha um plano de cinco anos para o xadrex, a missão de Krylenko de transformar o jogo em uma arma cultural ganhava cada vez mais espaço em seu país. Em 1934, meio milhão de pessoas tinham sido registradas no programa estatal de xadrez e estimativas sugeriram que metade dos jogadores de xadrez do mundo morava na URSS. O que os russos precisavam agora era de um campeão. Um grande mestre comunista que seguisse em frente e conquistasse uma vitória contra o capitalismo no campo de batalha cultural do tabuleiro de xadrez. E assim como no mundo deturpado da legalidade socialista, o fim justificava os meios.

O primeiro teste da máquina de xadrez soviética se deu em um torneio dos EUA contra a URSS realizado em 1º de setembro de 1945. A Segunda Guerra Mundial tinha terminado poucos dias antes e essa competição foi o primeiro evento esportivo internacional de equipes que os russos concordaram em disputar. Além disso, as partidas seriam jogadas à distância com cada movimento sendo transmitido entre Nova York e Moscou por meio de radiotelegrafia.

O jogo de abertura viu o campeão norte-americano Arnold Denker enfrentar Mikhail Botvinnik, o jogador mais importante dos russos. Foi uma partida intensa que manteve as centenas de espectadores que se amontoaram no salão de festas do Henry Hudson Hotel em Manhattan grudados em seus assentos.

Os peões pretos de Botvinnik avançaram intrepidamente a partir do centro no início do jogo até o cenário começar a se inverter a favor de Denker. Logo, tudo indicava que o norte-americano havia deixado Botvinnik em apuros, já que as peças do adversário russo encontravam-se encurraladas ao lado da rainha na sua parte do tabuleiro. Então, para o espanto da plateia, Botvinnik virou a partida de cabeça para baixo. Em um instante, ele estava na defensiva e no seguinte, em um intervalo de apenas cinco movimentos, ele estraçalhou o exército do seu oponente, capturando a rainha de Denker e cercando o rei em um canto do tabuleiro, forçando assim o campeão norte-americano a admitir a derrota.

Seguiram-se mais vitórias dos russos. Quando o torneio terminou em 4 de setembro, a URSS impôs uma derrota atrás da outra à equipe dos EUA, que conseguiu apenas duas vitórias nas vinte partidas que foram disputadas. Isso não tinha sido uma competição, mas, sim, um massacre.

A máquina de xadrez soviética só estava esquentando os motores. Três anos depois, Botvinnik foi a Haia para as primeiras etapas do Campeonato Mundial de Xadrez. Os prognósticos da URSS eram bons: três dos cinco grandes mestres no certame eram russos.

Mesmo assim, os dirigentes de xadrez soviéticos tinham receio de que o norte-americano Samuel Reshevsky pudesse vencer, por isso eles tentaram manipular o torneio. Os dirigentes passaram a pressionar o jogador russo Paul Keres, dando indiretas de como ele devia perder as suas partidas contra Botvinnik pelo bem da nação. Entregando o jogo, Keres daria a Botvinnik vitórias suficientes para garantir que Reshevsky não conseguisse vencer a competição.

Keres certamente estava vulnerável à pressão. Ele era da Estônia e a URSS encontrava-se em plena campanha militar contra a resistência estoniana. As autoridades também suspeitavam que Keres havia colaborado com os nazistas quando eles ocuparam a Estônia durante a guerra. Não demoraria muito para que os russos encontrassem um pretexto para impedi-lo de participar das competições internacionais, ou fazer coisa pior, se ele não cooperasse.

Se Keres entregou o jogo, ou não, é uma incógnita. Mas mesmo que ele não tivesse obedecido, as autoridades russas conseguiram o que queriam. As vitórias de Botvinnik contra Keres lhe garantiram os pontos necessários para superar Reshevsky e ser coroado campeão mundial de xadrez.

A vitória de Botvinnik em 1948 marcou o início de uma era de dominação soviética no xadrez. Nos vinte e quatro anos seguintes, a URSS manteve o título mundial. O programa de xadrez soviético, Botvinnik declarou em 1949, havia transformado os jogadores da nação "de 'alunos' em professores". À medida que a URSS consolidava o seu status como a pátria do xadrez, eles começaram a promover a ideia da Escola Soviética de Xadrez, uma abordagem "científica" referente ao jogo caracterizada por uma cuidadosa preparação pré--competição e a elaboração de novos e arrojados métodos de jogo.

As vitórias conquistadas pelos grandes mestres russos se tornaram uma fonte de orgulho nacional na URSS e um combustível muito útil para a propaganda da Guerra Fria que o país exportava. O xadrez se tornou uma maneira muito prática para os espiões russos trocarem mensagens. A KGB criou um código que permitia jogadas no que pareciam ser partidas de xadrez por correspondência normais a fim de transmitir instruções para os agentes no Ocidente e para os espiões enviarem notícias atualizadas para Moscou.

A máquina soviética de xadrez parecia ser imbatível, mas então começaram a circular rumores sobre um jovem gênio enxadrista do Brooklyn: Bobby Fischer. Depois de ingressar em um clube de xadrez aos seis anos de idade, ele ficou obcecado pelo jogo e frequentemente implorava à sua mãe para que ela o levasse ao Washington Square Park para jogar. Em meados dos anos 50, Fischer já jogava contra mestres, e quando se tornou o campeão de xadrez dos EUA em 1958, ele tinha apenas quatorze anos de idade.

Parecia inevitável que esse garoto inquieto um dia disputaria o título mundial. Quer dizer, se ele não se autodestruísse primeiro. Isso porque embora Fischer fosse um jogador de xadrez excepcional, ele também era uma prima-dona arrogante e insuportável.

A sua personalidade irascível era uma fonte constante de problemas. Em 1958, os russos o convidaram para uma viagem com tudo pago a Moscou, a capital mundial do xadrez. Quando chegou lá, Fischer deixou os seus anfitriões atônitos ao recusar propostas para visitar pontos turísticos como o Kremlin porque ele só queria jogar xadrez. Logo depois, ele quis saber quanto os russos lhe pagariam para jogar contra os seus grandes mestres - a resposta foi: nada - e também chamou os russos de "um bando de porcos" enquanto estava no Clube de Xadrez de Moscou.

De volta aos Estados Unidos, ele também desdenhou de tudo e de todos, incluindo simpatizantes. Em 1962, quando a enxadrista campeã norte-americana Lisa Lane o chamou de o melhor jogador de xadrez que o mundo já conheceu, Fischer declarou o seguinte à revista Harper's: "A afirmação é correta, mas Lisa Lane nunca terá condições de saber. Elas são todas fracas, todas as mulheres. Elas são burras se comparadas aos homens."

Em outras ocasiões, ele falou cobras e lagartos dos judeus, dos Estados Unidos, da própria mãe, dos homossexuais, dos ricos, dos pobres, dos professores, dos Kennedys e, bem... de quase todo o resto do mundo. As únicas coisas que ele parecia gostar eram os seus ternos feitos sob medida e xadrez, o jogo que o deixou tão obcecado que uma das suas ambições era morar em uma casa com o formato de uma torre.

Mas apesar dos seus defeitos de personalidade, Fischer ainda era o único capaz de quebrar a hegemonia comunista no meio enxadrista. Não que a URSS pretendesse facilitar a vida dele. Os jogadores russos agora tinham o auxílio de equipes numerosas que davam conselhos sobre como garantir a vitória durante os intervalos nos jogos internacionais. A ideia de fraudar partidas internacionais também ganhou força junto aos jogadores russos, já que eles planejavam as suas partidas com antecedência para melhorar as chances de vitória dos grandes mestres preferidos do Estado.

No final da década de 1960, Fischer, então com vinte e seis anos, finalmente parecia pronto para tentar disputar o título mundial. O único problema era garantir que o grande mestre temperamental participasse, porque agora ele costumava abandonar os torneios ou se recusava a jogar se as condições não o agradassem.

Nada disso ajudou os organizadores que tentavam viabilizar o confronto entre ele e o então campeão mundial Boris Spassky na capital islandesa de Reykjavík, em 1972.

Quando Fischer finalmente foi convencido a jogar, a iminente disputa entre os campeões enxadristas das superpotências chamou a atenção do mundo inteiro. O embate foi considerado um microcosmo da Guerra Fria; a luta global entre Oriente e Ocidente reduzida a dois homens se enfrentando em um tabuleiro de xadrez.

Não que qualquer um dos dois jogadores representasse os ideais dos seus países. O presunçoso e grosseiro Fischer dificilmente personificava a maneira como os Estados Unidos se viam; e Spassky era um dissidente cínico que se voltou contra o comunismo após testemunhar a repressão soviética na Checoslováquia em 1968 e o Estado só o tolerava por causa da sua maestria no xadrez.

Fischer começou mal. Ele perdeu a primeira partida e depois perdeu de novo sem fazer um único movimento graças a uma discussão para reiniciar os relógios do jogo. Mas então Fischer se recompôs e passou a obter uma vitória atrás da outra. Na décima partida, ele já tinha uma vantagem considerável e os russos estavam ficando inquietos.

Os russos acusaram publicamente os Estados Unidos de usar produtos químicos, computadores e outros métodos para prejudicar o seu jogador. Na sequência, a partida foi paralisada para que os russos revistassem o salão com máquinas de raios-x, detectores de metal e contadores Geiger. Eles não encontraram nada, mas ficaram paranoicos. Talvez a CIA tivesse mexido na comida de Spassky ou estivesse usando um parapsicólogo para influenciar os seus pensamentos. Talvez um espião tivesse se infiltrado na sua equipe de xadrez e passado os detalhes dos preparativos pré-competição de Spassky para os norte-americanos.

Fischer não era menos desconfiado. Ele se convenceu de que a KGB podia assassiná-lo ou colocar alguma coisa na sua comida e bebida ou hipnotizá-lo. Para se proteger dessas ameaças, ele exigiu que o suco de laranja que ele bebia fosse feito na hora com as frutas sendo espremidas na sua frente e ainda pediu para ser protegido vinte e quatro horas por dia pelos fuzileiros, pedido este que foi recusado.

Depois que os russos reviraram as dependências do local do torneio, o confronto recomeçou, e quando Fischer derrotou Spassky na vigésima primeira partida, ele se tornou o primeiro campeão mundial de xadrez não soviético em vinte e quatro anos. As revistas e os jornais norte-americanos saudaram Fischer como um herói e o interesse pelo xadrez despertou novamente no Ocidente, com uma avalanche de novos livros e as vendas crescentes de conjuntos de xadrez. Fischer comemorou se vangloriando de como derrotou sozinho a máquina de xadrez soviética.

Mas Fischer era um transtorno. Depois de sua vitória em Reykjavík, ele se envolveu em uma briga com a Federação Internacional de Xadrez (FIDE) por causa dos termos da próxima competição do campeonato mundial e se recusou a defender o seu título se as coisas não fossem do seu jeito. A FIDE acabou se irritando e em 1975 decidiu que por ter se negado a jogar, Fischer perderia o seu título para o grande mestre russo Anatoly Karpov, o homem com quem o norte-americano teria disputado a partida se tivesse concordado em participar do campeonato.

Fischer nunca mais lutou pelo título e se tornou um recluso, que era obcecado pela ideia de que a KGB queria pegá-lo. Ele guardava um espremedor de suco de frutas portátil dentro de uma maleta trancada para impedir que os agentes comunistas mexessem na sua comida e bebida, e até mesmo mandou remover as suas obturações dentárias porque achou que estas podiam ser usadas para interferir com os seus pensamentos. Quando morreu em 2008, Fischer havia fugido para a Islândia, a fim de evitar a prisão nos Estados Unidos por evasão fiscal, e se tornado um teórico da conspiração e um negacionista do Holocausto, que declarou que os Estados Unidos "tiveram o que mereceram" no dia 11 de setembro de 2001.

Apesar de Fischer ter se distanciado do xadrez, os russos logo se depararam com um novo desafio ao seu domínio sobre o jogo. Só que desta vez o oponente era um dos seus pares.

Viktor Korchnoi tinha sido um dos enxadristas mais promissores da URSS, um grande mestre nascido em Leningrado que venceu o campeonato russo de xadrez quatro vezes. Mas as autoridades o consideravam suspeito do ponto de vista político, por isso concentravam seus esforços em ajudar Karpov.

Em 1976, cansado da desconfiança e das restrições impostas a ele, Korchnoi pediu asilo enquanto estava em Amsterdã e posteriormente se radicou na Suíça. Os russos ficaram possessos e deram início a uma campanha difamatória contra ele. No seu país, os jornais russos o rotularam de traidor e desleal.

Mas quando ficou claro que Karpov defenderia o seu título contra o desertor no Campeonato Mundial de Xadrez de 1978 nas Filipinas, a KGB decidiu que precisava fazer algo mais do que lançar insultos. Para pressionar Korchnoi, os russos ordenaram que o filho dele, Igor, que ainda estava na URSS, fosse convocado para o exército, uma medida que o impediria de sair do país durante cinco anos. Igor se escondeu para evitar o recrutamento, mas acabou sendo preso em junho de 1978. A KGB também enviou uma equipe de agentes para o campeonato que ia desde guarda-costas a pessoas que vasculhavam os aposentos de Karpov à procura de escutas e que monitoravam a saúde dele. Havia até mesmo um parapsicólogo encarregado de tentar enfraquecer Korchnoi durante a partida usando telepatia.

O desafio de Korchnoi falhou e Karpov manteve o título de campeão, mas em 1981 os dois se enfrentaram mais uma vez no campeonato mundial seguinte em Merano, na Itália.

Preocupados com a possibilidade de que os aposentos de Karpov tivessem sido grampeados, os russos trouxeram consigo uma enorme tenda selada que impedia as ondas de rádio de entrar ou sair para que o grande mestre pudesse se preparar para as partidas sem correr o risco de as pessoas ouvirem. Por precaução, Karpov foi colocado sob vigilância constante e todos os estrangeiros foram proibidos de visitá-lo.

No livro The KGB Plays Chess, o ex-membro da KGB Vladimir Popov afirmou que se começasse a parecer que Karpov podia perder, agentes russos planejaram assassinar Korchnoi aplicando uma toxina que causaria uma parada cardíaca imediata. Se o veneno existiu mesmo, então não foi necessário, porque Korchnoi perdeu a sua segunda e última chance de tirar o título mundial de Karpov. A máquina de xadrez soviética havia triunfado mais uma vez.

Depois disso, Karpov e, mais tarde, Garry Kasparov asseguraram que a URSS mantivesse o título mundial até o momento em que a superpotência comunista finalmente foi desmantelada em 1991, após o fim da Guerra Fria.

Com exceção do breve reinado de Fischer como campeão mundial, a URSS dominou o cenário do xadrez por quarenta e três anos.

Krylenko, que tornou-se uma vítima da sua própria legalidade socialista em 1938, conseguiu as "brigadas de choque" dos grandes mestres russos que ele tanto queria, mas o regime comunista que ele imaginou que seria protegido por esse grupo se desfez mesmo assim.

O xadrez, como se viu, no fundo era só um jogo.

8

A ONDA DE CRIMES BILIONÁRIOS DO CLUE

Como os crimes tipicamente britânicos criaram um mundo de detetives de poltrona

Birmingham arde em chamas. Estamos no início de 1943 e a força motriz da indústria britânica está sob ataque da Luftwaffe alemã.

À noite, as sirenes de ataque aéreo disparam e os cidadãos correm para a segurança dos abrigos enquanto os bombardeiros zunem nos céus e as baterias antiaéreas abrem fogo. Na manhã seguinte, há fumaça e os escombros de outra noite de guerra para remover antes de a escuridão cair e o ciclo recomeçar.

Enquanto a cidade supera os seus traumas mais recentes, dentro das fábricas os operários se ocupam com a tarefa de fazer munição, bombas, armas e as outras exigências militares de guerra. Em uma dessas instalações encontra-se Anthony Pratt. Considerado inapto para o serviço militar por causa dos seus problemas de visão, ele agora passa a maior parte das suas horas acordado trabalhando na C.O. Ericsson Engineering Works em Kings Norton. Antes da guerra, a fábrica produzia utensílios de cozinha. Atualmente constrói peças para tanques.

Pratt está fazendo a sua parte para o esforço de guerra, incluindo turnos como vigia de incêndio, mas ele está enjoado. A vida na fábrica é entediante e o mundo exterior não é muito melhor. Todos os dias, em cima da mesa de jantar, a porção de alimentos deprimente e sem graça. À noite, não há o que fazer a não ser ficar dentro de casa ouvindo o fluxo ininterrupto de propaganda de guerra no rádio.

Do lado de fora, o carro dele encontra-se parado e inativo porque a gasolina está reservada para viagens essenciais. Não que haja algum lugar para ir agora. Durante as noites, a vizinhança fica vazia e escura, as luzes das ruas são apagadas para economizar energia e proteger a cidade do perigo que vem do céu.

É uma vida de mesmice em que os únicos intervalos são os rompantes de terror que surgem quando as bombas começam a cair. E também há a crescente falta de educação das pessoas e o atendimento desleixado nas lojas, tudo isso justificado com a desculpa irritante: "Não sabe que estamos no meio de uma guerra?"

Tudo era tão diferente da sua vida antes da guerra. Aquilo é que era vida. Uma vida de diversão e aventura.

Antes da guerra, Pratt era um pianista e compositor. Ele se apresentou em suntuosos hotéis de campo, dedilhou as teclas de marfim em cruzeiros luxuosos para Nova York e até tocou junto com a famosa cantora de ópera norueguesa Kirsten Flagstad. E mesmo quando a sua carreira musical foi interrompida e ele virou um assistente de advogado, ainda podia se divertir nas festas que os seus amigos promoviam.

"Nós vivíamos como lordes", ele relembrou anos mais tarde. "Então veio a guerra, o blecaute e tudo simplesmente sumiu no ar, puf! Toda a diversão acabou da noite para o dia. Nós tínhamos que nos contentar em ir ao cinema entre os ataques aéreos para assistir a filmes de suspense."

Pelo menos ele ainda tinha os seus livros. As histórias de fantasmas, as obras de Charles Dickens e, é claro, os romances policiais e relatos de crimes da vida real que ele tanto gostava. Quer dizer, pelo menos até que as sirenes começassem a tocar e as luzes tivessem que ser apagadas de novo.

O tédio da vida durante a guerra, entretanto, deixou Pratt com tempo de sobra para pensar em maneiras de animar as coisas, e um belo dia ele decidiu criar um jogo de tabuleiro.

Seu amigo Geoffrey Bull havia feito um, que foi chamado de Buccaneer: uma aventura de mesa que se passava nos mares do Caribe, na qual os jogadores corriam para saquear as riquezas de uma ilha cheia de tesouros e regressar ao porto antes que um jogador rival invadisse o seu navio e roubasse a carga. O jogo até chegou a ser lançado pela Waddingtons, a empresa de Leeds que trouxe o Monopoly para a Grã-Bretanha. Mas que tipo de jogo fazer? Um jogo de crime, evidentemente. Um jogo que tornaria realidade os seus amados romances policiais.

Um jogo que podia recapturar a emoção do "murder", o jogo de salão que era praticado em todas aquelas festas pré-guerra, em que os convidados deveriam apontar quem do grupo era o assassino antes que ele ou ela os matasse com um tapinha no ombro ou uma piscadela.

Com o tema escolhido, Pratt e a sua esposa, Elva, se ocuparam em criar um jogo em que os participantes competiam para ser o detetive que solucionou o assassinato. Pratt encontrou inspiração na sua estante, cujas prateleiras estavam cheias de grandes romances policiais britânicos da chamada Era de Ouro da Ficção Policial, que conquistou o país e o mundo nos anos que antecederam a Segunda Guerra Mundial.

As raízes da era dourada remetem ao início do século XIX quando os vitorianos transformaram o crime de assassinato em uma próspera indústria de entretenimento. Quando as escolas britânicas organizadas e financiadas pelo Estado melhoraram as taxas de alfabetização, a nação começou a consumir os baratos e sensacionalistas volantes*: jornais de uma única folha que ofereciam relatos sórdidos e minuciosos de assassinatos da vida real. Venderam aos milhões e muitas vezes eram anunciados entre as multidões que compareciam aos

---

*"A literatura popular, destinada principalmente a ser lida ou recitada em público para pessoas não letradas, sobreviveu na Europa até o momento em que a Revolução Industrial tornou necessária a alfabetização das massas, no século XIX. Em prosa ou em verso, alguns com a indicação da melodia com que poderiam ser cantados, os folhetos eram comuns na Alemanha, nos séculos XV e XVI; na França, foram classificados como littérature de colportage (literatura de mascate); na Inglaterra, chamados de catchpennies (quinquilharias) ou cocks, quando ficcionais, e broadsides (volantes), quando relacionados a eventos reais." (Teoria e Técnica do Texto Jornalístico, Nilson Lage, Elsevier Editora, 2005).

enforcamentos públicos para que os espectadores, após terem visto o assassino encontrar o seu fim, pudessem desfrutar da leitura de cada detalhe do crime com toda calma.

Os contos frequentemente embelezados dos volantes foram apenas o começo. As cenas de crime se tornaram um destino certo para os curiosos, e a polícia tinha que procurar provas no meio de uma porção de xeretas que esperavam ver um cadáver fresco ou uma arma ensanguentada. Outras pessoas compravam quinquilharias comemorativas de assassinatos famosos ou assistiam a apresentações de fantoches que reencenavam homicídios da vida real.

Na década de 1860, os gostos do público britânico começaram a se tornar mais refinados. Ao invés de histórias sobre reles assassinos, eles agora queriam histórias de morte e crime nos círculos respeitáveis das classes média e alta. Wilkie Collins foi o rei destes novos "romances de sensação" e o seu livro de 1968, A Pedra da Lua, estabeleceu o modelo das histórias policiais britânicas, apesar de a trama girar em torno do roubo de uma joia valiosa em vez de um homicídio.

A Pedra da Lua se passa em uma grande casa de campo onde os suspeitos ricos, cada um com segredos e escândalos a esconder, se reúnem para uma festa. Um detetive chega para investigar o crime e a história contém pistas ocultas da identidade do malfeitor para os leitores tentarem resolver o mistério antes de chegar ao final do livro, quando tudo é revelado.

A partir daí, abriu-se o caminho para a Era Dourada das Histórias de Detetives. Com o passar dos anos, o investigador se tornou mais importante do que o crime propriamente dito, originando detetives heróis como Sherlock Holmes de Arthur Conan Doyle.

Na década de 1930, a transição foi concluída. Os detalhes horrendos dos volantes foram deixados de lado e a tarefa de solucionar o crime virou o centro das atenções. Enquanto antigamente os britânicos gostavam de histórias detalhando cada golpe desferido pela faca do criminoso, agora eles se concentravam em romances nos quais o assassinato era limpo e organizado. As vítimas morriam tranquilamente, em vez de dolorosamente, por causa de envenenamento. Os ferimentos à bala nunca causavam muitos problemas. Algumas vezes o corpo já havia sido removido da cena do crime antes mesmo de a história começar.

Os personagens desses livros muitas vezes pareciam estar tão distantes da dura realidade do assassinato quanto o próprio leitor, agindo como se a morte fosse apenas um acontecimento lamentável como ser pego por uma tempestade inesperada sem guarda-chuva.

Até os detetives foram suavizados. Em vez do imprevisível, e também viciado em cocaína, Holmes, a era dourada ofereceu o impecavelmente vestido e pontual Hercule Poirot e a sempre educada Miss Marple. Desta vez o mistério era o principal e os leitores adoravam tentar solucionar o crime enquanto liam, antes que o culpado, depois das inevitáveis reviravoltas e dos falsos indícios, fosse desmascarado pelo respeitável detetive.

O apelo dessas histórias era tão grande que, em 1934, um a cada oito livros publicados na Grã-Bretanha era um romance policial. As tramas de Edgar Wallace, Dorothy Sayers, G. K. Chesterton e — principalmente — Agatha Christie venderam uma quantidade significativa não apenas na Grã-Bretanha, como também no mundo inteiro.

O trabalho de Christie e dos outros autores britânicos de histórias de detetive era completamente diferente dos livros que estavam sendo publicados do outro lado do Atlântico. Nos Estados Unidos, escritores como Raymond Chandler recorreram ao histórico do país de fora da lei e gângsteres para apresentar contos urbanos de detetives durões e alcoólatras. Mas mesmo nos Estados Unidos, os enfadonhos - porém aprazíveis - casos britânicos de assassinatos delicados em casas de campo venderam em grandes quantidades.

A casa de campo onde quase todos os romances policiais da era dourada se passam teve um papel fundamental em dar um alcance global a esses livros. Tanto no Reino Unido quanto no mundo inteiro, a casa de campo britânica se tornou um símbolo. Mesmo hoje em dia, quando a maioria das casas de campo na Grã-Bretanha nada mais são do que atrações turísticas ou destroços decadentes abrigando lordes soturnos que não têm condições de arcar com as despesas, o conceito da casa de campo ainda repercute pelo mundo afora.

Basta olhar para Downton Abbey, a série de televisão britânica sobre a vida em uma propriedade rural no início do século XX, que atraiu uma audiência de cerca de cento e vinte milhões de espectadores em duzentos países.

A casa de campo britânica é um produto da política. Ao contrário da maior parte da Europa do século XVIII, a Grã-Bretanha não tinha um monarca absoluto, mas, sim, um em consonância com o Parlamento Nacional. Como resultado, os ricos e poderosos não precisavam frequentar a Corte real; eles podiam simplesmente ir a Londres quando o Parlamento estava em sessão e passar a maior parte do tempo em suas vastas propriedades.

Essas propriedades logo se tornaram vitrines da riqueza e do poder dos seus donos. As residências eram decoradas com belos tecidos, pisos de mármore e escadarias ornamentadas, e servidas por um batalhão de criados. O terreno circundante às edificações, por sua vez, se transformou em uma paisagem pitoresca concebida para os habitantes e convidados da casa de campo olharem através das enormes janelas como se fosse uma pintura.

Ao mesmo tempo em que as propriedades rurais diziam respeito a grandes demonstrações de riqueza e influência política, elas também permeavam a noção que a Grã-Bretanha tinha de si mesma e a ideia que o mundo tinha da Grã-Bretanha. A casa de campo passou a representar algo benéfico e reconfortante, uma fuga das realidades de um mundo incerto. Um lugar de perenidade e segurança que continuou presente no imaginário muito tempo depois do ocaso do Império Britânico.

E foi com essa imagem que os escritores britânicos de romances policiais resolveram brincar. Afinal que lugar melhor para encenar um assassinato chocante do que no magnífico isolamento dessas tranquilas casas de campo?

Por isso, a decisão dos Pratts de estabelecer seu jogo de crime e mistério em uma luxuosa casa de campo fazia sentido. O casal o batizou de Tudor Close, e Elva criou o tabuleiro que mapeava dez cômodos no seu andar térreo: o saguão, a sala de jantar, a cozinha, o salão de festa, o escritório, a biblioteca, a sala de bilhar, o conservatório, a sala de armas, e, no meio deles, o porão.

Em seguida, vieram os convidados; um grupo de arquétipos da ficção policial com o nome da cor da sua peça do jogo: Dr. Black, Mr. Brown, Mr. Gold, o reverendo Green, Miss Grey, Professor Plum, Miss Scarlet, Mrs. Silver, Enfermeira White e Coronel Yellow. No começo de cada partida, um desses personagens era escolhido aleatoriamente para ser a vítima do crime. Os convidados restantes passavam a ser tanto os investigadores quanto os suspeitos.

E, por fim, tínhamos as armas do crime: um machado, um bastão, um atiçador de lareira, uma pistola, uma adaga, um pedaço de corda, uma bomba, uma seringa hipodérmica e um frasco de veneno mortal.

Depois de selecionar a vítima do crime, as cartas que representavam o assassino, a arma e o local onde ocorreu o crime eram retiradas dos montes sem serem vistas e colocadas em um envelope. Os jogadores, em seguida, tinham que deduzir o que havia dentro do envelope recolhendo as cartas restantes em suas visitas aos vários cômodos de Tudor Close e verificando as suas teorias para ver se os outros jogadores podiam refutar as suas suspeitas com as cartas que seguravam na mão. Quando um jogador achava que tinha solucionado o mistério, ele fazia uma acusação final e olhava o conteúdo do envelope para confirmar se ele tinha razão. Se ele acertasse, era o vencedor; e se errasse, era eliminado do jogo.

Os Pratts passaram meses aperfeiçoando o jogo e testando-o com os seus amigos, que os incentivavam a continuar trabalhando no projeto sempre que o casal começava a perder o interesse. Em dezembro de 1944, o jogo, que eles batizaram de Murder, ficou pronto e Pratt solicitou uma patente. Mais tarde, o seu amigo, e também criador de jogos, Geoffrey Bull marcou uma reunião com a Waddingtons em fevereiro de 1945 para que os Pratts pudessem mostrar o seu jogo a Norman Watson, o diretor-geral da empresa.

Watson ficou impressionado e concordou em lançar o jogo, mas insistiu que algumas mudanças precisavam ser feitas.

Primeiro, o nome. Chamar o jogo de Murder, disse Watson, era "um tanto quanto inadequado". Por isso a Waddingtons bolou um novo título: Cluedo, uma fusão das palavras "clue" (pista, em inglês) e "ludo", do latim para "eu jogo". A sala de armas também não agradou e foi substituída por uma extensão da sala de jantar. Passagens secretas ligando cômodos diferentes foram acrescentadas para facilitar a movimentação dos jogadores pelo tabuleiro.

A Waddingtons também achou que havia muitos personagens e por isso reduziu a lista de convidados. Mr. Brown, Mr. Gold, Miss Grey e Mrs. Silver tiveram os seus convites para a festa em Tudor Close cancelados. A Enfermeira White passou a ser uma cozinheira e foi rebatizada de Mrs. White. Uma nova personagem, a aristocrata idosa Mrs. Peacock, juntou-se ao grupo, e o Coronel Yellow virou o Coronel Mustard para não associar um militar à covardia. O Dr. Black virou o dono de Tudor Close e a vítima do crime permanente do jogo. Apenas o reverendo Green, a sedutora Miss Scarlet e o aloprado Professor Plum seguiram inalterados.

Por fim, a Waddingtons revisou a seleção de armas do crime. A pistola se transformou em um revólver, e o machado, o bastão, a bomba, o frasco de veneno e a seringa foram descartados. No lugar deles, ficaram uma chave de roda, um castiçal e um pedaço de cano.

Com as revisões concluídas, a Waddingtons estava pronta para lançar o jogo, mas mesmo depois que a Segunda Guerra Mundial terminou, a escassez de matéria-prima ainda era uma realidade, forçando o lançamento do Cluedo a ser adiado durante anos. Quando o Cluedo finalmente começou a ser vendido no Reino Unido no final de 1949, o jogo já havia chegado aos Estados Unidos graças à Parker Brothers, a fabricante de jogos que concedeu à Waddingtons a licença para produzir o Monopoly na Grã-Bretanha e arredores.

Quando a Waddingtons inicialmente sugeriu que a Parker Brothers talvez pudesse lançar o seu jogo de crime e mistério na América do Norte, a empresa não demonstrou interesse. "Acontece que o nosso fundador, o Sr. George S. Parker, estabeleceu como uma política interna da empresa a regra inviolável de que não publicamos quaisquer jogos relacionados a crime", Robert Barton, o presidente da Parker Brothers, informou a Watson em uma carta de maio de 1948. "O 'Cluedo', pelo pouco que joguei, parece ser um passatempo extraordinário, mas infelizmente não podemos lançar o material por causa desta regra."

Mas quanto mais Barton jogava o Cluedo, mais convencido ficava de que devia pressionar o fundador da empresa a permitir que ele descumprisse a regra. Em agosto de 1948, Barton disse a Watson: "No fundo, Londres e a Scotland Yard sempre foram consideradas no mundo anglófono como o berço das grandes histórias de mistério e detetives. Um jogo inglês que aborda esse tema tem tudo para ser um autêntico sucesso por aqui."

Finalmente, Barton persuadiu Parker a deixá-lo ignorar a política interna, mas a empresa achou que o passatempo precisava de mais mudanças antes de ser lançado nos Estados Unidos. A Parker Brothers o renomeou para Clue* e lhe deu o subtítulo de "O novo grande jogo de detetive". A adaga virou um punhal e a chave de roda, uma chave inglesa. Tudor House foi rebatizada de Tudor Mansion e o Dr. Black se tornou o Mr. Boddy, uma piada inspirada pela sua condição de eterna vítima do jogo.

O manual de regras, por sua vez, sofreu modificações em decorrência dos princípios da empresa quanto ao tema, com as menções de "o crime" sendo trocadas por "o ato". Para finalizar, o reverendo Green foi exonerado e se tornou o Sr. Green, porque a Parker Brothers preocupou-se com o fato de que ter um integrante do clero escalado como um potencial assassino não cairia nada bem entre o público norte-americano.

Mesmo depois de tudo isso, a Parker Brothers ainda ficou apreensiva com a ideia de publicar o Clue. Quando a data do lançamento se aproximou, Barton informou à Waddingtons que a empresa não divulgaria o jogo nas revistas para coincidir com a sua publicação porque eles ainda estavam preocupados em serem associados a um jogo relacionado a crime. A empresa, ele acrescentou, esperava que um outro jogo que foi comprado da Waddingtons - uma cópia do Parcheesi chamada Skudo - tivesse mais chance de emplacar porque

---

*No Brasil, o jogo começou a ser produzido pela Estrela em 1977, sob licença da Hasbro International Inc., e foi batizado de Detetive. Atualmente, é publicado tanto pela Estrela como pela Hasbro, que fizeram um acordo para a comercialização de ambas as versões no país. Os nomes dos personagens ficaram assim: Mr. Boddy/Sr. Pessoa; Colonel Mustard/Coronel Mostarda; Reverend Green/Sr. Marinho; Professor Plum/Professor Black; Miss Scarlet/Srta. Rosa; Mrs. Peacock/Dona Violeta; e Mrs. White/Dona Branca.

o seu preço era mais em conta e se encaixava no mesmo gênero dos jogos que já eram populares nos Estados Unidos. Quando muito, a Parker Brothers achou que o Clue daria prejuízo, considerando que a sua publicação era mais um favor à Waddingtons do que uma jogada de negócios inteligente.

A princípio, as dúvidas da Parker Brothers pareciam estar corretas. Os seus vendedores relataram que os distribuidores preferiam o Skudo em vez do Clue, mas a situação logo mudou. As vendas do Clue rapidamente ultrapassaram as do Skudo e o jogo se tornou o principal lançamento da Parker Brothers em 1949 com treze mil cópias vendidas. Até o começo de março de 1950, outras dez mil já tinham sido vendidas e a Parker Brothers decidiu oferecer uma grande quantia de dinheiro aos herdeiros de Arthur Conan Doyle para poder promover o passatempo como "O novo grande jogo de Sherlock Holmes".

A história foi a mesma na Grã-Bretanha. Originalmente, o jogo vendeu abaixo das expectativas da Waddingtons, mas então as vendas começaram a crescer progressivamente quando o entusiasmo pelo jogo se espalhou através do boca a boca.

À medida que os anos 50 avançavam ficou claro para a Waddingtons e a Parker Brothers que, apesar do desapontamento inicial, o jogo dos Pratts ainda estava ganhando força, com as vendas crescendo ano a ano e não mostrando nenhum sinal de desaceleração. Mesmo no final da década o seu faturamento anual seguiu em alta.

Os Pratts ganharam relativamente pouco dinheiro com o seu sucesso. Em maio de 1953, a Waddingtons os convenceu a aceitar um pagamento único de cinco mil libras esterlinas pelos direitos fora do Reino Unido. Para a época, tratava-se de uma quantia extraordinária, quase equivalente a cento e noventa mil dólares na cotação de 2017. Além disso, os Pratts continuaram a receber os royalties das vendas do jogo na Grã-Bretanha até que a patente expirou em 1967.

Quando a patente perdeu a validade, o passatempo já era um dos jogos de tabuleiro mais vendidos do mundo, mas a Waddingtons nem sequer se dignou a escrever a Anthony Pratt para confirmar que a parceria havia acabado. Posteriormente, Pratt precisou mandar uma carta a Watson para dizer que ele presumia que o acordo não valia mais e que agradecia à Waddingtons por acreditar no seu jogo desde o início: "Eu sinto uma certa tristeza ante a perspectiva de abdicar de uma renda tão generosa, especialmente porque ainda estava crescendo à época da interrupção, mas eu só tenho a agradecer." Em 1975, o sucesso do jogo aumentou ainda mais com cerca de dois milhões de cópias sendo vendidas em todo o mundo a cada ano.

Enquanto o Skudo foi rapidamente esquecido, o Clue entrou para as listas dos jogos de tabuleiro favoritos do planeta, ao lado de títulos como Monopoly, The Game of Life e Scrabble. A única diferença é que, ao contrário dos autores desses jogos, Pratt perdeu a fortuna que poderia ter acumulado.

Pratt nunca mais lançou outro jogo. Em público, ele dava de ombros para a dinheirama que não embolsou, mas segundo a sua filha, Marcia, por trás dos panos, eles - principalmente Elva - achavam que tinham sido enganados. Uma boa parte do lucro que tiveram com o jogo foi devorada por uma inflação galopante e quando o dinheiro acabou Pratt voltou a trabalhar em escritórios e caiu no esquecimento. O mundo conhecia o seu jogo, mas quase ninguém conhecia o seu nome.

Em 1996, quando o total de vendas do jogo ultrapassou a marca dos cento e cinquenta milhões, a Waddingtons criou uma linha direta gratuita para tentar encontrar Pratt em um golpe de publicidade. Eles logo descobriram que Pratt havia morrido dois anos antes em uma casa de repouso depois de contrair a doença de Alzheimer. A sua esposa, Elva, faleceu em 1990.

Para a Waddingtons, o jogo dos Pratts foi mais do que um negócio rentável. Isso também impediu a Parker Brothers de revogar a sua licença para produzir Monopoly no Reino Unido. A ameaça velada era de que se a Parker Brothers cancelasse a licença do Monopoly, então a Waddingtons iria, em represália, retirar os direitos da Parker Brothers para fabricar o Clue nos Estados Unidos. A Hasbro, a empresa que comprou a Parker Brothers em 1991, acabou resolvendo o problema desembolsando cinquenta milhões de libras - algo em torno de setenta e cinco milhões de dólares em 2017 - para tomar conta da Waddingtons em 1994.

O encanto do Clue também extrapolou os limites da mesa. Ao contrário de quase todos os outros jogos de tabuleiro, os personagens famosos e o tema de mistério de assassinato do Clue eram perfeitos para produtos derivados. O jogo deu origem a romances, revistas de passatempos e até mesmo uma linha infantil de lanches do KFC que oferecia às crianças quebra-cabeças para resolver enquanto elas se deliciavam com as suas asinhas de frango fritas e purê de batata.

Em 1985, o jogo virou um filme de comédia que proporcionou aos espectadores três versões, cada uma com um final diferente. Naquele mesmo ano, o jogo Clue VCR, que pretendia fazer a ponte entre assistir a um vídeo e brincar com o jogo, se tornou uma das fitas de videocassete mais vendidas nos Estados Unidos junto com Os Caça-Fantasmas e Um Tira da Pesada. Depois vieram os seriados de tevê, incluindo uma minissérie de cinco episódios em 2011 que substituiu os personagens conhecidos por um grupo de investigadores adolescentes. Os fãs do Clue tiveram até a oportunidade de assistir a um espetáculo musical baseado no jogo em meados dos anos 90 e comprar uma casa de bonecas em miniatura parecida com a Tudor Mansion.

Assim como as casas de campo que serviram de inspiração para o jogo, o Clue se transformou em um símbolo duradouro. A imagem do Coronel Mustard de monóculo e o Professor Black com o seu cabelo à la "Doc" Brown do filme De Volta para o Futuro se fixaram na mente das pessoas como Holmes, Poirot e Miss Marple o fizeram antes deles. Em muitos aspectos, o Clue, apesar de não ser um livro, passou a ser a expressão máxima da Era de Ouro da Ficção Policial e de seus arquétipos.

Mas com o cenário dos anos 20 tão profundamente integrado à sua identidade, manter o Clue em sintonia com os novos tempos tem sido difícil.

A Waddingtons tentou primeiro. Em 1986, a empresa lançou um derivado mais complexo chamado Super Cluedo Challenge. Criado a pedido da Waddingtons pelos desenvolvedores de jogos freelancers Malcolm Goldsmith e Michael Kindred, o Super Cluedo Challenge surpreendeu a empresa. A Waddingtons imaginou que a dupla apenas acrescentaria mais alguns personagens, cômodos e armas. Mas, além disso, eles também receberam um jogo que tentou dar uma nova dimensão à ação de investigação.

No jogo original, os participantes solucionavam o mistério por meio de um processo de eliminação, excluindo cômodos, armas e suspeitos até que a resposta se tornasse evidente. O Super Cluedo Challenge acrescentou a oportunidade de também solucionar o mistério reunindo evidências. Em vez de serem colocadas no envelope, as cartas do assassino, da arma e do local do crime desta vez eram guardadas em um protetor de plástico com abas em cada canto. Quando um jogador parava em um banco de pistas, ele tinha a chance de conferir uma aba e, assim, ver parte de um código que podia ser usado para identificar que carta estava dentro do protetor.

Mesmo assim, a Waddingtons achou que o novo jogo não era tão bom quanto o primeiro. Em um memorando interno, o presidente da empresa Victor Watson expressou a preocupação de que a nova versão prejudicava a interação do jogador, que era essencial no jogo original.

Somente vinte e dois anos depois foi colocada em prática a próxima grande revisão do jogo com o Clue: Discover the Secrets. Apesar de o Super Cluedo Challenge ter mudado a maneira de se jogar, a nova versão deixou a casa de campo no seu lugar. Mas com o Discover the Secrets, a Hasbro não apenas modificou o jogo, como também o transportou para os dias atuais.

A antiga mansão de Mr. Boddy foi demolida e reconstruída como uma elegante residência em Hollywood Hills com hidromassagem, piscina, sala de cinema e observatório em vez de coisas antiquadas como uma biblioteca ou uma sala de bilhar. E, no lugar de uma festa para socialites anacrônicos, desta vez a mansão era o palco de um encontro de celebridades e magnatas rodeados de paparazzi.

Entre os ilustres convidados tínhamos o jogador de futebol americano Jack Mustard, a estrela de cinema Kasandra Scarlet, o agente mais famoso de Hollywood Jacob Green, e o bilionário dos videogames Victor Plum. E quando esses convidados precisavam de uma arma do crime, eles recorriam a tacos de beisebol, troféus de premiações e halteres em vez de uma chave inglesa ou um cano de chumbo.

O jogo também mudou, principalmente com o acréscimo das

"Cartas Cronômetro" que ficavam à espera no deck de cartas. Qualquer jogador que tirasse uma dessas cartas se tornava a próxima vítima do crime e era eliminado do jogo. Essas celebridades não estavam mais lidando com um distinto criminoso britânico e, sim, um assassino em série, e se os jogadores não conseguissem solucionar o mistério antes que a última carta cronômetro fosse tirada do deck, o psicopata daria cabo de todos eles.

A Hasbro chamou o Discover the Secrets de uma "renovação muito necessária" para o jogo, mas os fãs conservadores do Clue detestaram essa versão por deixar de lado todas as características familiares da Era de Ouro da Ficção Policial. Como foram capazes de fazer isso com a Miss Scarlet, sem falar no coitado do Professor Plum?

No fim, os fãs conservadores ganharam. O Discover the Secrets parou de ser produzido.

Após a sua tentativa frustrada de trazer o Clue para os dias de hoje, a Hasbro mudou de estratégia e, em 2016, injetou modernidade no cenário dos anos 20 do jogo eliminando a Mrs. White. Para substituir a empregada oprimida, eles acrescentaram a moderníssima Dra. Orchid, a filha adotiva do Dr. Black e especialista em toxicologia vegetal, que parece ser de descendência asiática.

E mesmo que a Mrs. White tenha se tornado a vítima mais recente da Tudor Mansion, a ambientação de época do jogo permaneceu inalterada. Assim como a casa de campo britânica, o Clue, pelo visto, se fixou em nossas mentes como uma fuga contínua e atemporal do mundo moderno.

SCRABBLE: PALAVRAS SEM SENTIDO

Por que as palavras são inúteis para os melhores jogadores de Scrabble?

"A necessidade é a mãe da invenção", e isso certamente foi verdade no caso de Alfred Butts.

Quando o mercado de ações entrou em queda livre em 1929, ele era um designer que projetava casas suburbanas para um escritório de arquitetura de Nova York. Dois anos depois ele foi demitido e juntou-se às crescentes fileiras de desempregados - como mais uma vítima da grande depressão norte-americana.

Sem conseguir encontrar um novo emprego, o pacato Butts, que usava óculos de grau, passava os dias no seu apartamento em Jackson Heights, no Queens, pensando em como pagar o aluguel. Ele escreveu artigos para revistas e peças teatrais, pintou aquarelas e tentou vender gravuras de locais famosos de Nova York, mas os seus bolsos ainda estavam vazios.

Uma outra ideia que ele teve para ganhar dinheiro foi a de criar um jogo. Butts sempre apreciou o xadrez; ele até fez parte da equipe de xadrez da Universidade da Pensilvânia enquanto estudava para obter o seu diploma de arquitetura. Mas que tipo de jogo fazer?

Butts era um homem meticuloso, o tipo de pessoa que preferia investigar as evidências para obter respostas do que confiar na inventividade de sua própria imaginação. Por isso, o seu primeiro impulso foi o de responder à pergunta sobre que tipo de jogo fazer analisando os jogos que já se encontravam à venda. Após sua pesquisa, ele decidiu que havia três tipos de passatempo.

Primeiramente existiam os "jogos de movimento", que implicavam em mover peças pelo tabuleiro e o xadrez e damas se incluíam nessa categoria. Depois, vinham os "jogos numéricos", como o bingo e dados, em que o objetivo era tirar os números certos. Por fim, havia os "jogos de palavras", como os enigmas de anagramas do jornal que ele gostava de resolver.

Ele imaginou que um jogo de destreza como o xadrez seria algo muito pretensioso para vender ao grande público, mas como nunca gostou da aleatoriedade dos dados, ele concluiu que o seu jogo devia ser metade sorte e metade destreza.

Butts optou por um jogo de anagramas em que os participantes tirariam letras aleatoriamente e depois as usariam para montar palavras. Quase de imediato ele se deparou com um problema: como seria possível minimizar a chance do jogador ficar com uma quantidade imprevisível de consoantes que o impediria de formar uma palavra?

Ele encontrou a solução para o seu dilema nas páginas do conto de 1843 de Edgar Allan Poe, O Escaravelho de Ouro. Na história, o herói encontra o esconderijo de um tesouro enterrado após decifrar uma mensagem escrita em um código baseado na frequência com que cada letra do alfabeto aparece na língua inglesa. Inspirado pelo código de Poe, Butts decidiu fazer a combinação das peças com letras do seu jogo corresponder à forma como essas letras geralmente são usadas no idioma inglês. Para obter o equilíbrio correto, o sempre criterioso Butts começou a ler um artigo de jornal atrás do outro, marcando quantas vezes cada letra aparecia em palavras de comprimentos diferentes.

Butts estava longe de ser o primeiro a recorrer a jornais para tentar determinar a frequência das letras em inglês. Quando o inventor norte-americano Alfred Vail começou a desenvolver o Código Morse, ele decidiu que o seu alfabeto de pontos e traços seria projetado para que as letras comuns levassem menos tempo para serem transmitidas nos telégrafos. Por isso Vail foi até a sede do jornal local, onde ele calculou a frequência das letras contando o número de caracteres da caixa tipográfica do jornal.

A abordagem mais trabalhosa de Butts significou passar semanas se debruçando sobre as páginas do New York Herald Tribune, The Saturday Evening Post e outros mais. Com as mãos sujas de tinta, ele analisou uma palavra atrás da outra dos artigos, contando cuidadosamente quantas vezes cada letra aparecia e inserindo os resultados em uma pilha cada vez maior de planilhas. A sua contagem de letras era muito rigorosa. Em uma de suas muitas buscas pelas páginas dos jornais, ele contou 6.083 letras só do The New York Times. Muitas pessoas considerariam isso um teste de paciência entediante, mas Butts gostava das coisas organizadas e estruturadas. No passado, ele até catalogou cuidadosamente a sua considerável coleção de cartões-postais. Depois de concluir as suas pesquisas, Butts calculou as frequências de cada letra e deixou os resultados determinarem quantas das centenas de pedras do seu jogo deviam representar cada letra do alfabeto.

Butts batizou o seu jogo de palavras de Lexiko e o objetivo era formar palavras com dez ou onze letras usando as pedras com letras escolhidas ao acaso. Ele apresentou o Lexiko aos fabricantes de jogos, mas nenhum deles se interessou. Sem se deixar abater, Butts optou por vender o jogo por conta própria. Ele sentou-se à mesa da sua cozinha no final de 1933 e começou a colar letras em quadradinhos de madeira e a fazer suportes que tornariam mais fácil para os jogadores reorganizar as suas letras em palavras vencedoras. Em agosto de 1934, ele tinha vendido apenas oitenta e quatro cópias e o custo de produção o deixou vinte dólares mais pobre do que quando começou. Butts concluiu que o Lexiko simplesmente não era bom o suficiente e precisava ser aperfeiçoado.

A primeira adição ao jogo foi um tabuleiro e Butts se inspirou em como seria a sua mecânica nas palavras cruzadas do jornal.

Arthur Wynne, um jornalista nascido em Liverpool que se mudou da Grã-Bretanha para os Estados Unidos em 1891, aos dezenove anos, foi o inventor desses quebra-cabeças. Em 1913, ele ocupava o cargo de editor do suplemento Fun que vinha no jornal New York World todos os domingos e brindava os leitores com uma coletânea de desafios cerebrais semanais que iam de anagramas a enigmas.

Quando o ano estava chegando ao fim, os patrões de Wynne começaram a fazer pressão para que ele inventasse um novo "exercício mental" para manter o interesse dos leitores. Revirando a cabeça para extrair alguma ideia, Wynne pensou em um passatempo chamado "quadrados mágicos" que o seu avô lhe ensinou na Inglaterra.

Os quadrados mágicos desafiavam os jogadores com uma tabela quadriculada vazia e um conjunto de letras. Os jogadores tinham que escrever palavras nos quadrados de modo a garantir que a lista de palavras pudesse ser lida corretamente tanto na vertical quanto na horizontal da tabela.

Wynne se apropriou do formato de combinação de palavras nos quadrados mágicos e substituiu o vocabulário por dicas de quais eram as palavras. Ele batizou o seu novo enigma de word-cross, que fez a sua estreia na edição do New York World do dia 21 de dezembro de 1913.

Os leitores que deram uma olhada na seção de entretenimento daquele dia se depararam com uma tabela em forma de diamante com o espaço vazio no meio e uma instrução muito simples: "Preencha os quadradinhos com palavras que se encaixam nas seguintes definições."

Algumas das pistas eram simples, mas outras eram vagas ou enigmáticas. A fibra da palmeira gomuti, apontava uma das dicas. Dó, pelo visto. O que todos devemos ter, dizia outra, levando os leitores a deduzir que a resposta era "ética". Não é à toa que uma dica irônica perguntava o que era aquele quebra-cabeças. A resposta? "Difícil."

O word-cross não durou muito tempo. Algumas semanas depois, um dos tipógrafos do jornal se confundiu e trocou o nome para cross-s-word. O que não teve muita importância, porque cross-word agradou em cheio os leitores. Sempre que a seção de entretenimento não o incluía em suas páginas, as pessoas escreviam cartas de reclamação ao jornal.

Percebendo que tinha descoberto algo especial, Wynne aconselhou os seus editores a assegurar os direitos ou patentear o seu quebra-cabeças, mas eles não quiseram. O cross-word era complicado de se resolver e os leitores volúveis se cansariam disso a qualquer momento, os patrões de Wynne argumentaram. Outros editores de jornais concordaram e quando Wynne se aposentou em 1918, o jogo de palavras cruzadas ainda era algo que só se encontrava no New York World.

Mas tudo isso mudou quando Richard Simon foi jantar na casa da tia em 1924. Enquanto jantavam, a tia perguntou a Simon, que queria ser um editor de livros, se existia uma coletânea de palavras cruzadas que ela pudesse comprar para a filha. Não existe um livro assim, Simon disse a ela antes de pensar: "Por que eu não publico um?"

Junto com o seu amigo Lincoln Schuster, Simon fundou uma editora chamada Simon & Schuster e lançou The Cross Word Puzzle Book, uma compilação de quebra-cabeças antigos do jornal New York World, que vinha com um lápis de brinde. O livro virou uma sensação. Em 1925, mais de 300.000 cópias tinham sido vendidas e a Simon & Schuster estava a caminho de se tornar uma das maiores editoras dos Estados Unidos.

Depois disso, o mundo enlouqueceu com as palavras cruzadas. O passatempo começou a aparecer em um jornal atrás do outro e as pessoas ficaram obcecadas em resolvê-lo. Algumas inclusive levaram muito a sério a resolução dos seus quebra-cabeças. Em 1924, uma mulher de Chicago entrou com o pedido de divórcio porque o marido dela parou de ir ao trabalho para poder se concentrar nas suas palavras cruzadas. No ano seguinte, um homem matou a própria esposa porque ela se recusou a ajudá-lo com um enunciado particularmente irritante.

Quando Butts se inspirou nas palavras cruzadas, o entusiasmo inicial já tinha passado, mas esses quebra-cabeças ganharam as páginas dos jornais do mundo inteiro.

Tendo como base a estrutura das palavras cruzadas, Butts dividiu o seu tabuleiro em uma grade de quadrados. Os jogadores colocariam as suas pedras com letras nos espaços e, assim como nas palavras cruzadas, os termos que eles inseriam tinham que se encaixar aos que já estavam no tabuleiro.

Butts também concluiu que o jogo precisava de um sistema de pontuação melhor. Então ele se debruçou novamente sobre os seus registros de frequências de letras e se pôs a calcular quantos pontos os jogadores receberiam por cada letra usada em uma palavra. Letras comuns como A e E ganhariam só um ponto; as relativamente frequentes como C e P dariam três pontos, e as letras mais raras de todas, Q e Z, aumentariam a pontuação de um jogador em dez pontos.

Por fim, para dar ao jogo um elemento de estratégia, Butts acrescentou quadrados especiais ao tabuleiro que dobrariam ou triplicariam as pontuações da palavra ou da letra se um jogador ou jogadora colocasse uma pedra com letra nesse espaço durante o seu turno. Butts passou meses modificando, melhorando e aprimorando o seu novo jogo de tabuleiro. Ele usou tamanhos diferentes de tabuleiros, experimentou os espaços de dupla ou tripla pontuação, ajustou as frequências de letras e os pontos, mudou o ponto de partida de lugar e adicionou pedras sem nada escrito que podiam ser qualquer letra que o jogador quisesse.

Quando ele terminou o jogo era 1938 e o antigo escritório de arquitetura de Butts o recontratou. Os anos de penúria ficaram para trás. Mesmo assim, Butts ainda acreditava no jogo que ele tinha passado anos aperfeiçoando e decidiu tentar comercializá-lo.

Ele originalmente vendeu o seu passatempo com o nome de "It", antes de mudar o título para algo mais descritivo como Criss-Cross Words. Butts podia contar apenas com a propaganda boca a boca para vender o jogo e, como resultado, os lucros foram desanimadores. Quando chegava um dos raros pedidos, Butts confeccionava cuidadosamente as pedras com letras, desenhava o tabuleiro, mimeografava as regras e saía à procura de uma caixa adequada. Depois de fazer isso umas cem vezes, Butts desistiu. Ninguém queria saber do seu jogo e produzir cada uma das suas cópias era um trabalho de pouco retorno financeiro.

A história do jogo poderia muito bem ter terminado nesse ponto. Os anos se passaram. A Segunda Guerra Mundial começou e acabou. Butts seguiu com a sua vida. De vez em quando, ele jogava o Criss--Cross Words com a sua esposa ou os seus amigos, mas quase sempre o seu jogo ficava na prateleira, ignorado e desprezado.

Então, em 1947, Butts recebeu um telefonema inesperado de um homem chamado James Brunot. Brunot morava em uma fazenda de criação de ovelhas da cidade de Newtown, em Connecticut, mas trabalhava na cidade de Nova York como assistente social. Ele queria começar um pequeno negócio para poder escapar das quatro horas diárias desgastantes que ele perdia no deslocamento entre a casa e o trabalho, e, assim, ficar mais tempo com a esposa dele.

Brunot tinha sido apresentado ao Criss-Cross Words por intermédio de um colega de profissão que conhecia Butts e, depois de descobrir que o jogo não estava sendo fabricado, ele achou que aquilo podia ser a sua grande chance para mudar de vida. Por isso, ele entrou em contato com Butts e perguntou se podia comprar os direitos.

Satisfeito com o fato de que alguém, finalmente, tinha se interessado pelo seu jogo, Butts vendeu-lhe os direitos para produzir o jogo em troca de uma porcentagem dos lucros.

Depois de receber o sinal verde, Brunot melhorou o visual do tabuleiro, acrescentou um bônus de cinquenta pontos para os jogadores que formassem uma palavra com as suas sete pedras em um único lance e transformou o ponto de início em uma casa que dobrou o valor da letra. Por fim, ele deu um novo nome ao jogo: Scrabble.*

No verão de 1948, ele contratou carpinteiros locais para fazer as pedras com letras; mandou imprimir os tabuleiros e, em seguida, começou a organizar cada uma das cópias do Scrabble em cima da mesa da sua cozinha.

Brunot podia ter dinheiro suficiente para produzir o jogo, mas não sobrou muito para a promoção e, por isso, o Scrabble não deu certo. Em 1949, ele vendeu aproximadamente 2.400 cópias e, no ano seguinte, as vendas despencaram. Em 1951, ele conseguiu aumentar os números de vendas em até quase cinco mil cópias, mas mesmo assim ainda estava perdendo dinheiro. As vendas continuaram a crescer à medida que o verão de 1952 se aproximava, mas não tão rápido para convencer Brunot de que o Scrabble era algo que valia a pena se arriscar. Quando Brunot e a sua esposa viajaram ao Estado de Kentucky para tirar uma semana de folga, ele passou a considerar a ideia de encerrar o negócio.

---

*No Brasil, a Brinquedos Estrela chegou a produzir a sua versão do jogo, que já saiu de catálogo. Atualmente, o jogo é distribuído pela Xalingo Brinquedos, com o nome Palavras Cruzadas, e pela Mattel, com o seu nome original.

Então foi meio que um choque quando eles voltaram de Kentucky e se depararam com um pedido de 2.500 cópias do jogo. Na semana seguinte, chegaram pedidos para um total de 3.000 unidades do Scrabble. E na outra semana, o número total de pedidos foi ainda maior. O que estava acontecendo? Brunot nunca veio a descobrir. Talvez o pinga-pinga das vendas do Scrabble tivesse chegado a um ponto máximo e os comentários sobre o jogo cresceram exponencialmente. Outra hipótese era o boato de que Jack Straus, o presidente da Macy's, tinha jogado Scrabble nas férias e quando voltou a Nova York mandou todas as suas lojas adquirirem o jogo. E quando a Macy's começou a estocar o Scrabble, os outros lojistas seguiram o exemplo para o caso da Macy's ter alguma informação que eles desconheciam.

A avalanche de pedidos soterrou os Brunots. A casa deles ficou tão cheia de caixas, tabuleiros, suportes e pedras com letras que o casal mal conseguia andar pelo lugar. Eles mudaram o negócio para uma antiga escola, que também ficou lotada. Então, eles mudaram de endereço de novo, mas mesmo com um grupo de trinta e cinco empregados montando seis mil unidades por semana, o casal ainda não conseguiu acompanhar a demanda.

Incapaz de lidar com a situação, Brunot licenciou os direitos de produção para a fabricante de jogos Selchow & Righter em 1953 e concentrou-se em criar uma edição de luxo que custava dez dólares e vinha em um estojo de imitação de couro vermelho.

Até a Selchow & Righter teve dificuldades para atender à procura pelo Scrabble. Sempre que o jogo aparecia nas lojas, os clientes limpavam rapidamente as prateleiras. No final de 1954, quase quatro milhões de cópias do Scrabble já tinham sido vendidas, e apesar de a demanda ter diminuído nos anos seguintes, as vendas anuais raramente ficaram abaixo de um milhão de cópias ao longo de toda a década.

Com o Scrabble conquistando toda a nação, Brunot se viu cercado de perguntas dos jogadores sobre quais palavras podiam ser usadas no jogo. "Papai" não tem problema? E "whoosh"? "Aspirina" vale ou conta como marca registrada? "Tanto faz, usem as palavras que vocês quiserem", essa sempre era a resposta do perplexo Brunot.

Brunot também ficou espantado com os editores de dicionários implorando pelo direito de ser o dicionário oficial do Scrabble. A Merriam-Webster chegou a lhe enviar um rascunho do dicionário do Scrabble, uma lista gigante de palavras retiradas do seu dicionário padrão, mas sem as suas definições. "Que absurdo é esse?", Brunot deve ter pensado.

Ele aprovou o lançamento do The Scrabble Word Guide, uma lista sem definição de trinta mil palavras que os seus dois autores imaginaram que os fãs do Scrabble podiam achar úteis. Mas Brunot não aceitou a ideia de um dicionário oficial do Scrabble e recusou todas as propostas feitas pelo mundo editorial. "É apenas um jogo", ele declarou à revista Life. "É algo que se deve aproveitar."

Como os tempos mudam. Atualmente, o mundo anglófono não tem um, mas, sim, dois dicionários oficiais do Scrabble à sua escolha.

A paixão dos jogadores que surpreendeu Brunot nunca se apagou; na verdade, ela se intensificou. Era como se a obstinação com que Butts se dedicou a fazer o Scrabble escorresse pelo tabuleiro e se infiltrasse nas mentes dos jogadores.

Os debates sobre quais palavras eram ou não permitidas no Scrabble deram origem a um mundo repleto de linguistas de poltrona. Eles discordavam sobre se uma palavra era um substantivo próprio ou comum; discutiam para saber se "ad" era uma abreviação ou uma palavra independente; criavam teorias para provar que "back yard" era na verdade "backyard"; e se digladiavam sobre o uso de palavras há muito esquecidas como "gardyloo", o aviso que as pessoas em Edimburgo gritavam quando atiravam o conteúdo dos penicos pela janela para aqueles que estivessem passando na rua se protegessem.

Nos Estados Unidos, os jogadores se perguntavam se as grafias britânicas como "colour" eram permitidas, enquanto os jogadores do outro lado do Atlântico ficavam na dúvida se a regra que excluía as palavras estrangeiras se aplicava às grafias norte-americanas.

Palavras obscuras com letras de alta pontuação se tornaram descobertas preciosas entre os jogadores que levavam o Scrabble muito a sério. Tais palavras não só podiam aumentar a sua pontuação e ajudar a se livrar de pedras incômodas, como também faziam com que os jogadores se sentissem superiores quando os seus adversários contestavam a palavra em questão e davam com os burros n'água ao encontrá-la no dicionário.

Os limites do Scrabble estavam sendo testados e, apesar do perfeccionismo de Butts, as regras do jogo simplesmente não conseguiam lidar com todas as peculiaridades do inglês, uma língua bastarda maculada pelo legado de séculos de invasões e conquistas. Consultar um dicionário era a melhor solução que as regras ofereciam, mas isso apenas levava a discussões sobre os méritos de dicionários diferentes.

A complicada tarefa de tentar resolver essas questões só começou mesmo quando Brunot e o Scrabble seguiram caminhos diferentes. Em 1971, ele vendeu os direitos norte-americanos do Scrabble para a Selchow & Righter por mais de um milhão de dólares; a mesma época em que ele também transferiu o resto dos direitos para a Spear's Game, uma empresa com sede em Londres.

Butts também se deu bem com esses acordos. Embora os seus royalties não o tenham permitido comprar uma mansão de milionário, foram mais do que suficiente para que ele e a sua esposa ficassem em Jackson Heights e aproveitassem o resto de suas vidas em conforto.

Depois de adquirir os direitos, a Selchow & Righter, possivelmente inspirada na partida entre Bobby Fischer e Boris Spassky no Campeonato Mundial de Xadrez de 1972, decidiu tentar manter o Scrabble à vista de todos, organizando torneios pelos Estados Unidos. O objetivo era transformar o popular jogo de tabuleiro em um esporte da mente competitivo e deu certo.

Após disputas discretas em Nova Jérsei e na Pensilvânia, o primeiro torneio oficial de Scrabble foi realizado no Brooklyn no mês de março de 1973 com o apoio do Departamento de Recreação da cidade de Nova York. Alguns meses mais tarde, a Selchow & Righter começou a promover torneios de Scrabble no país inteiro. Enquanto isso, a Spear's Game teve a mesma ideia e passou a organizar certames de Scrabble para os fãs britânicos do jogo. Os torneios em ambos os lados do Atlântico foram um sucesso, gerando publicidade e criando uma comunidade de jogadores dedicados que logo assumiu a tarefa de cuidar das competições.

Mas competições precisam de regras e rapidamente se verificou que algumas respostas definitivas para todas essas dúvidas de vocabulários eram mais do que necessárias. Então, como as regras aconselhavam, os proprietários do Scrabble recorreram aos dicionários.

A Selchow & Righter propôs à Merriam-Webster o acordo que a editora esperou por tantos anos, e em 1978 o seu Official Scrabble Players Dictionary chegou às livrarias norte-americanas. Uma década mais tarde, depois de anos se virando com dicionários comuns, o resto do mundo finalmente ganhou uma lista de palavras oficial baseada no The Chambers Dictionary, muito utilizado pelos fãs britânicos de palavras cruzadas.

Agora os jogadores tinham dicionários feitos sob medida para o Scrabble. Sem palavras estrangeiras, sem substantivos próprios e sem definições distratoras; apenas com palavras e as suas pontuações, palavras reduzidas a uma essência numérica. "Gardyloo" não era mais um termo que indicava como era a vida antes da instalação da rede de esgotos; isso queria dizer treze pontos.

E quando as palavras não significam nada além do valor dos pontos que elas recebem, os jogadores nem sequer precisam dominar o idioma do país para ser um campeão de Scrabble. Em julho de 2015, Nigel Richards, um neozelandês com cabelo de cuia e uma barba digna dos roqueiros texanos do ZZ Top, participou do campeonato mundial de Scrabble francófono na Bélgica. Apesar de mal conseguir pedir um lanche em francês, ele venceu. Richard, que também conquistou o título anglófono três vezes, se preparou para a competição passando nove semanas decorando as palavras do dicionário oficial do Scrabble em francês.

Richard é a prova viva de que, apesar da sua apresentação, o Scrabble não é um jogo de palavras e, sim, um jogo de memória e números. "Muitos desses caras são fanáticos por computação e tal, por isso eles se amarram em programação e têm um tipo de mente lógica", diz Gerry Breslin, o gerente editorial da Collins, a editora que substituiu a Chambers como produtores do Official Scrabble Words, o dicionário para jogadores fora da América do Norte, em 2003. "Para eles tudo se resume à pontuação e estratégia; em como finalizar o jogo e bloquear um adversário."

Dada essa perspectiva, organizar um dicionário do Scrabble requer examinar as palavras de uma forma pouco comum, diz Mary O'Neill, a gerente editorial de projetos da Collins. "Normalmente, analisamos as palavras em termos de como podemos descrever o seu significado, e quando trabalhamos com o Scrabble temos que olhar as coisas de um jeito totalmente diferente", ela explica. "Nós avaliamos as palavras em termos de jogabilidade. Quando produzimos um dicionário geral não temos que pensar se é uma palavra de duas letras e quantos pontos isso vale e quantos Ys e Js existem."

Como as palavras são dispositivos de pontuação, os jogadores de alto nível sempre fazem campanha para que novas palavras sejam adicionadas aos dicionários. A Collins, por exemplo, recebe regularmente listas de palavras em maori enviadas por um jogador da Nova Zelândia, que espera obter uma vantagem no jogo com a sua inclusão no dicionário. "Às vezes eles querem forçar o ritmo e temos de explicar que há todo um trâmite a ser seguido para que essas palavras sejam incluídas no dicionário", diz Breslin.

O processo de inserção de novas palavras nos dicionários do Scrabble reflete a divisão global no que se refere à propriedade do jogo. Atualmente, a exclusividade dos direitos do Scrabble na América do Norte pertencem à Hasbro, enquanto a Mattel controla o jogo no resto do mundo.

Para a Collins, os lexicógrafos escolhidos pela Mattel, compilar uma nova lista de palavras do Scrabble é um ciclo de quatro anos que se inicia assim que a última edição do Collins English Dictionary fica pronta. Quando uma palavra ganha legitimidade suficiente para ser adicionada ao dicionário principal, a Collins então verifica a hipótese de a inserir no Official Scrabble Words, desde que esteja em conformidade com as regras do jogo.

A tarefa de avaliar quais são os novos verbetes que devem ser candidatos à lista de palavras do Scrabble fica a cargo do comitê de dicionário da Associação Mundial de Jogadores de Scrabble da Língua Inglesa. O comitê examina meticulosamente cada nova palavra, escolhendo possíveis opções e acrescentando algumas de suas próprias sugestões. O comitê, um grupo voluntário de jogadores experientes de Scrabble, e a Collins então discutem e chegam a um consenso sobre quais palavras serão adicionadas à próxima edição do Official Scrabble Words. Às vezes, algumas palavras sugeridas pelos jogadores até entram no dicionário principal, como "bemix", que significa misturar completamente e que apareceu pela primeira vez na lista de palavras do Scrabble. Além de garantir que a Collins siga as suas diretrizes de marca, a Mattel não interfere no processo.

Na América do Norte, entretanto, os jogadores são meros coadjuvantes e a Merriam-Webster é que decide quais palavras do seu dicionário principal vão entrar no Official Scrabble Players Dictionary, que a empresa publica há quase quarenta anos. "Nós não tivemos muitas contribuições dos jogadores de Scrabble em relação à adição de palavras", diz Jim Lowe, o editor geral do Official Scrabble Players Dictionary. "Eles simplesmente aceitam as palavras que incluímos no dicionário. Eles sabem que precisam se restringir a elas nos torneios."

Apesar de os jogadores se envolverem menos no processo, a Hasbro adotou uma abordagem mais prática em seu dicionário oficial do que a Mattel e decretou que obscenidades e palavras que pudessem ser ofensivas não deveriam ser incluídas.

A arrumação do dicionário norte-americano do Scrabble começou na década de 1990 depois que uma sobrevivente do Holocausto descobriu que o seu dicionário oficial do Scrabble tinha a palavra "kike" (judeuzinho), um termo pejorativo para se referir aos judeus, entre outras palavras ofensivas. Após as queixas dela e da Liga Antidifamação - a entidade judaica internacional -, a Hasbro ordenou um corte que resultou na remoção de 175 palavras problemáticas do dicionário oficial do Scrabble, incluindo "poo" (cocô), "redneck" (jeca), "jigaboo" (crioulo), "bollocks" (saco) e "arse" (cu). Palavras ofensivas de duplo sentido, como "faggot" (boneca) e "bitch" (cadela), seguiram firmes.

"O motivo da retirada das palavras ofensivas é que a fabricante Hasbro promove os nossos dicionários nas escolas e para as famílias", diz Lowe. Não que a filtragem do que é ou não ofensivo seja muito objetiva. "Muito disso tem a ver com o politicamente correto. Nós temos que observar o contexto e considerar como essas palavras são usadas, e se elas são consideradas depreciativas ou pejorativas ou simplesmente vulgares. Se for o caso, não as incluímos no dicionário."

A Collins, por outro lado, deixa as obscenidades no seu lugar. Helen Newstead, diretora de conteúdo da editora, diz que essa política não apenas agrada aos jogadores de nível de torneio que querem ter o máximo de palavras possível, como também está em sintonia com tendências mais amplas nos dicionários. "Desde os anos 50, o sentimento por parte dos lexicógrafos tem sido esse, visto que a lexicografia é descritiva e não prescritiva, e como muita gente usa expressões ofensivas, os dicionários para o uso geral de adultos devem incluir impropérios", ela diz.

Mas mesmo que a remoção de palavras ofensivas seja levada em consideração, há um grande fosso entre o número de palavras nas listas usadas para os torneios norte-americanos quando comparado com os demais países da língua inglesa. Enquanto a Collins oferece ao resto do mundo aproximadamente 260.000 palavras para usar no jogo, a lista oficial para a América do Norte contém pouco menos de 190.000, mesmo depois que as obscenidades foram incluídas novamente em suas páginas.

Há anos esse tem sido um dos grandes pontos de discussão entre os principais jogadores norte-americanos. Os jogadores experientes anseiam por mais palavras, já que cada termo adicional oferece mais possibilidades no jogo, e quando os melhores jogadores do mundo se reúnem para o Campeonato Mundial de Scrabble a cada dois anos, os participantes norte-americanos têm que memorizar milhares de palavras a mais disponibilizadas pelo Collins e depois dar um jeito de esquecer tudo quando voltam a disputar competições nos Estados Unidos e no Canadá.

Como resultado, a Associação Norte-Americana de Jogadores de Scrabble, apesar de depender da ajuda financeira da Hasbro, tem permitido que alguns torneios nacionais usem a lista de palavras do Collins. No momento, apenas duzentos dos cerca de mil e quinhentos jogadores de nível de torneio nos Estados Unidos usam o Collins, mas o número não para de crescer.

O principal motivo pelo qual a lista do Collins tem tantas palavras a mais é porque o Official Scrabble Words reflete o inglês em todas as suas formas. As palavras norte-americanas, britânicas, irlandesas, australianas, sul-africanas e as do idioma inglês indiano estão todas lá. O Merriam-Webster, no entanto, se limita ao inglês norte-americano e canadense.

Em última análise, o abismo entre os dois dicionários oficiais do Scrabble que existem no mundo é mais uma consequência da diversidade do idioma inglês em si, uma diversidade que sempre aumenta à medida que novas palavras aparecem. "Não há limites para essas novas palavras", diz Lowe. "Elas continuam a aparecer sem parar. A única coisa que podemos tentar fazer é ficar de olho nelas e adicioná-las ao dicionário."

Uma mudança que Lowe espera ver nos próximos anos é a integração de mais palavras do idioma espanhol ao inglês, graças à influência da crescente população hispânica nos Estados Unidos. Essa integração nos dicionários, entretanto, levará algum tempo. "São as palavras que foram emprestadas e incorporadas ao nosso idioma que nos interessam, não apenas as palavras em espanhol propriamente ditas. Elas têm que ser usadas por escritores norte-americanos", ele diz.

Não que isso importe para os melhores jogadores do mundo de Scrabble, obviamente. Afinal para eles a única coisa que interessa são os pontos a serem marcados.

10
PLÁSTICO FANTÁSTICO: MOUSE TRAP, OPERATION E O WILLY WONKA DOS BRINQUEDOS

Como Mouse Trap e Operation levaram os jogos de mesa para a era do plástico

Quando Marvin Glass mandava, a indústria de brinquedos e jogos obedecia.

Em meados dos anos 60, todos no mundo dos brinquedos queriam saber o que essa fonte de inquietação de um metro e sessenta, que fumava feito uma chaminé, aprontaria a seguir. Nas feiras de negócios, as pessoas pediam para ver o que ele estava fazendo e, sentados em seus escritórios, os executivos de empresas sonhavam em receber um convite para ir a Chicago e conhecer a mais recente surpresa a emergir da sua oficina secreta de brinquedos. Qual seria a próxima ideia maluca, porém incrível, de Glass?

A mente do homem magricela no centro das suas atenções sempre fervilhou com ideias de brinquedos inusitados. Filho de judeus imigrantes da Alemanha, Glass nasceu em 14 de julho de 1914, no subúrbio de Chicago de Evanston.

Uma de suas primeiras lembranças foi ter explodido de raiva aos quatro anos porque o cachorro de papelão que ele fez não abanava a cauda. Os seus sonhos de brinquedos melhores continuaram durante toda a sua infância. Com oito anos, o menino já construía submarinos que disparavam torpedos de madeira e fazia elmos, espadas e escudos romanos para ele e os seus amigos. "Eu sempre era o César e nunca fui assassinado," ele contou ao Saturday Evening Post.

Mas o tempo que Glass passou desfilando pelas ruas vestido como um imperador romano não serviu muito para aplacar a solidão do garoto. O seu relacionamento com os próprios pais, que mantinham um casamento infeliz, era complicado na maior parte do tempo. O pai dele, um consultor de engenharia de 1,80m de altura, manifestava-se em alto e bom som sobre a compleição franzina do filho e considerava os devaneios do menino uma fonte de grande frustração.

"O que você quer ser quando crescer?", o seu pai perguntava. "Nada", Glass rosnava em resposta à fúria paterna.

Mais tarde, os seus pais o mandaram para uma escola militar particular em Wisconsin, certamente na esperança de que isso pudesse endireitar o seu filho. Glass detestou a escola e se refugiou cada vez mais no mundo dos brinquedos, construindo modelos de navios piratas e galés egípcias para o distrair do seu sofrimento. Os brinquedos, ele posteriormente declarou a repórteres, eram uma fuga de um "mundo sórdido e desagradável". Os carrinhos de brinquedo nunca sofriam acidentes fatais, os soldadinhos de chumbo nunca explodiam em pedaços no campo de batalha e as bonecas nunca envelheciam. Os brinquedos representavam um mundo livre do sofrimento, da dor e do fantasma da morte.

A escola militar não conseguiu transformar Glass e nenhum de seus pais compareceu à sua formatura. Quando se formou no curso de psicologia em 1935, Glass se mudou para um apartamento de dois cômodos na Ohio Street, em Chicago, com o seu amigo Eloina Nudelman, e foi aí que o menino que não queria ser nada na vida se tornou alguém.

Nudelman elaborava vitrines de lojas e um dia um cliente perguntou se ele podia pensar em uma ideia para um brinquedo. Ele pediu ajuda a Glass e os dois inventaram um projetor que as crianças podiam usar para animar tiras em quadrinhos. Eles venderam a sua criação por quinhentos dólares, que pareceu uma fábula até ambos descobrirem que o fabricante ganhou mais de trinta mil dólares com a invenção. Glass jurou naquele momento que nunca mais venderia outra ideia sem assegurar uma porcentagem como parte do negócio. Estimulados pelo seu sucesso inicial, os amigos se declararam criadores de brinquedos e começaram a bolar ideias divertidas à base de uma dieta de vodka, cigarros e música romena. Por fim, eles tiraram a sorte grande com uma série de bonecos de papel baseados em personagens de desenhos animados famosos como Mickey Mouse.

Em 1941, Glass encerrou a parceria e resolveu se virar por conta própria. Ele pediu emprestado oitenta dólares, fundou a Marvin Glass and Associates, e se mudou para um ateliê na Rush Street. Alguns anos depois, ele criou o surpreendente produto que o fez ganhar seu primeiro milhão: a Catholic Weather Chapel, uma estrutura semelhante a um relógio cuco com um medidor de umidade. Quando o ar estava seco, um coração sagrado saía da capela, mas quando os níveis de umidade sugeriam um tempo ruim, quem aparecia era Santa Bárbara, a protetora contra morte repentina causada por desastres naturais. Tratava-se de uma criação esquisita e cafona, mas vendeu muito bem.

Infelizmente, a próxima criação de Glass o fez perder o seu primeiro milhão. Ele teve a ideia quando uma noite passou por um antiquário na Michigan Avenue que tinha um painel de vitral em exposição. Quando viu a antiguidade, a sua imaginação começou a trabalhar e ele logo se convenceu de que decorações de árvores natalinas de vidro colorido feitas de plástico seriam extremamente populares. Ele torrou mais de um milhão de dólares na produção e promoção dos seus enfeites vendidos por correspondência, e contratou um grupo de auxiliares de escritório para processar as encomendas e um segurança para garantir que nenhuma delas surrupiasse o dinheiro enviado pelos clientes. Então, ele se recostou na cadeira e esperou que os pedidos chegassem pelo correio.

A enxurrada que ele esperava nunca chegou e as poucas pessoas que fizeram as encomendas logo começaram a pedir o seu dinheiro de volta por causa da péssima qualidade dos enfeites. Depois disso, Glass prometeu a si mesmo que nunca mais fabricaria as suas invenções. Como alternativa, ele venderia as suas criações para os fabricantes e eles assumiriam os riscos.

Mas se Glass duraria tempo suficiente para criar outro produto era uma incógnita. O seu infortúnio com a árvore natalina o deixou sobrecarregado com dívidas enormes que ameaçavam afetar a ele e aos seus negócios. Glass precisava de um sucesso, e rápido.

Graças a um golpe de sorte, um rapaz chamado Eddy Goldfarb bateu à sua porta. Goldfarb também era um inventor de brinquedos e ele queria mostrar a Glass uma galinha de papelão que ele tinha feito que colocava ovos marmoreados quando a caixa que formava o seu corpo era empurrado para baixo. Glass adorou aquilo e contratou Goldfarb. Eles trocaram o papelão da galinha por plástico baquelite vermelho e a venderam para um fabricante de brinquedos de Chicago que a lançou como a Busy Bidee Chicken em 1948.

No final do ano, mais de dez milhões de Busy Bidee Chickens tinham sido vendidas, salvando Glass da montanha de dívidas que ele havia contraído. Então, Goldfarb veio com uma ideia ainda melhor: um par de dentaduras saltitantes de dar corda chamado de Yakity-Yak Talking Teeth. As vendas desses dentes de plástico foram ainda melhores do que as da Busy Bidee Chicken.

Depois disso, nem mesmo a decisão de Goldfarb de se mudar para a Califórnia e montar o seu próprio estúdio de criação de brinquedos foi capaz de desanimar Glass. A década de 1950 viu Glass e os inventores de brinquedos que ele contratou apresentarem um brinquedo de sucesso atrás do outro. As invenções que saíram da sua oficina de Chicago povoaram as lembranças de infância de uma geração.

Tivemos Moody Mutt, o cachorro salsicha de brinquedo de vendas multimilionárias que mostrava os caninos se a parte de trás fosse pressionada; Merry Go Sips, uma caneca de vendas milionárias em que bichinhos de desenho animado rodopiavam dentro da sua tampa transparente quando as crianças tomassem o leite pelo seu canudo; e Ric-O-Shay, um revólver de brinquedo no qual Glass e a sua equipe trabalharam durante dois anos para garantir que este produzisse um som idêntico ao de uma arma de um filme de faroeste.

Outro sucesso estrondoso foi a golfada de mentirinha, a criação repulsiva do funcionário Carl Ayala. Ayala teve a ideia depois de se deparar com o vômito de alguém em uma calçada. A princípio, ele se encolheu de nojo, mas então veio a inspiração. Ele correu para o serviço e nos dias seguintes criou uma poça de vômito feita de látex amarelo e pedacinhos de espuma. Após concluir o seu trabalho, ele mostrou o seu protótipo para Glass, que prontamente o rejeitou por ser uma ideia absolutamente desprezível.

Algum tempo depois, Glass convidou Irving Fishlove, o dono de uma empresa produtora de novidades com sede em Chicago, para ir à oficina a fim de assistir a uma demonstração das últimas ideias do seu negócio. A situação não foi das melhores. Fishlove ficou indiferente a tudo o que Glass colocou à sua frente. Mas então Ayala invadiu a sala e jogou o seu vômito de látex em cima da mesa. Fishlove caiu na gargalhada e os instintos artísticos de Glass entraram em ação. É claro que deixamos o melhor para o fim, Glass exclamou como se a interrupção de Ayala sempre tivesse feito parte da estratégia de venda. Ao final da reunião, Fishlove concordou em comprar os direitos do produto de Ayala. Quando a golfada de mentirinha foi lançada com o nome de Whoops, rapidamente entrou na lista de invenções bem-sucedidas da Marvin Glass and Associates enquanto os brincalhões do país aproveitavam a oportunidade para assustar as vítimas desavisadas.

Nem tudo o que a empresa fez funcionou. Uma das frustrações foi a Crybaby, uma boneca que chorava se tirassem a sua chupeta. Glass atribuiu o seu fracasso ao fato de as pessoas verem aquilo como algo sádico em vez de engraçado. Mas com a quantidade de criações da sua empresa lucrando horrores, tais fracassos tiveram pouco impacto na reputação da fábrica de sucessos.

Os resultados positivos da empresa não apenas deixaram Glass rico, como também mudaram a forma como a indústria de brinquedos se comportava. Antes da Marvin Glass and Associates, o design de brinquedos quase sempre era realizado internamente por fabricantes que desconsideravam qualquer coisa inventada fora das suas quatro paredes. Mas a série de vitórias de Glass os obrigou a repensar o processo. As criações de Glass eram tão diferentes, tão sensacionais e tão populares entre o público que não podiam ser ignoradas.

Esses projetos maravilhosos, juntamente com o carisma quase hipnótico de Glass, impressionaram os fabricantes de brinquedos e durante o processo isso fez com que eles abrissem as suas portas e as suas mentes para as incontáveis agências de brinquedos independentes que imitavam o exemplo de Glass.

Em meados dos anos 50, as pessoas chamavam Glass de o Walt Disney dos brinquedos, mas com o seu ar de tristeza, os trejeitos nervosos e a tendência de passar de encantador a tirano em uma fração de segundos, hoje o excêntrico chocolateiro Willy Wonka de Roald Dahl parece uma comparação mais adequada.

E a cada novo sucesso, as semelhanças com Wonka apenas se aprofundaram. A paranoia que levou Glass a contratar um segurança para vigiar as suas funcionárias enquanto elas processavam os pedidos dos seus enfeites de Natal também o levou a converter a sua oficina em um laboratório de brinquedos ultrassecreto. Glass preocupava-se constantemente com o cenário não tão improvável de espionagem industrial e começou a transformar a sua empresa dentro do Alexandria Hotel, na zona norte de Chicago, em um labirinto clandestino de salas que eram proibidas a pessoas estranhas ao serviço. As portas que separavam cada área eram equipadas com múltiplas fechaduras que eram trocadas regularmente. As lixeiras eram protegidas com cadeados para evitar furtos e os funcionários eram avisados de que era estritamente proibido falar sobre o seu trabalho com quaisquer estranhos, incluindo os seus maridos ou as suas esposas. Glass até mesmo desejou que houvesse uma forma de impedir os seus desenvolvedores de falar enquanto dormiam.

Os visitantes nas dependências da empresa, por sua vez, se viam diante de uma porta de entrada de cor vermelho brilhante, que vivia trancada e tinha um postigo pelo qual um olho desconfiado os analisava detalhadamente antes de decidir se podiam ou não entrar na área da recepção. Um funcionário disse que era como trabalhar em um abrigo subterrâneo.

O estilo de vida viciado em trabalho de Glass e a sua expectativa de que os seus funcionários correspondessem à sua maneira frenética de lidar com a vida profissional também fizeram dele um homem difícil de se trabalhar. Telefonemas de Glass no meio da madrugada eram comuns, assim como as exigências de reuniões aos finais de semana.

Além disso, Glass tinha tolerância zero em relação a qualquer ideia que ele considerava abaixo do padrão. "Só existia a nota A. Não tinha essa de A- ou B+", diz Jeffrey Breslow, que entrou na empresa em 1967 e mais tarde tornou-se o seu presidente. "Se fosse um A- ou um B+, significa que era uma porcaria. Não tinha discussão e ponto final. Nos primeiros anos, Marvin arremessava os protótipos do outro lado sala."

Até mesmo as brigas dos casamentos fracassados de Glass se tornaram combustível para sua criatividade. Certa noite, Glass acabou tendo uma discussão feia ao telefone com a sua ex-mulher, que o acusou de ter se tornado nada mais do que uma máquina, um autômato inumano e insensível. Ela queria insultá-lo, mas Glass achou as suas palavras cruéis inspiradoras. O resultado foi o Mr. Machine, um robô de dar corda com uma cartola e um corpo transparente de plástico que deixava as engrenagens coloridas do seu coração mecânico à mostra para todos verem. Era só dar corda e o Mr. Machine saia marchando com os braços e as pernas balançando, enquanto o despertador na sua barriga tocava e a sua boca se abria para emitir um som quase doloroso. O Mr. Machine também podia ser desmontado e remontado à vontade pelas crianças que controlavam o seu destino.

"O Mr. Machine é o homem moderno tiranizado por suas criações mecânicas, transformando-se ele mesmo em um ser mecânico", Glass declarou à revista Life a respeito da invenção que ele dizia que era uma versão sua em forma de brinquedo.

O Mr. Machine se tornou mais um item no topo da lista de Natal. Glass vendeu a ideia para a Ideal Toy Corporation e à época do seu lançamento, em 1960, o robô imediatamente se tornou um dos campeões de venda da firma de brinquedos de Nova York. O Mr. Machine mostrou-se tão popular que, no ano seguinte, a Ideal Toy lançou o Mr. Machine Game, um jogo de tabuleiro em que os participantes faziam minúsculos Mrs. Machines voltar correndo para a fábrica por uma rede de caminhos sinuosos e entrecruzados.

Apesar de a Marvin and Associates não ter desenvolvido o Mr. Machine Game, a empresa, que tinha passado a década de 1950 chacoalhando o ramo dos brinquedos, agora queria fazer o mesmo com os jogos de tabuleiro.

Um dos primeiros passos da empresa no mundo dos jogos ocorreu pouco depois do Mr. Machine com o lançamento em 1961 de Miss Popularity, um jogo que atualmente seria considerado muito machista em que meninas adolescentes competem para se tornar a mais admirada, em grande parte com base nas suas aparências físicas. O seu apelo fundamental foi a inclusão de um telefone mecânico de bolso feito de plástico cor de lavanda. À medida que a partida avançava, os jogadores pegavam cartas que podiam ajudar ou dificultar seus esforços para se tornar popular. Eles podiam descobrir que as suas belas pernas possibilitaram um trabalho gratificante como modelo de meias-calças ou ficar sabendo que perderam uma grande parte dos pontos de popularidade porque tinham "negligenciado sua aparência pessoal". Outras cartas instruíam os jogadores a discar um número no telefone a fim de descobrir as respostas para questões prementes do tipo sim-não como, por exemplo, se um jurado de desfile de beleza acha que as medidas delas significam que elas têm um corpo bonito. Ao fazer a discagem, o telefone emitia um som e apresentava uma de quatro respostas aleatórias: sim, não, talvez ou ocupado.

A ideia do Miss Popularity de que meninas adolescentes devem adequar as suas vidas para o prazer de homens adultos esquisitos diz muito sobre os comportamentos sociais no começo da década de 60, mas a fusão do telefone de brinquedo com o papelão imóvel deu um primeiro sinal de como Glass e a sua fábrica de invenções pretendiam trazer novas ideias aos jogos de tabuleiro. E, em 1962, a Marvin Glass and Associates mostrou até que ponto a sua visão de material plástico aprimorado para jogos de tabuleiro podia ir quando a Ideal Toy lançou o seu jogo Haunted House.

Vendido dentro de uma caixa enorme que tinha quase o dobro do tamanho de um jogo de tabuleiro convencional, o Haunted House transportou os jogos para a era do plástico. Em vez de um tabuleiro plano, o Haunted House tinha a representação tridimensional de uma mansão bem ao estilo da Família Addams, que se sobressaía durante a partida. As casas dos jogos tradicionais foram substituídas por furos redondos nos quais os jogadores colocavam os seus pinos enquanto perambulavam pelos vários cômodos da casa fantasmagórica.

E também não existiam dados. No seu lugar havia uma "roleta-coruja" mecânica que respondia aos movimentos da sua alavanca com o som de pios antes de indicar quantas casas os jogadores podiam andar. Mas as funcionalidades não pararam por aí. O tabuleiro estava cheio de recursos mecânicos que faziam com que painéis se abrissem para revelar vampiros e fantasmas e o tesouro que os jogadores estavam procurando.

Por trás da sua atraente fachada de plástico, o Haunted House não passava apenas de um jogo de corrida em que o resultado ficava por conta da sorte, mas era algo perfeito para a televisão. "As crianças assistiam à TV e essa era a mídia mais indicada do que qualquer outra para promover o seu produto junto ao público, por isso, basicamente, a Marvin Glass e as demais empresas naquela época faziam brinquedos de olho na televisão", explica Breslow. "Se não tivesse visual, se não se movesse, não saltasse para cima e para baixo, e não fizesse coisas, não dava para contar uma história. É muito complicado fazer comerciais de TV com jogos de tabuleiro. Não é nada fácil fazer um comercial do Monopoly."

Apesar do seu apelo televisivo, o Haunted House ainda não era o sucesso que a Glass esperava, mas no ano seguinte a sua empresa apresentou um jogo de tabuleiro que podia muito bem se juntar ao Mr. Machine e à Yakity-Yak Talking Teeth na lista dos mais vendidos.

O jogo começou com Glass e Burt Meyer, um dos sócios da empresa, tentando bolar uma nova ideia. "Nós estávamos na sala do Marvin, pensando daqui e dali, e aí ele pegou um jornal e começamos a folhear", lembra Meyer. Ao passar os olhos por algumas das páginas, eles encontraram um cartum chamado "Como tirar o algodão do frasco de aspirina", de Rube Goldberg. O cartum era típico do trabalho de Goldberg: uma geringonça engraçada e absurdamente exagerada que resolvia uma tarefa simples do dia a dia.

O processo mirabolante que Goldberg havia imaginado instigou a imaginação da dupla. "Talvez possamos fazer algo parecido com isso?", indagou Glass. Quem sabe um jogo, concordou Meyer. Eles começaram a pensar em que tipo de mecanismo ao estilo de Goldberg o jogo deveria ter. Tirar o algodão de um frasco de aspirina não daria certo; afinal era o tipo de coisa que dificilmente despertaria a imaginação das crianças. Meyer então sugeriu uma ratoeira.

Munido com a ideia de um jogo de tabuleiro contendo uma ratoeira extravagante, Meyer saiu da sala e pediu ao desenvolvedor Gordon Barlow para cuidar da tarefa. "Nós não obrigávamos as pessoas a fazer exatamente o que dizíamos, por isso alguns dias depois eu fui à mesa dele e perguntei: 'Como está indo a ratoeira?'", relembra Meyer. "Ele respondeu: 'Ah, eu não gostei do projeto, não quero trabalhar nisso.' Aí, eu disse: 'Gordon, essa vai ser uma ideia e tanto, vai valer a pena o tempo investido e se você ficar com o serviço. Eu vou te ajudar.'"

Então a dupla começou a planejar o jogo. Eles imaginaram uma armadilha incrivelmente complexa com dezesseis partes. Primeiro, uma manivela era usada para girar um conjunto de engrenagens que fazia com que uma alavanca movesse uma placa de sinalização rodoviária para que esta batesse em uma bota presa a uma vara. Em seguida, a bota na vara chutava um balde fazendo com que a bola de metal dentro dele descesse por uma escada instável e um cano de escoamento. No final do cano de escoamento, a bola cutucava uma haste vertical com uma mão fixada no topo, que empurrava uma bola de boliche de uma plataforma para dentro de uma banheira. A bola de boliche então caia por um buraco na banheira e pousava em uma gangorra. Quando a bola empurrava uma ponta da gangorra para baixo, um homem usando calção de banho na outra ponta era lançado de costas ao ar e caía dentro de uma antiga tina de banho. O impacto do homem ao chocar-se com a tina consequentemente desequilibrava uma gaiola instalada em cima de um poste fazendo com que ela caísse e - por fim - prendesse o rato mais abaixo.

Com a engenhoca pronta, eles então criaram um jogo de corrida simples em que os participantes moviam ratinhos pelo tabuleiro com base em rolagens de dados. À medida que avançavam em direção ao queijo no final do percurso, eles paravam em casas que permitiam que cada parte da ratoeira fosse colocada no lugar. Quando os ratinhos chegavam à outra extremidade do tabuleiro, eles davam voltas e mais voltas até que todos, menos um deles, tivessem sido pegos pela armadilha.

Como jogo era muito chato, mas isso não interessava porque a sua mecânica não era tão importante quanto a emoção de ver uma invenção ao estilo de Goldberg se materializar em plástico colorido.

Satisfeitos com o resultado, Glass e Meyer levaram o protótipo até a sede da Milton Bradley em Massachusetts na esperança de fechar negócio. James Shea Sr., o presidente da Milton Bradley, odiou o produto. "Isto não é um jogo, isto não serve para nada", ele disse aos dois. "Um jogo se disputa em um tabuleiro e rolam-se os dados, mas isto não passa de um monte de lixo de plástico. Não dá para usar isto." Nem a personalidade magnética de Glass conseguiu fazer Shea mudar de opinião. Então eles levaram o jogo até a Parker Brothers, os arquirrivais da Milton Bradley, apenas para ficarem desapontados novamente. "A Parker Brothers basicamente disse a mesma coisa em termos mais agradáveis", disse Meyer.

Depois de terem sido esnobados pelos principais fabricantes de jogos do país, Glass decidiu conferir se a Ideal Toy podia se interessar pelo Mouse Trap. O presidente da Ideal Toy, Lionel Weintraub, mostrou-se cético. Sim, eles tinham lançado o Haunted House, mas aquilo parecia mais um brinquedo do que um jogo e o Mouse Trap decididamente era um jogo de tabuleiro. "Eu não estou no ramo de jogos", ele disse depois que os dois lhe mostraram o protótipo. "Ora, com isso você terá a oportunidade de entrar no ramo de jogos", respondeu Meyer. Weintraub pensou um pouco e então disse: "Certo... Eu farei uma tentativa."

Poucos profissionais dos ramos de jogos e de brinquedos acharam que o Mouse Trap faria sucesso. "Havia muita desconfiança por parte do mercado", diz Philip E. Orbanes, ex-funcionário da Ideal Toy. "Quem pagaria uma fortuna por esse brinquedo de plástico combinado com um jogo de tabuleiro? E além do mais nem era tão emocionante - o jogador andava pelo tabuleiro até concluir o percurso e o seu rato andava até ser capturado."

Sem saber muito bem se o jogo era um golpe de mestre ou um desatino, a Ideal Toy inicialmente lançou o Mouse Trap em Pittsburgh, na Pensilvânia, com alguma propaganda nas emissoras de TV locais para ver como o jogo se saía. "O resultado foi que quase não deram conta do recado", diz Orbanes. "Eles venderam algo em torno de três milhões de cópias nos doze meses seguintes."

A afirmação de Meyer de que o Mouse Trap colocaria a Ideal Toy no ramo dos jogos estava certa. Em poucos meses, a Ideal Toy saiu da posição de uma empresa que se interessou por jogos para figurar entre as três maiores fabricantes de jogos dos Estados Unidos. "Quando a Ideal Toy lançou o jogo no mercado e tanto a Milton Bradley como a Parker Brothers viram a reação do público, que foi extraordinária, eles ficaram um pouco irritados por terem recusado o projeto", diz Meyer. "Principalmente a Milton Bradley. A Parker Brothers sofreu menos por ser a líder da indústria de jogos de tabuleiro. A Milton Bradley percebeu que eles tinham desperdiçado uma oportunidade. A Ideal Toy adorou o produto porque graças a isso eles entraram no negócio de jogos de ação de plástico."

Glass disse o seguinte ao periódico Lawrence (Kansas) Journal--World em 1965: "São os especialistas que atravancam o progresso da indústria de brinquedos. Eles têm todas as respostas, e as respostas estão sempre erradas."

Depois do Mouse Trap, os fabricantes encheram as prateleiras das lojas com jogos de ação de plástico que se confundiam entre brinquedos e jogos de tabuleiro. Alguns de seus jogos se tornaram clássicos eternos, entre eles o Trouble, de 1965, uma versão simplificada do Parcheesi que vendeu muito por causa do seu famoso lançador de dados Pop-O-Matic - uma redoma de plástico no centro do tabuleiro que rolava os dados ao ser pressionada - e o Connect Four*, de 1974, em que os jogadores competem para serem os primeiros a colocar quatro fichas em uma fileira do seu tabuleiro de plástico vertical.

A Marvin Glass and Associates também produziu muitos outros jogos de ação de plástico, incluindo o Fish Bait de 1965, uma versão com tema de pescaria do Mouse Trap, e o Babysitter Game de 1966, em que os participantes tinham que se mover pelo tabuleiro realizando as tarefas domésticas sem acordar um bebê mecânico feio e banguela que está dormindo no berço localizado no centro do tabuleiro de plástico. No entanto, o jogo da Marvin Glass que fez mais sucesso depois do Mouse Trap, por uma margem considerável, foi o Operation**, de 1965.

*No Brasil, o jogo foi lançado pela Estrela com o nome Lig 4.

**No Brasil, o jogo foi lançado pela MB nos anos 80 com o nome Operacion (embora não fosse uma empresa espanhola), e depois pela Estrela, com o nome O Jogo da Operação. Atualmente é distribuído pela Hasbro, com o nome Operando.

O jogo não foi criado na oficina secreta de Glass, mas, sim, na Universidade de Illinois, onde o estudante de desenho industrial, John Spinello, recebeu a tarefa de elaborar um jogo eletrônico. A resposta dele foi construir uma caixa metálica no topo da qual ele perfurou uma série de buracos e também abriu um sulco sinuoso no lado interno. Os jogadores tinham de inserir uma sonda de metal nos buracos e conduzi-la cuidadosamente pelo sulco que ele fez. Se a sonda esbarrasse nas laterais, isso ligava o circuito e acionava um alarme barulhento escondido dentro da caixa. Os seus professores surpresos lhe deram a nota máxima pelo seu trabalho.

Spinello mostrou o seu jogo movido a bateria para o seu padrinho Sam Cottone, um criador de maquetes na Marvin Glass and Associates. Cottone achou fantástico e cuidou para que Spinello o mostrasse a Glass. Mas Glass não ficou nem um pouco impressionado quando Spinello colocou a sua caixa metálica em cima da mesa à sua frente. Que lixo é esse?, queixou-se Glass. Não foi um bom começo, mas Spinello insistiu. Ele explicou como se jogava e, em seguida, passou a sonda para Glass.

Glass começou a guiar desinteressadamente a sonda pelo sulco todo irregular no interior da caixa e então esbarrou na lateral. O alarme soou estridentemente e uma faísca saltou entre a sonda e a caixa. Glass jogou a sonda para o alto, berrando: "Eu amei isto! Eu amei!"

Glass ofereceu a Spinello quinhentos dólares para adquirir os direitos do jogo e prometeu-lhe dar um emprego depois que ele se formasse. Spinello concordou. Quinhentos dólares era uma grande soma de dinheiro em 1964, suficiente para cobrir um semestre inteiro de ensino universitário, e ter um emprego divertido à sua espera quando ele concluísse os estudos seria o máximo.

A vaga de emprego nunca veio. Por alguns meses, Glass inventou a desculpa de que o escritório ainda não estava preparado, antes de mandar o advogado dele telefonar para Spinello e dizer-lhe que no fim não haveria nenhum emprego.

Enquanto isso, os inventores de Glass estavam ocupados aprimorando a criação de Spinello para que esta se tornasse comercializável. Por sugestão de Cottone, eles a transformaram em um jogo cujo objetivo era procurar fontes de água no deserto. A caixa virou uma paisagem desolada cheia de buracos e fendas para explorar e a empresa passou a chamá-lo de Death Valley.

O protótipo chamou a atenção do executivo da Milton Bradley, Mel Taft, que comprou os direitos e depois mostrou o jogo a Jim O'Connor, um dos desenvolvedores de jogos da equipe interna da empresa. Seria melhor se os jogadores tivessem que tirar os objetos dos buracos, sem esbarrar nas laterais, usando pinças, O'Connor sugeriu.

Então a Milton Bradley reformulou o projeto e o transformou em um jogo de cirurgia irreverente em que os participantes deviam remover costeletas de porco, elásticos, borboletas no estômago e outras esquisitices das entranhas do paciente Cavity Sam sem acionar o alarme e acender o seu grande nariz vermelho.

Assim como o Mouse Trap, o Operation foi um daqueles raros jogos de sucesso que, em vez de esgotar e desaparecer com o tempo, tornou-se uma constante nas prateleiras das lojas de brinquedos. O Operation faturou dezenas de milhões de dólares ao longo das décadas que se seguiram ao seu lançamento.

Spinello apenas acompanhou de longe enquanto a ideia original que ele apresentou rendia um bom dinheiro. "É uma história muito triste", comenta Breslow. "Mas quem imaginaria que o Operation daria tão certo? Certamente não Marvin, e muito menos John. A realidade da indústria de brinquedos é que noventa e cinco por cento do que fazemos nunca é lançado."

Para Glass, entretanto, o seu investimento de quinhentos dólares teve um excelente retorno e, no início dos anos 70, cerca de um em cada vinte brinquedos e jogos vendidos nos Estados Unidos ganhou vida no seu laboratório de brinquedos em Chicago.

Mas toda a riqueza e fama não foram suficientes para amenizar a tristeza e o traço de paranoia que se escondiam dentro do homem por trás das emoções que fizeram parte da infância de milhões de crianças. Ele declarou aos repórteres que se considerava um "absoluto fracasso" e que a quantidade de dinheiro que ganhou era indecente.

O estilo de vida dinâmico de Glass também não mostrou nenhum sinal de desaceleração. Ele seguiu mantendo os seus hábitos diários de fumar três maços de cigarros e uma dúzia de charutos, beber incontáveis xícaras de café e beliscar um ou dois sanduíches. E à noite ele não dormia mais do que quatro ou cinco horas. "Eu não gosto de dormir muito", ele contou à Saturday Evening Post. "É como se estivesse morto."

Em compensação, ele dava festas deslumbrantes na sua residência em Evanston, uma grande estalagem centenária que ele transformou em uma casa luxuosa decorada com quadros de Picasso e Dalí e esculturas de Frank Gallo. Mas mesmo enquanto os seus convidados se divertiam na enorme jacuzzi e dançavam ao som da música tocada por astros do show business no seu piano de cauda, o trabalho nunca deixava de preencher os seus pensamentos. Ele persuadia os convidados a experimentar as últimas criações saídas do seu laboratório de brinquedos e até tinha um telefone instalado na sauna do subsolo, assim, mesmo em meio a brincadeiras com todos nus na hidromassagem, uma linha direta para o escritório sempre estava ao seu alcance.

Além de gastar os tubos com a própria casa, Glass esbanjou uma fortuna na construção de uma sede personalizada para o seu negócio na esquina da La Salle Street com a Chicago Avenue. Mas apesar de o dinheiro ter transformado a sua residência em um rival à altura da Mansão da Playboy de Hugh Hefner, também transformou o seu laboratório de brinquedos em uma imponente fortaleza.

Parecido com um bloco brutalista de concreto sem janelas e com paredes de trinta centímetros de espessura, o prédio de dois andares contava com um sistema de câmeras de circuito fechado de televisionamento que fazia a varredura da área ao seu redor e um portão de ferro controlado por um segurança. No seu interior, os guardanapos tinham sido eliminados do refeitório para evitar que um desenvolvedor anotasse alguma coisa importante neles, e todas as noites os inventores tinham que recolher os seus trabalhos e levá-los para serem trancados dentro de um enorme cofre de banco escondido nas profundezas do prédio. Qualquer um dos desenvolvedores que se esquecesse de guardar o seu trabalho no cofre antes de ir para casa, levava uma bronca daquelas no dia seguinte de um furioso Glass em modo César a pleno vapor.

O complexo também abrigava estúdios de arte e de som, um laboratório químico e até uma minifábrica para a produção de protótipos. E bem no centro do prédio localizava-se o escritório de Glass, que era protegido por paredes duplas para o caso de alguém tentar ouvir alguma coisa à distância.

Glass até começou a chegar nas feiras de negócios em um carro-forte com guardas armados a tiracolo e a maleta contendo os seus protótipos mais recentes algemada ao pulso. Qual era o limite entre paranoia, desejo de publicidade e a segurança de suas invenções era uma coisa que ninguém sabia explicar.

Não que Glass tratasse os seus inventores como detentos no seu laboratório de brinquedos fortificado. Muito pelo contrário. O saguão de entrada do prédio era decorado com estátuas de bronze desnudas e ele contratava cozinheiros profissionais para preparar as refeições da equipe. E apesar das suas exigências e do seu lado dominador que às vezes deixavam os funcionários à beira das lágrimas, ele também inspirava lealdade com o seu charme, pagamentos de bônus generosos e o apoio quando parentes próximos faleciam.

Ainda assim, ele era um homem perturbado que morria de medo que toda dor de cabeça fosse um sintoma de um tumor cerebral, mas recusava-se a tomar medicamentos porque achava que podia ficar burro por causa disso.

"Eu diria que Marvin tinha uma personalidade esquizofrênica paranoide - na minha opinião de leigo no assunto", diz Breslow. "Começávamos a trabalhar lá e ele dizia que não podíamos comentar nada com as nossas esposas, não podíamos falar com ninguém fora daquele prédio sobre qualquer coisa que estivéssemos fazendo lá dentro. 'Se eu descobrir que você está comentando alguma coisa, você está despedido.' Ele teve uma secretária durante muitos anos e nunca a deixou entrar no estúdio, e ela trabalhava com ele e era amiga dele e, mesmo assim, ele não confiava nela. Ele era um homem muito complicado."

Glass também tinha um verdadeiro pavor de voar e isso ficou muito evidente quando ele soube que a indústria de brinquedos britânica queria homenageá-lo com o título de Homem dos Brinquedos do Ano na feira de negócios de 1970 sediada em Brighton, na Inglaterra. Glass ficou nas nuvens por causa disso até a hora em que ele se deu conta de que receber o prêmio envolvia um voo transatlântico.

"Eu fui convidado para ir com ele, por isso fiquei muito animado", recorda-se Breslow. "Então, eu fui para o aeroporto e o seu psiquiatra também estava lá para viajar junto com ele. Aí, ficamos no aeroporto de O'Hare aguardando para embarcarmos no nosso voo e ele suava muito e estava branco como um fantasma - era assim que ele ficava quando tinha que entrar em um avião. Todos me disseram para ter cuidado ao viajar com Marvin, ele fica uma pilha de nervos, ele vai te deixar maluco e tal, e eu achei que não era tão grave assim."

"Enfim, ele estava sentado atrás de mim e o psiquiatra dele estava sentado ao seu lado e sempre que eu me levantava, ele estava dando comprimidos ao Marvin para acalmá-lo. Eu não sei o que ele estava enfiando na boca dele, mas quando pousamos em Londres, Marvin precisou sair do avião de maca. Ele estava totalmente apagado. Ele não falou por alguns dias. Nós tínhamos chegado uns dias antes e eu acho que essa foi uma das razões."

Mas quando um voo era decisivo, Glass movia mundos e fundos para subir a bordo, diz Meyer: "Certa vez, ele tinha que estar em Cleveland para ser entrevistado em um programa de rádio com transmissão nacional. Nós fomos levados ao aeroporto e estávamos atrasados. Quando chegamos ao portão, o embarque havia sido encerrado e o avião já estava taxiando para a pista de decolagem.

"Nós dissemos: 'Temos que embarcar nesse voo', e eles responderam: 'Bom, agora é tarde demais, não dá mais para embarcar.' E Marvin tinha uma personalidade forte o suficiente para retrucar: 'Nós precisamos, precisamos muito, nós temos que embarcar, temos que ir a um programa de rádio em Cleveland, nós entraremos ao vivo!' E graças à sua atitude, eles chamaram a aeronave de volta. Após a acoplagem da ponte de embarque, eles retiraram dois passageiros porque o voo estava lotado, e nos colocaram a bordo. Isso exemplifica o seu tipo de personalidade, o poder de persuasão que ele tinha."

O sucesso pode ter permitido que Glass transformasse o seu laboratório de brinquedos em um bunker, mas a sua ambição permaneceu inalterada, e em 1970 ele se queixou que a resistência dos consumidores em pagar mais estava dificultando a evolução dos jogos. "O próximo passo para os jogos será uma síntese entre o tabuleiro e os tipos de jogo de ação. Haverá mais envolvimento familiar, e os jogos serão levados para mais salas de recreação", ele declarou à revista Toy and Novelties.

Mas, ele acrescentou, graças à relutância das pessoas em aceitar preços mais altos, os jogos ficaram amarrados à tecnologia dos anos 40 e 50. "Eu quero ver os jogos no mesmo espaço que as bonecas caríssimas, com um valor maior do produto e mais envolvimento," ele disse. "Quando isso acontecer, conseguiremos implementar novas tecnologias, dispositivos eletrônicos e por aí vai."

Glass não viveu o suficiente para colocar em prática a sua visão do futuro dos jogos de tabuleiros. Os anos como fumante inveterado e a sua vida pouco saudável cobraram o seu preço e em, julho de 1973, ele teve um infarto. Logo depois, ele foi diagnosticado com câncer e em janeiro de 1974, após meses doente, o Willy Wonka dos brinquedos e jogos faleceu. Ele tinha cinquenta e nove anos.

"Ele era uma personalidade ímpar", diz Meyer. "Algumas pessoas o amavam e outras o odiavam. Ele não se destacou em matéria de criatividade e projetos, mas o seu forte mesmo era fazer pessoas criativas trabalharem. Ou seja, ele queria aproveitar ao máximo os profissionais da sua empresa. Ele era muito criativo na maneira de lidar com pessoas e desenvolvedores, e isso requer talento. Ele sabia como os encorajar e quando tinha que pegar no pé deles. Ele sabia como falar com as pessoas de maneira adequada, às vezes incentivando, às vezes sendo abusivo. Ele simplesmente sabia quando isso era necessário."

Após a morte de Glass, a empresa afrouxou a segurança. Os desenvolvedores não precisavam mais trancar os seus trabalhos dentro do cofre todas as noites e o regime de trabalho em tempo integral deu lugar a um expediente mais normal. As mudanças não atrapalharam e os sucessos seguiram-se uns atrás dos outros apesar de o carismático fundador da empresa agora não passar de uma memória.

No início dos anos 80, a empresa acrescentou jogos eletrônicos à sua lista de grandes sucessos, incluindo o Simon*, o icônico brinquedo em forma de disco que desafiava os jogadores a repetir as sequências aleatórias que acendiam na sua superfície com as cores primárias, e o Tapper, o popular jogo de fliperama de 1983 em que os jogadores serviam cerveja a clientes exigentes o mais rápido possível.

A série de sucessos da Marvin Glass and Associates só chegou ao fim em 1988, quando os sócios decidiram seguir rumos diferentes e encerraram o negócio. A era da Marvin Glass tinha acabado. Até mesmo a fortaleza que a empresa costumava chamar de lar foi demolida a fim de abrir espaço para um novo empreendimento.

A empresa de Glass pode não existir mais, mas os jogos revestidos de plástico que o seu laboratório de brinquedos ajudou a desenvolver seguem vivos. Eles podem ter perdido o seu visual estrondoso para os videogames, mas Operation, Mouse Trap e Trouble continuam a ser vendidos até hoje e estão lado a lado com os sucessos mais recentes dos jogos de ação de plástico como Loopin' Louie e Pie Face**.

Se a ausência de papelão nesses jogos não permite que sejam considerados jogos de tabuleiros é mais por uma questão de picuinha. "A terminologia não acompanhou os tempos", afirma o historiador de brinquedos Tim Walsh. "Nós os chamamos de jogos de tabuleiro, mas existem muitos jogos que não têm um tabuleiro, mas as pessoas sabem do que estamos falando. O Operation é um jogo apesar de as pessoas o considerarem um brinquedo e ele não tem um tabuleiro tradicional - trata-se de um tabuleiro tridimensional que é eletrificado. E quando se olha para o Mouse Trap, Simon e grande parte dos brinquedos e jogos que surgiram da Marvin and Associates, todos são classificados como jogos. Se eles têm um tabuleiro, ou não, realmente não importa."

A reformulação que Glass imprimiu às regras da indústria dos brinquedos também se mantém. "A Marvin Glass and Associates mudou a indústria dos brinquedos quando fez a indústria reconhecer o inventor independente", afirma Meyer. "Nos últimos cinquenta

---

*A Estrela lançou o jogo no Brasil em 1980 com o nome Genius; e foi o primeiro jogo eletrônico a ser vendido no país.

**Também foi lançado pela Estrela com o nome Tortada do Chef, e a Hasbro do Brasil também comercializa o jogo com o nome Pie Face - Torta na Cara.

anos, a indústria definitivamente dependeu das contribuições do inventor independente e isso foi graças ao Marvin.

"Aliás, também é por causa do ego de Marvin porque por um longo tempo fomos muito reservados em relação ao que acontecia lá dentro e não contávamos nada a ninguém. Então, Marvin decidiu que queria um pouco de fama e conseguimos uma matéria na revista Time sobre Marvin e a invenção de brinquedos e tudo o que ele fazia e como era um negócio rentável. E qualquer um que lesse pensaria: 'Uau, eu posso me tornar um inventor de brinquedos.' Isso realmente abriu um espaço para as pessoas que queriam entrar nessa para inventar brinquedos e oferecê-los aos fabricantes."

Mas o sucesso de Glass não foi apenas um resultado do seu ego, mas também da sua visão infantil do mundo. Como ele mesmo disse ao jornal Chicago Tribune em 1961: "Devemos enxergar as coisas como uma criança o faz... de um jeito mágico."

11

SEXO EM UMA CAIXA

O que os jogos de mesa do Twister até Monogamy nos dizem sobre atitudes sexuais

O coração de Reyn Guyer se partiu quando Mel Taft, o V.P. da Milton Bradley, deu a notícia. Eles iam cancelar o Twister. Isso foi no Natal de 1965 e o jogo de tabuleiro que Guyer ajudou a criar havia acabado de ser lançado.

O Twister era uma novidade - um jogo em que os participantes eram as próprias peças em cima de um grande tapete de vinil estampado com círculos que se espalhava pelo chão. Os participantes giravam a roleta e, em seguida, se contorciam para conseguir colocar uma mão ou um pé sobre o círculo colorido indicado pela combinação, sem cair. Era um jogo bobo, mas melhor assim. As pessoas podiam se enroscar e então desabar em uma hilariante confusão de mãos e pés entrelaçados.

Tinha a ver com os revendedores, explicou Taft. A Sears Roebuck decidiu que o jogo era um investimento de risco.

Na época, a Sears Roebuck era o revendedor mais importante nos Estados Unidos. A rede de lojas de departamento empregava por volta de um a cada duzentos trabalhadores norte-americanos e um terço dos adultos no país tinha um cartão de crédito da Sears Roebuck. As lojas da Sears Roebuck serviram de base para todos os shopping centers bem-sucedidos.

Ao se recusar a incluir o Twister em suas lojas e no catálogo de vendas por correspondência, a Sears Roebuck praticamente garantiu que o jogo seria um fracasso. Por isso, a Milton Bradley minimizou o seu prejuízo. A empresa suspendeu a produção do jogo e tirou do ar os anúncios do Twister na televisão.

Quando desligou o telefone, Guyer se sentiu arrasado. Semanas antes tudo parecia tão perfeito, mas agora o Twister estava liquidado.

Nascido e criado em St. Paul, em Minnesota, Guyer queria ser escritor. Ele estudou Inglês na Universidade de Dartmouth e depois de se formar em 1957 tinha planos de ser jornalista em uma revista ou um jornal. Isso nunca aconteceu.

Quando voltou para St. Paul, ele foi, em suas próprias palavras, "coagido" a entrar para o escritório de design do seu pai, que se especializou na criação de mostruários de lojas para os produtos das empresas da lista da Fortune 500. "Então, eu me sentei à prancheta, sem a menor ideia do que estava fazendo, e comecei a observar e aprender", ele se recorda.

Seis anos depois, Guyer ainda estava lá. Ele havia subido de cargo e agora era um sócio-proprietário do escritório e o seu representante no centro-oeste, trabalhando com muitos dos seus maiores clientes. Mas também não aguentava mais ver mostruários.

"Eu estava sempre buscando maneiras diferentes de diversificar as atividades da nossa empresa simplesmente porque o modelo que tínhamos desenvolvido não me agradava e eu não via um potencial de crescimento a longo prazo no negócio", ele explica. "Eu continuava a procurar algo diferente que pudéssemos fazer que não dependesse tanto de ter que inventar uma nova ideia para os nossos clientes todos os anos."

Um dos clientes que Guyer atendia era a S. C. Johnson Company, um fabricante de cera para pisos, inseticidas e outros produtos químicos para consumidores. A empresa queria que Guyer desenvolvesse uma campanha de volta às aulas para promover a sua nova graxa para sapato e então ele começou a pensar em criar o que o pessoal de marketing chama de "prêmio autopagável". Esse golpe promocional consiste em criar um brinde "gratuito" que os consumidores só podem adquirir se enviarem comprovantes de compra junto com uma taxa simbólica de postagem e manuseio. Se tudo sair como o planejado, as vendas extras geradas pelas pessoas que querem o brinde gratuito compensam os custos de toda a campanha ao mesmo tempo em que aumentam a fidelidade dos consumidores à marca.

A campanha Pepsi Stuff, que começou em 1996 e seguiu até os anos 2000, foi um exemplo típico dessas promoções. Durante o período promocional, os apreciadores de Pepsi que enviavam as suas tampinhas de garrafa ganhavam Pontos da Pepsi que podiam ser trocados por brindes que variavam de moletons com a marca da empresa a mountain bikes. Mas acumular pontos suficientes para obter qualquer um desses itens exigia que se bebesse muito refrigerante. Uma camiseta da Pepsi, por exemplo, custava oitenta pontos, o que equivalia a comprar quarenta garrafas de dois litros de Pepsi-Cola.

Naturalmente, o ponto de partida para qualquer promoção autopagável é decidir qual brinde será distribuído para tentar as pessoas. Guyer pensou em fazer algum tipo de jogo, talvez algo que tivesse a ver com crianças em cima de uma tela quadriculada. Ele brincou com essa vaga ideia por um tempo e então teve um lampejo de inspiração: e se as crianças tivessem que mudar de um lugar para outro em cima da tela?

Guyer correu até o setor em que os artistas e projetistas do escritório trabalhavam e sacou um pedaço grande da placa de papelão ondulada que a empresa normalmente usava para criar os seus expositores de produtos. Ele liberou um espaço e deitou a placa de 2m por 2,50m no chão, pegou algumas canetas e se pôs a trabalhar. "Eu desenhei rapidamente vinte e quatro quadrados em um arranjo de quatro por seis", ele conta. Em seguida, Guyer coloriu dois dos quadrados pequenos em cada canto da placa. Dois amarelos, dois verdes, dois vermelhos e dois azuis.

Quando terminou, ele andou pelo escritório e reuniu artistas e assistentes. "O objetivo", Guyder explicou aos funcionários perplexos enquanto eles fitavam o seu jogo de tabuleiro feito às pressas, "é passar do quadrado inicial da sua equipe para o quadrado colorido no canto diagonalmente oposto. Cada um de nós vai se revezar e andar um quadrado. Vamos lá."

O jogo era ridículo. Os participantes pulavam de um espaço para o outro com as suas pernas bem fechadas e logo se viam amontoados desconfortavelmente uns contra os outros e incapazes de se mover. Em menos de dez minutos, a brincadeira acabou em gargalhadas. "O jogo virou um caos, mas estávamos rindo tanto que não fazia a menor diferença atingirmos o objetivo", diz Guyer. "Naquele instante, eu percebi que tinha algo novo e diferente nas mãos."

Encorajado por esse teste precoce, Guyer começou a transformar o jogo em algo mais estruturado. Depois de algumas semanas de experiências, ele inventou o King's Footsie, um jogo disputado em cima de um tapete de plástico branco dividido em vinte e cinco quadrados de trinta centímetros.

"Basicamente eram quatro pessoas em cima do tapete ao mesmo tempo, formando duas equipes em duplas, a equipe vermelha e a equipe azul", ele conta. "Os dois jogadores da equipe vermelha amarravam faixas vermelhas em torno de seus tornozelos e a equipe azul fazia o mesmo, com faixas azuis. A primeira equipe que colocasse os quatro pés em uma fileira ganhava o jogo. Como se fosse um jogo da velha a quatro, digamos assim."

Convencido de que o King's Footsie era muito complexo para uma promoção de graxa de sapato, Guyer entrou em contato com um dos outros clientes do escritório, a Scotch Tape, que fazia parte do grupo empresarial 3M. A 3M havia criado recentemente uma divisão chamada 3M Bookshelf Games que publicava jogos de tabuleiros em caixas que lembravam livros de capa dura. Guyer esperava que a 3M comprasse o King's Footsie, mas apesar do pessoal do setor de jogos ter gostado da sua criação, eles acharam que o produto não se adequava à sua imagem de mercado.

Após ser rejeitado pela 3M, Guyer ficou desnorteado. Ele não tinha nenhuma experiência no ramo de jogos e não fazia ideia de como vender o seu jogo para os fabricantes. Por isso, ele guardou o jogo em uma prateleira na sala de reunião do escritório e redirecionou a sua atenção para as obrigações diárias.

Semanas depois, o diretor de compras do escritório, Phil Schafer, recebeu na sala de reunião Chuck Foley, um vendedor de uma empresa de serigrafia. Quando terminaram de falar de negócios, Foley viu o tapete do King's Footsie.

Schafer explicou que era um jogo que Guyer havia criado, mas não pretendia fazer nada com aquilo. Foley, que já tinha trabalhado no ramo de brinquedos, pediu para se encontrar com Guyer. Depois que os dois foram apresentados, Foley explicou que até pouco tempo atrás ele tinha trabalhado na Lakeside Toys em Minneapolis e por isso conhecia bem o negócio de jogos.

"A nossa conversa levou ao seguinte ponto: você sabe algumas coisas sobre fabricação de jogos e brinquedos que nós não sabemos e precisamos de alguém que esteja mais familiarizado com essa indústria porque temos a ideia, mas não sabemos para onde ir ou a quem procurar", recorda-se Guyer. "Eu era o presidente da empresa na época, por isso fiquei muito contente por encontrar alguém com quem eu pudesse trabalhar para levar a minha ideia adiante."

Guyer contratou Foley e Neil Rabens, um artista amigo de Foley, e os três começaram a desenvolver jogos baseados no conceito de Guyer de "pessoas como peças do jogo". O trio pensou em criar uma linha inteira de "jogos de meias" para vender aos fabricantes.

Uma das primeiras criações da equipe foi uma versão reformulada do King's Footsie. Foley substituiu a grade de quadrados por fileiras de círculos de cores diferentes. A equipe então elaborou uma roleta que determinava em qual círculo colorido os jogadores deviam colocar os seus pés. Por fim, Rabens teve a ideia de fazer os jogadores também usarem as suas mãos durante a partida. Eles chamaram o novo jogo de Pretzel.

No início de 1965, com oitos jogos de meias prontos, Foley marcou uma reunião com o vice-presidente da Milton Bradley, Mel Taft, em East Longmeadow, em Massachusetts. Assim que entraram na sala dele, a equipe começou a apresentar os seus jogos, um por um. Taft foi cortês, mas evidentemente não se impressionou com o que viu.

Então, eles estenderam o tapete do Pretzel no chão e começaram a jogar. Quando eles se enroscaram no chão da sala, Taft se animou e, ao final da reunião, perguntou se podia ficar com o Pretzel para mostrar aos seus chefes. Algumas semanas depois, Taft entrou em contato com

Guyer para lhe dizer que a Milton Bradley queria comprar o Pretzel. Guyer e a sua equipe ficaram muito felizes. A única frustração foi que a Milton Bradley teve que rebatizar o jogo como Twister porque um brinquedo de pelúcia já estava usando o nome Pretzel. Guyer não ficou muito entusiasmado com o nome Twister: "Depois de ter crescido no centro-oeste dos Estados Unidos e ter sido perseguido por tornados ao longo da minha vida, eu achei que o nome Twister tinha uma conotação muito negativa."

Apesar de tudo parecer correr às mil maravilhas, a situação em East Longmeadow era um tanto quanto complicada. Taft havia se empenhado arduamente para convencer os seus chefes a comprar o Twister e muitos dos seus colegas acharam que um jogo como aquele não era digno de figurar no catálogo de uma empresa voltada para a família como a Milton Bradley.

O problema era o sexo.

A revolução sexual só estava começando no início de 1965. Leis estaduais criminalizando a pílula e outros métodos de controle de natalidade só foram derrubadas pelo Supremo Tribunal no final daquele ano e, mesmo assim, apenas para pessoas casadas. Os solteiros tiveram que esperar mais sete anos até que o Supremo Tribunal confirmasse o seu direito a contraceptivos.

E em uma sociedade em que as pessoas mantinham a sua intimidade familiar dentro das quatro paredes do quarto, e os principais estúdios de cinema seguiam à risca as regras do Código Hays, um jogo que implicava em pessoas se esfregando umas nas outras e assumindo posições incomuns no chão de suas salas de estar beirava a indecência.

"Nós infringimos a regra que dizia que não era aconselhável ficar muito perto de uma outra pessoa em um ambiente social", afirma Guyer. "Era uma coisa inaceitável, exceto quando alguém estivesse dançando com uma pessoa do outro sexo."

Por isso, quando a equipe de vendas da Milton Bradley tentou persuadir as lojas a estocar o Twister foi um Deus nos acuda. Um revendedor atrás do outro se recusou a aceitar o jogo e quando a Sears Roebuck vetou o Twister por ser algo muito arriscado, a Milton Bradley jogou a toalha.

Mas sem o conhecimento de Guyer ou da diretoria da Milton Bradley, Taft deu ao jogo uma derradeira chance de alcançar o sucesso. Antes de suspender a produção, a Milton Bradley havia contratado uma agência de relações públicas para promover o jogo, e como o dinheiro já tinha sido gasto, Tafy concluiu que não tinha nada a perder em deixar a campanha de mídia seguir o seu curso.

E, no início de 1966, a equipe de relações públicas tirou um coelho gigante da cartola: uma aparição no The Tonight Show com Johnny Carson, um programa de entrevistas na televisão assistido por cerca de 10 milhões de pessoas todas as noites. No dia 3 de maio de 1966, Taft e a consultora de relações públicas Ruth Miller se juntaram à plateia do programa na cidade de Nova York. Nem um dos dois imaginava o que o imprevisível apresentador do programa faria com o jogo. Até onde eles sabiam, Carson podia condenar o Twister ao vivo em rede nacional e enterrar o jogo para sempre.

O resultado foi melhor do que esperavam. Durante o programa, a convidada de Carson, a deslumbrante atriz Eva Gabor, atiçou o apresentador para se juntar a ela em uma partida de Twister. A visão de Carson no seu terno e Gabor em seu vestido decotado se entrelaçando um ao outro em cima do tapete fez a plateia presente no auditório explodir em gargalhadas e arrebatou a atenção extasiada de milhões de telespectadores.

No dia seguinte, as pessoas em todos os Estados Unidos saíram à procura do Twister. Em Manhattan, uma multidão apareceu na Abercrombie & Fitch, uma das poucas lojas que concordou em estocar o Twister, e começou a fazer fila no quarteirão para comprar o jogo.

A Milton Bradley rapidamente retomou a produção e relançou a campanha publicitária na televisão. "Quando Mel Taft me telefonou e me contou que eles tinham mudado de ideia, foi um momento muito feliz na minha vida", diz Guyer.

O puritanismo em relação ao Twister pode não ter desaparecido completamente - um concorrente até acusou a Milton Bradley de estar comercializando "sexo em uma caixa" - mas no final de 1966, quase cinco milhões de cópias do Twister já tinham sido vendidas.

Se muita gente achava que o Twister era impróprio, isso obviamente não estava prejudicando em nada o jogo, e a maioria das pessoas percebeu o que aquilo realmente era: uma brincadeira divertida. Como Foley comentou mais tarde a respeito daqueles que associaram o Twister a sexo quando foi entrevistado pelo autor de Timeless Toys, Tim Walsh: "Mente suja, jogo sujo. Mente limpa, jogo limpo."

Ainda assim é difícil imaginar que a dinâmica de proximidade do Twister conseguisse superar as acusações de vender "sexo em uma caixa" lá nos rígidos anos 50. A época do seu lançamento fez a diferença. O jogo chegou na hora certa para aproveitar a onda da libertação sexual que em breve acabaria com séculos de beatice e permitiria que um livro como Os prazeres dos sexo, de Alex Comfort, um guia ilustrado das relações sexuais que deu o sinal verde para a troca de casais, ficasse mais de trezentas semanas nas lista dos mais vendidos do New York Times durante a década de 70.

E à medida que as pessoas ficavam mais descontraídas em relação a sexo, uma nova leva de jogos de tabuleiro amorosos chegou logo em seguida para tripudiar daqueles que achavam que o Twister era obsceno. Esses novos jogos queriam ter sexo em uma caixa. Havia jogos como o Bumps and Grinds, "um jogo hilariante de bebidas e strip-tease", segundo os dizeres na caixa, e o Office Party, o jogo em que "todos os jogadores chegam realmente ao âmago da questão."

O mais ousado de todos foi o Seduction, "um jogo provocante para casais provocantes", que vinha em uma caixa que mostrava homens de bigode admirando lascivamente as convidadas de uma festa enquanto bebericavam coquetéis de cor laranja claro. O Seduction se baseava no Monopoly e tentava excitar os jogadores permitindo que comprassem propriedades com nomes como "Rancho do Garanhão do Vale" e pegassem cartas que davam ordens como "beije o jogador à sua esquerda" e "tire uma peça de roupa". De acordo com a revista Today's Health, o Seduction mostrou-se tão eficaz que provocou uma "desavença doméstica" quando um californiano tentou seduzir a esposa do seu melhor amigo durante a partida.

Os devassos anos 70, entretanto, foram bruscamente interrompidos na década de 80, quando o crescimento assustador do HIV e da Aids jogou um balde de água fria na libertinagem da década anterior. Se os anos 70 tinham tudo a ver com os prazeres do sexo, os anos 80, por sua vez, foram marcados pela roleta-russa do sexo, e os jogos de tabuleiro com teor sexual da época refletiram essa mudança repentina substituindo a troca de esposas por educação sobre sexo seguro.

Quem liderou o movimento dos novos jogos que abordavam o sexo seguro foi o Dr. Ruth's Game of Good Sex, um jogo aprovado pela sexóloga Dra. Ruth Westheimer, que se tornou um nome de peso graças ao seu programa de rádio Sexually Speaking, que rompia tabus e preconceitos inerentes à sociedade. O seu jogo de 1985 convidava os jogadores a tentar acumular pontos de excitação respondendo perguntas sobre a causa das verrugas genitais e como remover manchas de sêmen de tecidos. "É algo que preenche uma função de um jeito divertido", a Dra. Ruth declarou à Associated Press antes do lançamento do jogo, o que deu a entender que aquilo era tão excitante quanto lavar a louça com o rádio ligado.

O tema educação-antes-do-erotismo continuou com SEXploration!, um jogo de 1987 do Cowell Student Health Center, na Universidade de Stanford, em que os jogadores podiam pegar herpes ou acabar tendo um encontro sem uma camisinha. "Nós achamos que alguns alunos estavam tomando decisões sexuais com base em suas avaliações emocionais ou seus ímpetos pessoais, sem antes pensar nas consequências", o cocriador John Dorman declarou ao jornal Day.

O que os dois jogos evidenciavam era como o espectro da Aids mudou radicalmente os comportamentos sexuais no espaço de apenas alguns anos. O espírito do vale-tudo dos anos 70 deu lugar a um mundo onde a doença e o desejo estavam interligados.

Atualmente, a balança voltou a pender a favor da promiscuidade, resultando em jogos que se concentram mais uma vez nos prazeres do sexo. Mas desta vez existem limitações. Um estudo de 2015 relatou que embora os millennials norte-americanos, ou seja, aqueles nascidos entre os anos 1982 a 1999, ainda sejam a geração mais sexualmente permissiva, eles também têm menos parceiros sexuais do que os indivíduos da Geração X que os precederam.

Por isso, apesar de os jogos de tabuleiro com teor sexual serem mais comuns do que nunca, em sintonia com a mudança geracional de comportamentos em relação ao sexo, a maioria ignora as trocas de parceiros do Seduction e prefere se concentrar em encorajar os casais a expandir os seus horizontes sexuais.

Essa visão é representada por um dos jogos adultos mais populares que já foi lançado no mercado: o Monogamy, que procura acrescentar um pouco de emoção à vida amorosa dos casais e que vendeu cerca de um milhão de cópias desde o seu lançamento em 2001. A cocriadora britânica do jogo, Jane Bowles, teve a ideia para o Monogamy depois de virar mãe. "Tivemos os nossos dois meninos e quando se tem dois filhos, o sexo vai parar no fim da lista e à noite a gente desmoronava de cansaço e não fazíamos muita coisa", ela se recorda.

"Eu estava pensando em maneiras de como poderíamos esquentar o clima e em vez de ler um livro, que pode ser um pouco constrangedor e esquisito porque você ainda precisa fazer sugestões ao seu parceiro, eu achei que seria uma ótima ideia se tivéssemos um jogo que realmente ajudasse a apimentar a relação e a reestabelecer o diálogo entre os dois, porque um jogo pode tornar tudo menos embaraçoso."

O problema era que os jogos temáticos de sexo que estavam à venda, ela afirma, não ajudavam muito. A maioria não passava de uma versão indecente do Monopoly. Até os que não copiavam o Monopoly eram horríveis, incluindo o Foreplay, um jogo que Bowles e o marido dela, Richie, comercializaram por intermédio da sua empresa de distribuição de produtos para adultos, a Creative Conceptions.

Curiosamente, o casal descobriu o Foreplay em um contêiner de transporte marítimo encalhado em uma fazenda em Devon. "Um distribuidor trouxe o jogo para o país e não conseguiu quitar o compromisso, por isso o material ficou retido em uma fazenda e alguém comentou comigo a respeito", ela conta. "O Foreplay era constrangedor e sem graça; e certamente não fazia você sentir aquele frio na barriga nem nada. A sua abordagem era muito parecida com a de um livro de medicina. Mas nós distribuímos e as vendas foram boas, e isso mostrou que havia um mercado para um jogo a dois que funciona em relacionamentos."

Diante das exigências da maternidade, Bowles queria um jogo melhor, um que fosse além da mesmice do "chacoalhe os dados e vá em frente". "Nós queríamos que fosse um jogo de um relacionamento completo que servisse para ajudar a lembrar porque os dois estão juntos em primeiro lugar", ela diz.

O resultado foi o Monogamy. No jogo, os participantes percorrem a pista circular do tabuleiro, parando em casas e pegando cartas que sugerem atividades destinadas a elevar os ânimos, e conforme a partida avança as ações ficam cada vez mais picantes.

O Monogamy começa no seu nível "íntimo" com beijos na bochecha, mordiscadas na ponta da orelha, lembranças dos primeiros encontros sexuais dos participantes e massagem nos ombros. No meio do jogo, os participantes começam a dizer um ao outro o que eles achavam que era brochante antes mas que agora ficam fantasiando nas suas cabeças, tirando pouco a pouco as roupas um do outro, e lambendo as coxas. Então, na etapa final "ardente", os jogadores passam a apalpar os parceiros que estão de olhos vendados; consumindo alimentos dos corpos nus um do outro; tirando as roupas íntimas com os dentes, e por aí vai.

Os jogadores também pegam Cartas de Fantasia durante a partida. Essas cartas oferecem sugestões como fazer amor no chuveiro ou interpretar personagens em situações atrevidas e são concebidas para levar o jogo a um verdadeiro clímax, porque o primeiro jogador que completar o circuito do tabuleiro seis vezes pode escolher qual dos seus Cartões de Fantasia ele quer que se torne realidade.

Surpreendentemente para alguém que criou um jogo de tabuleiro sexual e fundou uma empresa que distribui vibradores e camisinhas, Bowles consegue ficar sem jeito quando perguntam de onde vieram as ideias para as iniciativas e fantasias no Monogamy.

"Eu espero que os nossos filhos nunca leiam isso", ela diz. "Muito do jogo veio de nossos próprios pensamentos e da nossa imaginação. Foi uma experiência bastante assustadora incluir as nossas fantasias, principalmente no começo quando apresentávamos o jogo aos amigos. 'Meu Deus, será que eles acham que tudo isso é resultado do que acontece dentro do nosso quarto?'"

Além da imaginação do casal, o jogo também incluiu sugestões de amigos e ideias a partir de pesquisas sobre o que mantém um relacionamento aceso. E embora Bowles se sentisse um pouco envergonhada ao perguntar aos amigos o que acharam do jogo, foi justamente a reação deles que a convenceu de que o Monogamy podia agradar o resto do mundo. Até porque o jogo teve resultados transformadores para um dos seus testadores. "Richie o entregou a uma das colaboradoras da sua equipe e a moça acabou engravidando", ela conta rindo. "Então algo nos disse que estávamos no caminho certo."

O que faz o Monogamy funcionar, segundo Bowles, é que trata-se de um jogo de tabuleiro. "O próprio ato de se sentar ao redor da mesa com um jogo de tabuleiro tem lá os seus efeitos," ele afirma. "Eu acho que isso traz boas lembranças porque os jogos de tabuleiro geralmente são, quando pensamos na nossa infância, momentos divertidos em que nos reunimos e conversamos.

"E também por ser um jogo de tabuleiro não há nenhuma tela envolvida no processo, e assim podemos parar e nos concentrar e focar no que estamos fazendo. Não estamos sendo distraídos a todo momento por coisas aparecendo em uma tela. Nós nos sentamos e nos concentramos um no outro."

O Monogamy teria sido algo impensável em 1965, o ano em que o Twister começou a ser vendido, mas mesmo ainda hoje - em uma era em que temos Victoria's Secret, Cinquenta tons de cinza e brinquedos eróticos à venda na CVS (Consumer Value Stores), uma rede de farmácias e drogarias - os distribuidores ainda não aceitam a ideia de jogos de tabuleiros com temática sexual. Quando a Creative Conceptions tentou vender pela primeira vez o Monogamy às redes de lojas ninguém se interessou, e mais de quinze anos depois nada mudou. Nem o enorme sucesso de Cinquenta tons de cinza alterou a postura dos distribuidores.

"Ainda há essas restrições por parte das lojas tradicionais", ela comenta. "Eu me lembro de ter ido ao Tesco - a principal rede de supermercados do Reino Unido - quando Cinquenta tons de cinza foi lançado e os livros estavam nos expositores, nenhum deles tinha sido lacrado e qualquer pessoa de qualquer idade podia folhear as páginas e se deparar com uma linguagem muito pesada. Mas só porque o Monogamy é um jogo para adultos, nós sempre enfrentamos resistência apesar de não existir absolutamente nada na frente ou no verso da caixa que possa ser ofensivo."

Por causa disso, o Monogamy acabou virando um sucesso despercebido, aumentando continuamente as vendas por meio da propaganda boca a boca e lojas virtuais a ponto até de ser parodiado em um episódio de Uma Família da Pesada como "Monogamy Fervente, o jogo de tabuleiro para casamentos fracassados".

Não é à toa que o Monogamy tem sido usado pelo instituto britânico de terapia de relacionamento Relate para ajudar casais que têm dificuldades nas suas vidas sexuais. "Nós não gostamos de classificar o jogo como algo voltado para pessoas que estão sofrendo em seus relacionamentos, porque não é o caso; trata-se realmente de um passatempo que qualquer pessoa em qualquer relacionamento pode jogar e se divertir a valer", afirma Bowles. "Mas tem um pessoal do Relate que oferece o jogo aos seus pacientes."

Desde o lançamento do Twister, os jogos de tabuleiro ecoaram a jornada sexual da sociedade Ocidental. Das atitudes conservadoras em relação ao Twister nos anos 60, passamos pela permissividade dos anos 70 e as lições de biologia dos anos 80 para chegarmos aos jogos que adotam a monogamia sexual ousada.

No entanto, embora a nossa visão sobre sexo e os jogos de tabuleiro provocantes que incorporam esses costumes tenha mudado bastante no último meio século, a luta do Monogamy para figurar nas prateleiras das lojas, apesar das fortes vendas online, sugere que quando se trata do mercado varejista pelo menos, talvez os costumes não tenham mudado tanto quanto pensamos.

12

JOGOS MENTAIS: EXPLORANDO O CÉREBRO COM JOGOS DE MESA

O que os jogos de mesa nos revelam sobre as nossas mentes

Desde o momento em que nasceu, Judit Polgár estava destinada a ser um experimento. Quando ela respirou pela primeira vez em um hospital de Budapeste, no dia 23 de julho de 1976, a sua vida já havia sido planejada.

Os seus pais tinham decidido há muito tempo que ela seria uma grande mestre de xadrez. Isso deve ter soado como a conversa de progenitores com a esperança de que o seu filho recém-nascido possa dar vida às suas fantasias não realizadas, mas o seu pai, e também psicopedagogo, László Polgár queria defender uma ideia. Ele acreditava que os gênios não nascem prontos e, sim, são criados, e pretendia usar a sua prole para provar isso ao mundo.

Depois que a sua esposa Klara deu à luz a sua primeira filha Zsuzsanna, em 1969, o casal passou a discutir qual tema seria melhor lhe ensinar para que ela dominasse plenamente o conteúdo. A menina deveria se tornar uma gênia da matemática ou uma mestra em línguas estrangeiras? Eles ainda estavam indecisos na época em que Zsuzsanna começou a perambular pelo modesto apartamento da família no centro de Budapeste. A pequena Zsuzsanna, então com quatro anos, abriu a gaveta de um armário, viu um tabuleiro de xadrez lá dentro e pediu para que lhe ensinassem a jogar. Naquele momento, a pergunta foi respondida. Zsuzsanna, que depois mudou o seu nome para Susan, seria um prodígio do xadrez. Os seus pais desenvolveram um programa de educação domiciliar que envolveria aulas particulares com enxadristas experientes e permitiria à sua filha ser treinada na arte do xadrez.

Em 1974, nasceu a sua segunda filha, Zsófia, e ela também se tornou parte do grande experimento de xadrez do seu pai. E quando a sua filha caçula Judit nasceu era inevitável que ela também se juntasse às suas irmãs à mesa do xadrez.

A formação de Judit começou aos cinco anos de idade. "Eu me lembro de quando comecei a aprender os movimentos com a minha mãe, assimilando os movimentos de uma peça por vez", ela conta sobre as suas primeiras lembranças do jogo. "Era só uma peça por vez, eu tinha que saltar e movimentar essa determinada peça pelo tabuleiro para obter um conhecimento efetivo dessa peça."

O xadrez dominou a infância das três irmãs. Elas passavam no mínimo de cinco a seis horas todos os dias aperfeiçoando as suas habilidades e analisando as partidas dos melhores jogadores da história. "Todos na família jogavam xadrez", diz Judit. "Quando eu comecei a jogar xadrez, era uma rotina normal. Era uma coisa muito natural que eu recebesse a mesma educação que a das minhas irmãs e que eu também não frequentasse uma escola."

A decisão dos seus pais de educar as filhas em casa não agradou nem um pouco o governo comunista da Hungria. "Meus pais tiveram muitos problemas", diz Judit. "Naqueles tempos, quando as pessoas tinham ideias individuais diferentes da forma habitual, isso não pegava nada bem. Em um determinado momento, o governo chegou a pensar em mandar prender os meus pais e nos levar para o orfanato."

A educação intensiva das irmãs no xadrez rapidamente produziu resultados. Mesmo antes de Judit nascer, Susan, então com quatro anos e meio, já havia desafiado adultos nos clubes enfumaçados de xadrez de Budapeste. Muitos dos que trataram a garotinha como café com leite logo se viram humilhados e apertando a mão de uma criança vitoriosa.

Todas as três irmãs se tornaram grandes jogadoras de xadrez. Susan sagrou-se como a melhor enxadrista do mundo em 1984 com quinze anos de idade e em janeiro de 1991 ela se tornou a primeira mulher a alcançar o status de grande mestre com base nos mesmos fundamentos usados para conferir este título a um homem. Enquanto isso, uma jovem Zsófia, então com quatorze anos, surpreendeu o mundo do xadrez em um torneio realizado em Roma em 1989 ao derrotar vários grandes mestres soviéticos no que ficou conhecido como "O Saque de Roma".

Mas quem mais brilhou foi Judit. No seu aniversário de seis anos, ela conseguiu derrotar o próprio pai e logo depois passou a competir em torneios locais. Um ano mais tarde, ela enfrentava às cegas mestres adultos.

Aos nove anos, ela foi à cidade de Nova York para disputar o seu primeiro torneio internacional e ganhou na categoria para adultos. "Foi uma sensação especial, você pode imaginar, para uma menina de nove anos superar um adulto, ou até mesmo o fato de estar competindo", ela declarou à CNN.

Não que enfrentar pessoas mais velhas a deixasse perturbada. "Para mim era uma coisa muito natural jogar contra adultos e ter sucesso, mas, obviamente, para os adversários não era nada agradável jogar contra uma garotinha e possivelmente encarar uma partida difícil ou até uma derrota", ela conta. "Algumas pessoas eram muito mal-educadas, outras achavam isso algo interessante e positivo."

Em 1987, Judit, então com onze anos, derrotou o seu primeiro grande mestre internacional e, no ano seguinte, ela foi a jogadora mais jovem a se tornar uma mestra internacional.

Aos quatorze anos, Judit abandonou os torneios femininos e passou para as competições masculinas. A entidade dirigente do xadrez, que considerava as mulheres jogadores inferiores, não se entusiasmou muito com as aspirações das irmãs Polgár de cruzar a divisão de gênero. Em 1986, quando Susan, então com dezessete anos, se classificou para o Campeonato Mundial Masculino, a Federação Mundial de Xadrez (Fide) se recusou a deixar ela jogar.

Mas o talento e a determinação das Polgárs derrubaram as barreiras de gênero do mundo enxadrista como uma bola de demolição. Diante desses prodígios extraordinários, as autoridades do xadrez não tiveram outra escolha a não ser mudar a sua política. "Antes disso, os eventos eram chamados de as Olimpíadas das Mulheres e as Olimpíadas dos Homens", conta Judit. "Agora eles mudaram o nome por nossa causa. Por causa das três irmãs, agora virou as Olimpíadas das Mulheres e o Torneio Aberto."

Nos anos que se seguiram, Judit tornou-se uma estrela no mundo do xadrez competitivo. Ela enfrentou muitos dos melhores e mais famosos jogadores que já se sentaram à frente de um tabuleiro de xadrez e venceu. Magnus Carlsen, Anatoly Karpov, Garry Kasparov, Boris Spassky: Judit conquistou a vitória contra todos eles.

Quando Judit se retirou do xadrez competitivo em agosto de 2014, ela já havia gravado o seu nome nos anais da história do xadrez como a melhor jogadora de todos os tempos e as irmãs provaram a teoria do pai delas de que os gênios são criados, não nascem prontos, de forma espetacular.

Os Polgárs não foram os primeiros a usar os jogos de tabuleiros para desvendar o funcionamento da mente humana. Para isso, devemos recuar até os anos 1890, um período em que os mestres de xadrez deslumbravam multidões jogando até dez partidas simultâneas com os olhos vendados.

Essas grandes demonstrações de memória e análise impressionaram Alfred Binet, um jovem psicólogo que morava em Paris na época. Interessado na natureza do intelecto humano, Binet queria compreender como esses jogadores de xadrez aprendiam os fundamentos do jogo. Então ele conseguiu uma entrevista com o mestre francês Alphonse Goetz, que há pouco tempo havia jogado oito partidas ao mesmo tempo com uma venda nos olhos.

O consenso popular era de que esses jogadores com os olhos fechados conseguiam realizar tais proezas porque eles tinham uma mente excepcional que lhes permitia formar uma imagem completa e detalhada dos tabuleiros e da localização de cada peça através do seu olho interno. Mas o que Goetz disse a Binet pegou o jovem psicólogo de surpresa. Não havia nenhum registro mental. Confuso diante dessa revelação inesperada, Binet convidou um grupo de mestres do xadrez às cegas para ir ao seu laboratório com o objetivo de aprofundar o questionamento sobre o assunto.

O que ele descobriu apenas confirmou a declaração de Goetz.

Quando Binet pediu aos jogadores para esboçar como imaginavam o jogo em suas mentes, eles desenharam um tabuleiro vago e abstrato no qual faltava a maioria das casas. Os desenhos também não tinham nenhuma peça do jogo. Em vez disso, havia linhas diagonais, horizontais e verticais que reproduziam os possíveis movimentos das suas próprias peças e as do seu adversário. Visualizar mais do que isso seria apenas uma distração, explicaram os jogadores, as coisas mais importantes estão no desenho. Não havia motivo para saber a cor das casas ou a forma de qualquer peça. Tudo o que importava era que havia uma peça em uma casa e em quais direções ela poderia se mover.

Conforme Goetz disse a Binet: "Eu não vejo de maneira alguma as formas das peças do jogo... Eu estou ciente apenas do significado de uma peça e do seu curso... Para o olho interno, um bispo não é uma peça com um formato singular, mas, sim, uma força oblíqua."

Por outro lado, quando Binet perguntou aos jogadores amadores o que eles tinham em vista quando jogavam às cegas, eles responderam que tentavam imaginar o mesmo tabuleiro sem deixar passar nenhum detalhe. Os mestres enxadristas, com o seu profundo conhecimento sobre o assunto, sabiam em qual informação se concentrar enquanto as suas contrapartes amadoras precisavam formar uma imagem completa em sua mente para calcular os seus movimentos.

O experimento de Binet foi apenas o primeiro de muitos que tentaram destrinchar o funcionamento da mente humana comparando os grandes mestres aos principiantes. O xadrez mostrou-se tão útil nos estudos sobre a mente que os pesquisadores lhe deram o nome de drosófila da psicologia cognitiva, uma referência às moscas da fruta usadas frequentemente em experiências genéticas.

Em 1973, as experiências com xadrez levaram William Chase e Herbert Simon, dois psicólogos da Universidade de Carnegie Mellon, de Pittsburgh, a desenvolver uma teoria sobre a memória chamada de chunking, um conceito que veio a ser considerado como um dos mais importantes em psicologia. Para a sua pesquisa, Chase e Simon testaram as memórias de três grupos de pessoas: mestres do xadrez, jogadores experientes e jogadores principiantes. Eles pediram aos seus voluntários para que olhassem de relance as posições diferentes no tabuleiro e depois recriassem o que tinham visto. Eles também testaram a lembrança de cada movimento dos seus voluntários em uma partida completa de xadrez. Os grandes mestres superaram facilmente os outros grupos, e isso, de acordo com Chase e Simon, ocorreu por causa do chunking, o processo através do qual fragmentamos a informação em pedaços menores para facilitar a memorização.

O exemplo clássico de chunking é como fazemos para nos lembrar de um número de telefone, ou pelo menos fazíamos antes do advento dos celulares. Memorizar uma sequência de números de dez dígitos como 2, 1, 2, 5, 5, 5, 2, 3, 6, 8 é difícil. Por isso, dividimos a sequência em pedaços de três grupos de números como 212-555-2368, e assim fica mais fácil lembrar de tudo. Não é muito diferente de comer. Ao invés de tentarmos enfiar um cachorro-quente inteiro goela abaixo, mordemos o sanduíche em pedaços pequenos para podermos engolir.

Os mestres de xadrez, segundo a teoria, conseguem fragmentar as informações de milhares de situações diferentes no tabuleiro de xadrez, como aberturas, xeque-mates e a disposição de peças. Eles aprendem a associar determinadas configurações do tabuleiro com possíveis táticas e estratégias. É como se fosse uma língua em que as peças de xadrez formam o alfabeto e o seu arranjo sobre o tabuleiro são palavras imbuídas de um significado específico. Não é à toa que Judit Polgár disse que o xadrez era a sua "segunda língua materna".

Ao fragmentar o seu conhecimento de xadrez, os jogadores experientes se lembram melhor das situações que lhes mostraram do que os jogadores iniciantes porque eles já memorizaram circunstâncias parecidas e compreenderam o sentido do que lhes foi mostrado com mais detalhes do que jogadores de xadrez menos capacitados.

Para provar que tinham razão, Chase e Simon então pediram aos três grupos de enxadristas para se lembrar de configurações abstratas e insignificantes das peças nos tabuleiros. Desta vez, os mestres enxadristas, incapazes de relacionar o que viram com o que assimilaram, não tiveram um desempenho melhor do que os demais jogadores. Os aparelhos de exame de ressonância magnética desde então reforçaram a teoria. Um estudo comparou a atividade cerebral de jogadores experientes e inexperientes enquanto disputavam uma partida de xadrez. Os jogadores inexperientes mostraram mais atividade no hipocampo e no lobo temporal medial, que são áreas do cérebro ligadas à memória de curto prazo. Os jogadores experientes, entretanto, revelaram uma atividade maior nos lóbulos frontais, o que sugere que eles estavam se baseando em conhecimentos existentes no jogo.

Enquanto o xadrez ajudava a dissecar os processos de memória, outros pesquisadores tentavam descobrir se o xadrez e a inteligência tinham alguma relação. Certamente não faltavam menções quanto ao valor intelectual e educacional do xadrez. Na verdade, o xadrez é frequentemente discutido de uma maneira que passa a impressão de que o jogo é o equivalente a comer os seus vegetais, mas será que dominar o xadrez é mesmo um sinal de superioridade intelectual?

Em 1925, uma equipe de pesquisadores russos tentou responder a essa pergunta submetendo os melhores jogadores de xadrez e jogadores iniciantes a uma série de testes psicológicos. Eles descobriram que a única área em que os mais experientes se destacavam era o xadrez, uma constatação que foi confirmada por estudos subsequentes. Os mestres de xadrez, segundo os resultados, têm um conhecimento extraordinário sobre o jogo, mas não necessariamente um cérebro privilegiado.

Quanto à pergunta relacionada a se o xadrez é vantajoso para a educação infantil, todas as evidências apontam claramente a favor do jogo, embora a relevância dos ganhos relatados varie muito e alguns estudos não tenham encontrado nenhuma diferença perceptível nos progressos realizados pelas crianças que jogam xadrez e as que não jogam.

Entre as vantagens educacionais aparentes de se jogar xadrez estão uma melhor concentração e uma maior capacidade de planejamento. Alguns trabalhos citam que as crianças que jogam xadrez têm melhores resultados em termos de leitura, matemática, QI, pensamento crítico e testes de visualização.

Não são apenas as crianças que podem se beneficiar com o jogo de xadrez. Existem evidências também de que o estímulo mental que o xadrez proporciona pode até ajudar os idosos a reduzir o risco de desenvolver a doença de Alzheimer. Agora, se essas características são exclusivas do xadrez ou de qualquer outro jogo baseado em perícia, aí já são outros quinhentos.

Um traço em comum entre todos esses estudos é que eles associam o xadrez a uma mente analítica, intelectual e racional. O xadrez pode nos dizer como nos alimentamos e como usamos as nossas memórias, e como conseguimos visualizar coisas dentro de nossas cabeças, mas e a mente irracional? Será que os jogos de tabuleiro podem revelar algo sobre a nossa natureza emocional?

No lado emocional, o reino lógico do xadrez traz poucas - ou quase nenhuma - revelações, mas um jogo totalmente diferente cumpre esse objetivo: o Ungame, a criação de uma dona de casa californiana emocionalmente reprimida que criou espaço para milhões de pessoas se abrirem.

As origens do Ungame remetem à infância sufocante da sua criadora, Rhea Zakich. "Eu cresci em uma família que nunca admitiu nenhum tipo de emoção", ela se recorda. "Nada de abraços, nem de beijos, nem de toques. Nós não podíamos chorar. Eu ouvia frases como 'não seja maricas', 'deixe de se infantil' e 'isso não é motivo de choro', e então eu realmente cresci achando que devia deixar para trás as minhas emoções."

Por ser uma criança dos anos 30 e 40, a experiência de Zakich estava longe de ser um caso incomum. "As emoções não tinham uma designação específica porque ninguém tocava nesse assunto na época", ela conta. "Tínhamos acabado de passar pela Grande Depressão. Naqueles dias, a vida era difícil e as emoções não tinham lugar nesse ambiente. Não queríamos ter um emprego que desse mais satisfação, a essa altura já nos daríamos por satisfeitos se tivéssemos um emprego. As pessoas não estavam à procura de satisfação - tratava-se apenas de sobrevivência."

Por isso, sempre que sentia emoções, Zakich as afastava, e a sua sensação de que as emoções eram uma fraqueza vergonhosa a acompanhou até à idade adulta. Todas essas emoções reprimidas foram se acumulando dentro dela.

Então em 1970 vários pólipos foram detectados nas suas cordas vocais e a dona de casa de 35 anos e mãe de dois filhos teve que passar por uma cirurgia para retirá-los. Após a operação, os médicos recomendaram a Zakich que não falasse ou emitisse qualquer som durante alguns meses porque até mesmo o menor ruído poderia resultar em uma hemorragia que faria com que ela perdesse a voz para sempre.

O silêncio imposto a deixou isolada. "Quando eu estava muda, ninguém prestava atenção em mim", ela afirma. "As pessoas não sabem o que dizer para alguém que não pode falar, por isso elas simplesmente abaixam a cabeça e passam reto."

Os seus filhos e o seu marido pararam de falar com ela. Eles chegavam em casa, jantavam, assistiam à televisão e conversavam entre si como se ela fosse invisível.

Zakich começou a pensar em como seria a vida se ela nunca mais voltasse a falar. "Eu estava assustada com o fato de que a maioria das coisas que tinha dito aos meus filhos eram orientações", ela se recorda. "Parem já com isso e façam o dever de casa, lavem as suas mãos, deem comida para o cachorro, levem o lixo para fora. Eu percebi que tudo o que saía da minha boca eram ordens para os meus filhos. Por isso, na minha mudez, eu tinha a noção do arrependimento de não ter me lembrado de dizer-lhes como eu os amava e me preocupava com eles e porque eu era rigorosa."

Ela sentia a mesma coisa em relação ao seu casamento. "Criou-se um ambiente tão formal entre nós", ela conta. "Meu marido voltava do trabalho e eu dizia: 'Darren precisa de um novo par de calçados e a porta de tela ainda está rangendo e eu tenho que ir ao mercado hoje'. Nada de palavras gentis e amorosas porque era tudo muito prático. Por que nunca pensei em dizer como eu gostava dele ou que eu queria pedir desculpas ou que eu me importava? Eu me esqueci de todas essas coisas entre tantas atribuições."

O acúmulo de emoções fez com que ela se sentisse como uma lata de refrigerante chacoalhada prestes a explodir. "Eu achei que se mais alguma coisa acontecesse eu iria literalmente explodir como uma bomba", ela conta. "Por isso, pensei o seguinte: 'Eu vou deixar que todos saibam o que está se passando dentro de mim.' De certa forma, eu queria jogar a culpa em cima de todo mundo."

Então, ela começou a escrever cartões com as perguntas que gostaria que a sua família lhe fizesse para saber como ela se sentia, imaginando que isso serviria de desculpa para deixar as suas emoções fluírem.

Enquanto escrevia os textos, Zakich se perguntou como faria para que a sua família tomasse conhecimento dos seus questionamentos. "Aí me ocorreu: 'Ah! Nós brincávamos com jogos de tabuleiro na mesa da cozinha'", ela conta. "Então, certo dia, enquanto os meninos estavam na escola e o meu marido estava no trabalho, eu passei a tarde desenhando um jogo de tabuleiro, fui simplesmente inventando - um caminho estreito e pequenas áreas. Depois, eu peguei as peças do nosso jogo do Monopoly e as organizei no meu modesto tabuleiro e coloquei o deck de cartas no centro do tabuleiro e deixei tudo em cima da mesa."

O seu jogo era algo bastante incomum. Não havia um objetivo, nenhum vencedor e nenhum derrotado. A pista pela qual as peças do jogo se moviam era uma espiral infinita. Enquanto andavam pelo tabuleiro, os jogadores pegavam cartas do deck e respondiam às perguntas. A única regra era que os jogadores deviam ouvir a pessoa que respondia à pergunta do deck de cartas sem fazer comentários ou perguntar qualquer coisa.

Preocupada com a possibilidade de que muitas perguntas sobre sentimentos fizessem a sua família se afastar do jogo, Zakich acrescentou indagações divertidas e triviais como "Qual é a sua cor favorita?" e "O que você quer de presente de aniversário?". Em seguida, ela arrumou meticulosamente o deck de cartas para que lhe perguntassem o que ela queria responder quando - e se - eles quisessem jogar.

Ao voltar da escola, um dos seus filhos reparou no jogo caseiro em cima da mesa da cozinha e perguntou a ela se eles podiam jogar depois do jantar. Zakich acenou que sim. Esta foi a primeira vez que ele se dirigiu a ela em muitos dias.

Depois do jantar, Zakich e a família dela se sentaram ao redor da mesa para jogar. Então, quando estavam prestes a começar a partida, um dos seus filhos pegou o deck e, para o horror de Zakich, embaralhou as cartas. Agora não havia como saber quem teria que responder a qual pergunta. "Eu pensei: 'Oh-oh, não vou pegar as cartas que eu quero, eles também podem tirar essas cartas', mas essa foi a parte mais incrível", ela afirma.

Os vinte minutos seguintes mudaram a família para sempre. O marido dela tirou uma carta que o fez falar sobre como ele se sentia solitário e como também sentia falta do som da voz da sua esposa. "Eu não sabia que ele se sentia assim, ele fez o seu relato, e os meninos prestaram atenção", ela relembra. "Então o meu caçula tirou uma carta que dizia: 'Como você se sente quando as pessoas riem da sua cara?'. Eu queria responder a essa pergunta porque as pessoas zoavam e faziam piadas do tipo, "Você alguma vez pensou que veria a Rhea de boca fechada?', o que eu não achava nem um pouco engraçado na época.

"Aí o meu filhou tirou essa pergunta, e disse: 'Eu odeio isso, odeio mesmo, esses meninos pegam no meu pé o tempo todo, eles tiram sarro da minha cara e me chamam de gordo e, às vezes, eu penso em me matar para que eles se sintam culpados pela minha desgraça.' Eu fiquei totalmente chocada, todos nós ficamos. Ele tinha esses pensamentos e não fazíamos ideia."

Logo depois, o seu filho mais velho, um aluno exemplar, contou a eles que vivia com o medo constante de que o resto da família não gostaria tanto dele se ele tirasse uma nota ruim. "Em menos de vinte minutos, compartilhamos histórias que nunca tínhamos contado antes," diz Zakich.

Alguns dias mais tarde, o marido dela convidou os seus vizinhos para jogar uma partida. Eles não jogaram mais do que quinze minutos, mas ao final da noite, os convidados perguntaram se podiam levar o jogo para casa. Os nossos filhos praticamente não conversam mais conosco, o casal explicou. Muito contente por eles terem gostado do seu jogo, Zakich concordou e, então, se deu conta de que tinha acabado de dar o objeto que lhe permitiu acabar com tantos anos de silêncio emocional da sua família.

Por isso, no dia seguinte, ela se pôs a fazer outra cópia. Ao longo dos seis meses que se seguiram, Zakich se viu produzindo muitas outras, visto que todo mundo que conhecia o seu jogo queria uma cópia.

Os que tinham uma cópia apresentavam o jogo às outras pessoas, que então, por sua vez, pediam o jogo emprestado e o apresentavam para ainda mais gente. Logo, Zakich passou a receber cartas de pessoas que não conhecia que tinham gostado do seu jogo e que queriam que ela lhes fizesse uma cópia. Em seguida, chegaram cartas de pastores e professores que queriam várias cópias para mostrar aos seus grupos de jovens e aos seus alunos.

Os seus dias foram preenchidos com a tarefa de datilografar as perguntas nos cartões e desenhar tabuleiros de jogo que ela coloria com giz de cera. Mais tarde, as pessoas lhe escreviam não apenas para solicitar cópias do jogo, mas também para dizer como este havia transformado para melhor as suas vidas e as de suas famílias.

Zakich passou a considerar a ideia de que ela deveria vender o Ungame e escreveu para os fabricantes de jogos e as empresas de material escolar.

Todas as empresas com as quais entrou em contato se recusaram a publicar o jogo. Não vai funcionar, eles alegaram. As pessoas não falam sobre os seus sentimentos, nunca existiu um jogo voltado para as emoções, e, além do mais, como não há um vencedor, nem sequer se enquadra como jogo. "Ninguém nunca tinha ouvido falar em um jogo não competitivo ou de um jogo que abordasse um tema sério", ela afirma. "Eu não queria que fosse um jogo competitivo, não queria que ninguém saísse perdendo depois de compartilhar os seus sentimentos."

Então em 1972 a sua sorte mudou. Um rapaz da sua vizinhança encontrou uma cópia do jogo feita pela metade que Zakich havia jogado no lixo depois de cometer um erro. Pouco tempo depois, os pais do rapaz a procuraram e disseram que estavam dispostos a fazer um refinanciamento da casa deles para ajudar na produção do Ungame. "Só podia ser um milagre divino porque os profissionais do ramo achavam que não iria funcionar - os jogos têm a ver com fingimento e este é um em que podemos ser autênticos", comenta Zakich.

Juntos, eles fundaram a Ungame Company e começaram a tentar persuadir as lojas a comprar o jogo, mas como eles não tinham dinheiro para pagar a publicidade, os lojistas se mostraram relutantes em colocar o produto em suas prateleiras. Como as pessoas saberiam que o jogo existe?, eles pensaram. Assim, Zakich, que a essa altura já havia recuperado a voz, passou a dar palestras sobre o Ungame em escolas pelo sul da Califórnia e a avisar as lojas de brinquedo locais que as pessoas iriam querer comprar o jogo depois disso. Pouco a pouco, os lojistas começaram a adquirir cópias, que se esgotavam e então eles faziam mais pedidos.

A partir daí, a força do Ungame cresceu cada vez mais. As vendas saltaram de dezenas para milhares, e posteriormente se transformaram em dezenas de milhares, e depois em centenas de milhares. Em 1985, as vendas ultrapassaram a marca de um milhão e o jogo ainda estava sendo vendido.

Zakich se viu em meio a caixas de cartas de gente do país inteiro. Incontáveis histórias de casamentos recuperados, de crianças retraídas que saíram dos seus casulos, de pacientes com transtornos mentais que se abriram com os seus terapeutas, e relatos de como jogar o Ungame ajudou as famílias a lidar com a morte de um ente querido.

O Ungame casou perfeitamente com o espírito dos anos 1970, uma década em que o conceito de entrar em contato com as próprias emoções ao invés de reprimi-las fincou raízes. As colunas de conselhos dos jornais, os terapeutas e os livros de autoajuda que antes diziam às pessoas para controlar as suas emoções agora as estimulavam a colocar tudo para fora.

À medida que a sociedade mudava as suas atitudes em relação às emoções e as vendas do Ungame cresciam, jogos similares com nomes como Group Therapy e Talking, Feeling, and Doing Game também começaram a ganhar impulso.

Alguns psicólogos e psiquiatras mostraram-se preocupados com a tendência, alertando que esses jogos deixavam as pessoas expostas e vulneráveis. "Eu conheço o jogo Group Therapy, e isso me assusta", o psicólogo Dr. Edmund Shimberg do Lankenau Hospital declarou ao jornal Philadelphia Inquirer em 1972. "O jogo brinca com as emoções das pessoas, fazendo com que elas se abram o máximo possível sem ter alguém para dar suporte depois. Isso deixa as suas entranhas emocionais à mostra diante dos amigos e vizinhos."

Outros terapeutas, entretanto, incorporaram esses jogos aos seus trabalhos e os elogiaram por serem uma ferramenta muito útil para fazer as pessoas falarem sobre os seus sentimentos mais íntimos.

Para Zakich, a capacidade do Ungame de incentivar as pessoas a se expressar tem mais a ver com o tabuleiro do que com as perguntas nas cartas. "Quando as pessoas se reúnem ao redor de um jogo de mesa, elas estão mais perto umas das outras do que em qualquer outro momento", ela afirma. "Quando se sentam ao redor do tabuleiro, todos se misturam e isso faz parte na hora de partilhar os segredos. As pessoas se sentam em um círculo bem próximo. As pessoa não precisam projetar a sua voz."

Igualmente importante é a regra que determina que os jogadores ouçam o que está sendo dito sem fazer comentários. "As pessoas se acostumam a não falar, a não ser que seja a vez delas, por isso elas escutam em níveis diferentes; ninguém ensaia na cabeça o que vai dizer", ela explica. "Assim, se alguém divide a sua tristeza porque perdeu um irmão, dá para ver as lágrimas nos olhos da outra pessoa. Quando é apenas uma conversa normal, se ouvirmos sobre a morte do irmão de alguém, pensaremos na morte de um parente e a nossa mente se ocupa com outros pensamentos."

Zakich pode ter descoberto o potencial dos jogos como um instrumento de mudança de vida, mas na Court Street, no Brooklyn, uma tentativa mais elaborada de usar os jogos como uma maneira de melhorar vidas está em curso.

Do lado de fora, o Brooklyn Strategist parece ser apenas mais um dos sofisticados cafés de jogos de mesa que foram inaugurados nas cidades do mundo inteiro nos últimos anos. Por dentro, há paredes de tijolos crus, canos de água expostos, mesas iluminadas por luminárias esquisitas e um café-bar que oferece refrigerantes artesanais, biscoitos de coco com limão e empanadas no estilo australiano da DUB (Down Under Bakery) Pies.

Mas o Brooklyn Strategist não foi fundado apenas por amor aos jogos e a um bom café. A sua verdadeira base é a neurociência.

O Dr. Jon Freeman é o proprietário do Brooklyn Strategist. Antes de abrir o café, ele havia construído uma carreira bem-sucedida na área de psicologia clínica, que incluiu dirigir um laboratório de pesquisas neurocientíficas em Manhattan e atuar como consultor para empresas farmacêuticas, mas uma hora ele passou a se sentir sobrecarregado por causa das suas obrigações.

Então ele começou a procurar uma saída e a encontrou justamente em casa na frente do seu aparelho de TV. "Eu estava observando a minha filha de sete anos que já tinha voltado da escola, e quando ela não tinha nenhum amigo com quem interagir, ela entrava nesse mundo de isolamento digital", ele conta. "Qualquer que fosse o mais novo videogame - sistemas como o Wii, o DS -, ela queria e mergulhava de cabeça nesse mundo."

Freeman pôs-se a pensar em como ele poderia estimular a sua filha a passar menos tempo brincando com o Nintendo e mais tempo se envolvendo com o mundo que existe além da tela. Foi então que lhe ocorreu que ela realmente se empenhava quando eles brincavam juntos com jogos de tabuleiro. "Aí, eu pensei... huum... não posso ficar jogando com ela o dia inteiro... ou será que posso?", ele conta. "E então me veio à cabeça: se eu vou ficar jogando com ela o dia inteiro, por que não estender isso a um projeto mais amplo?"

Ele cogitou um programa extracurricular baseado em jogos de tabuleiro que ajudaria as crianças a se desenvolverem de uma forma divertida. Ele pesquisou para ver se já existia alguma coisa parecida no mercado. Não existia. Então ele usou a sua experiência em neurociência e psicologia para elaborar um programa.

Os programas trimestrais que Freeman criou têm como finalidade ativar e incrementar partes específicas do cérebro por meio de jogos que valorizam a estratégia em detrimento da sorte. O enfoque se baseia no conceito da plasticidade neuronal, a ideia de que as conexões neurais em nossos cérebros estão constantemente se reestruturando em resposta a estímulos em vez de, como anteriormente se pensava, alcançar um estado estático ao entrar na fase adulta. "Os meus programas são baseados na teoria de que os neurônios que disparam juntos, se conectam; e quanto mais ativa for uma área do cérebro, mais neurônios se desenvolvem nessa área em particular", explica Freeman. "Existem evidências bastante convincentes na literatura sobre a neurociência que sustentam essa ideia."

A ginástica mental é típica dos programas extracurriculares que Freeman desenvolveu. Destinada aos alunos do pré-primário e primeiro ano, a ginástica mental começa com jogos voltados para reconhecimento de padrões e aprendizagem sequencial antes de passar para os jogos que exigem pensamento linear. Os jogos usados nos programas de ginástica mental variam do jogo de mancala de oware até os lançamentos mais recentes como o Mine Shift de 2011, uma variação para dois jogadores do jogo de damas chinês.

O Mine Shift usa um tabuleiro criado a partir de dez placas tiradas ao acaso da caixa. Cada uma das placas contém quatro casas e divisórias posicionadas de forma diferente. Como no jogo de damas chinês, os jogadores têm que mover as suas peças pelo tabuleiro até a área de largada do seu oponente, mas em vez de apenas mover as peças, os jogadores também giram e mudam o posicionamento das placas a fim de eliminar os obstáculos ao seu avanço e bloquear o caminho do seu adversário. "Não se trata simplesmente de mover a peça para os lados, para a frente, para trás ou pular como no jogo de damas chinês, a dinâmica envolve a rotação sequencial das placas para que estas estabeleçam conexões", diz Freeman.

Depois de se tornarem especialistas em Mine Shift, as crianças começam a usar jogos que as ajudam a se familiarizar com o conceito de matemática linear. Os alunos do pré-primário não entendem os números da mesma forma que os adultos, explica Freeman. Enquanto os adultos entendem os números de forma linear, as crianças pequenas os entendem de forma logarítmica.

Digamos que eu desenhe uma linha sem números representando uma escala de zero a cem. Se eu pedir a um adulto para colocar as peças com os números que faltam ao longo dessa linha, ele vai espalhar os números igualmente porque ele sabe que os números crescem de forma linear. Mas as crianças do pré-primário vão colocar esses números de forma logarítmica, em que os números menores ficam distantes entre si e os números maiores ficam amontoados na ponta.

A transição de uma compreensão logarítmica dos números para uma compreensão linear acontece entre os cinco e seis anos de idade, e a velocidade com que as crianças dão esse salto conceitual parece elevar o seu desempenho em matemática. "A ginástica mental tem a ver com a conversão do pensamento logarítmico para o linear na matemática e, quem diria, depois que passamos a fazer isso com as crianças que estavam no pré-primário, eu comecei a ouvir dos pais que as notas de matemática dos seus filhos melhoraram", conta Freeman, que em algum momento espera confirmar esses sinais surpreendentes de progresso com um estudo adequado.

Os programas do Brooklyn Strategist também têm um impacto positivo em crianças com necessidades especiais. Jennifer Gebhardt, cujo filho de nove anos, Jason, é um assíduo frequentador do estabelecimento, relembra o efeito que o trabalho realizado lá exerceu em um dos amigos do seu filho. "Esse menino era um menino muito inteligente, mas tinha lá os seus probleminhas," ela conta. "Porém, quando ele estava no Brooklyn Strategist com o Jason, ele conseguia prestar atenção no jogo e abrandar outros pontos do seu comportamento um tanto quanto alterado e criar um vínculo e uma amizade com Jason."

Além disso, o Brooklyn Strategist tem ajudado a detectar dislexia e daltonismo não diagnosticados depois que a equipe reparou que essas crianças tinham dificuldades em passar dos jogos não verbais para os verbais ou identificavam repetidamente as peças erradas como sendo delas.

Outro campo de trabalho em que o Brooklyn Strategist se envolveu é o de ajudar a desenvolver as habilidades sociais das crianças, algo que Freeman não esperava ter de fazer quando ele iniciou as suas atividades.

"É bastante óbvio que muitas crianças chegam aqui hoje com uma incapacidade social relacionada à comunicação digital", ele diz. "Elas têm muita dificuldade para interagir com outras pessoas. Elas não sabem muito bem como conversar com os outros, não sabem como incentivar os outros, não sabem aceitar pacificamente comentários sobre o seu comportamento e não sabem como se comportar quando algo não está saindo como elas queriam."

Muitos dos jovens com poucas habilidades sociais se enquadram no que os educadores chamam de categoria "2e" ou "duplamente excepcional". "São crianças que extrapolam os gráficos de algumas áreas acadêmicas e nem sequer constam nos gráficos de outras", ele diz. "E com mais frequência do que se imagina, elas nem mesmo aparecem nos gráficos quando se trata de questões como socialização."

Para lidar com as habilidades sociais deficientes dessas crianças, Freeman incluiu os role-playing games nos seus programas extracurriculares.

"Quando eu originalmente escrevi o meu programa, o Dungeons & Dragons e os role-playing games não tinham absolutamente nada a ver com o assunto", ele afirma. "Agora, nós adotamos os role-playing games diariamente e as crianças estão criando os seus próprios role-playing games. Para as crianças 2e, em especial, nós usamos um jogo chamado Mouse Guard, que é um role-playing game que atribui pontos de personalidade com base em demonstrações genuínas de afeto. Dessa forma, a criança assume o papel de um rato e se o seu rato ficar genuinamente feliz por outro rato, ou genuinamente triste, a criança ganha pontos e desenvolve a sua personalidade."

Aonde o trabalho de desenvolvimento infantil do Brooklyn Strategist vai parar, é um mistério para Freeman. Ele espera poder abrir mais lojas para que seja possível levar o clube extracurricular para outros bairros, mas a ideia não passa disso por enquanto.

"Eu não tenho grandes planos", ele diz. "Eu me sinto mais jovem fazendo isso, eu estou gostando muito. Foi a comunidade que nos fez chegar aonde chegamos. É uma sinergia muito importante. Eu fiquei surpreso - quando comecei o negócio, eu não tinha ideia de como a comunidade reagiria."

Além disso, ele acrescenta, a combinação do Brooklyn Strategist de programas extracurriculares, jogos específicos, torneios, noites de xadrez, competições de Scrabble, eventos especiais e noites temáticas uniu toda a comunidade.

"No fundo, eu acho que nós representamos um ambiente social seguro do ponto de vista psicológico e físico para as pessoas frequentarem, sejam crianças ou adultos", ele diz. "Se olharmos para os nossos eventos, veremos uma verdadeira mistura de crianças e adultos brincando juntos, e nesta sociedade, como se sabe, as pessoas ficam paranoicas com a ideia de 'O que será que aquele adulto está conversando com aquela criança? Boa coisa não deve ser.' Bom, antigamente, quando as pessoas tinham o hábito da convivência, não havia nada de errado nisso. As crianças podiam aprender com os mais velhos e talvez os mais velhos pudessem aprender com as crianças. Eu acho que somos bastante antiquados nesse aspecto."

A sua metodologia pode ser diferente, mas o Brooklyn Strategist também segue com a tradição de usar os jogos de tabuleiro para explorar e aprimorar a mente. Assim como Alfred Binet na Paris dos anos 1890, eles estão transformando os jogos em instrumentos que podem perscrutar a mente das pessoas. Assim como as Polgárs e os clubes de xadrez escolares no passado, o Brooklyn Strategist usa os jogos para aumentar o intelecto. E, assim como o Ungame, o estabelecimento está reunindo as pessoas por meio de jogos e brincadeiras e ensinando-as a se relacionar.

Mas o uso dos jogos de tabuleiro na exploração do conceito de inteligência não se limita a seres humanos, pois, como veremos a seguir, os jogos também estão preparando o caminho para as máquinas que pensam.

13

A ASCENSÃO DAS MÁQUINAS: JOGOS QUE TREINAM CÉREBROS SINTÉTICOS

Como os jogos de mesa impulsionaram o desenvolvimento da inteligência artificial

Garry Kasparov entrou no recinto quase que com um ar arrogante de confiança. O dia era 3 de maio de 1997, e o campeão mundial de xadrez estava pronto para mostrar, mais uma vez, que as máquinas não eram páreo para os grandes mestres de carne e osso.

Kasparov vinha superando os melhores programas de xadrez do mundo há anos. Em 1985, ele jogou com trinta e dois programas de xadrez ao mesmo tempo e derrotou todos eles. Em 1989, na cidade de Nova York, ele deu uma sova no Deep Thought, o computador de xadrez da IBM e em 1996, apesar de ter perdido o jogo de abertura da partida, fez o mesmo com o sucessor do Deep Thought, o Deep Blue.

Dessa vez, ele se encontrava diante de um Deep Blue melhorado e esperava constranger o supercomputador de milhões de dólares pela segunda vez no conforto de um pequeno estúdio de televisão em Nova York enquanto as câmeras filmavam. Kasparov venceu facilmente o primeiro dos seis jogos. "Não passa de uma máquina. Máquinas são burras", ele se gabou depois.

Mas por trás de toda a bravata, alguma coisa incomodava o grande mestre russo. No final do primeiro jogo, o Deep Blue fez um movimento inusitado, nada que pudesse impedir a marcha para a vitória de

Kasparov, mas o suficiente para o deixar abalado. Ele pensou no que aquilo podia representar. Essa jogada estranha indicava uma estratégia de longo prazo que o computador tinha em mente? Seria um sinal de que havia uma inteligência maior do que ele imaginou escondida dentro daquele monte de microchips do tamanho de uma geladeira?

Anos depois, um dos criadores do Deep Blue revelou que o lance errático foi causado por uma falha do software que fez com que um movimento fosse escolhido aleatoriamente, mas Kasparov não sabia disso e a decisão curiosa do computador minou a sua confiança pessoal.

No jogo seguinte, as coisas não correram conforme o planejado para o grande mestre. Kasparov se viu na defensiva e uma hora reconheceu a derrota, depois de desprezar uma oportunidade de forçar um empate. Os próximos três jogos também se mostraram complicados para o campeão de xadrez da humanidade, e cada um deles terminou em um impasse.

Agora tudo dependia do último jogo, que iria acontecer no dia 11 de maio. O confronto iminente entre homem e máquina atraiu a atenção do mundo de uma forma que nenhum jogo de xadrez tinha feito desde o embate da época da Guerra Fria entre Bobby Fischer e Boris Spassky, em 1972. "O futuro da humanidade está em risco", declarou um empolgado âncora da CBS News, antes de passar alegremente para a previsão do tempo.

Perante os olhos do mundo, o confronto do dia 11 de maio foi tenso. Kasparov fez uma careta e levou as mãos ao rosto quando o insensível Deep Blue abriu buracos na sua defesa antes de forçá-lo a admitir a derrota depois de apenas dezenove movimentos.

Perplexo, Kasparov levantou-se da sua poltrona chesterfield esverdeada e rapidamente se retirou da cena da sua derrota, com os braços levantados e as palmas das mãos abertas para cima, em estado de choque. A máquina tinha vencido e o tempo dos homens como mestres do xadrez acabou.

O resultado da vitória do Deep Blue levou a muitas reflexões. A mídia discutiu se o episódio marcou uma guinada no relacionamento entre nós e as máquinas, o início de uma era em que computadores inteligentes iriam ofuscar os seus criadores. Outras pessoas minimizaram a vitória, observando que o Deep Blue não sabia fazer outra coisa a não ser jogar xadrez e por isso aventar a possibilidade de os computadores substituírem as pessoas era algo muito prematuro.

Um constrangido Kasparov acusou a IBM de trapacear, afirmando que o Deep Blue deve ter recebido a ajuda oculta de terceiros, e pediu uma revanche. A IBM rejeitou com indignação a conversa fiada de Kasparov e recusou a desforra, preferindo manter o Deep Blue nos livros de história para sempre.

Independentemente do debate sobre o significado e a natureza da vitória do Deep Blue, a derrota de Kasparov constituiu uma ocasião histórica para a pesquisa de inteligência artificial - o clímax de uma busca de cinquenta anos para criar um computador de xadrez que poderia superar os campeões mundiais.

O sonho de máquinas que jogam xadrez surgiu inicialmente em 1770 quando Wolfgang von Kempelen apresentou o seu Autômato Jogador de Xadrez no Palácio de Schönbrunn em Viena e deixou a corte do Império Habsburgo de queixo caído.

A máquina de Von Kempelen era composta por um grande baú com um tabuleiro de xadrez na parte de cima e o torso em tamanho real de um homem mecânico, usando vestes turcas e um turbante, que movia as peças pelo tabuleiro. O Turco, como foi apelidado, jogava xadrez de forma impressionante, enfrentando e normalmente derrotando aqueles que ousavam desafiá-lo.

Depois de impressionar a alta sociedade vienense, o Turco viajou pela Europa, somando vitórias contra jogadores como Benjamin Franklin e Napoleão Bonaparte durante o trajeto. Mas tudo não passou de um engodo. As habilidades do Turco eram, na verdade, consequência do trabalho de um enxadrista habilidoso que operava a máquina enquanto permanecia escondido dentro do enorme baú.

Apesar da fraude, a ideia de máquinas que jogam xadrez pegou, e em 1910 o inventor espanhol Leonardo Torres y Quevedo encarou o desafio. O resultado foi El Ajedrecista, um autômato elétrico capaz de jogar uma final de partida de xadrez em que o rei e a torre tentam encurralar um rei solitário. Por mais impressionante que El Ajedrecista tenha sido para a sua época, foram os cientistas da computação dos anos 1940 que de fato deram o pontapé inicial para o desenvolvimento das máquinas que jogam xadrez.

Após a Segunda Guerra Mundial, o campo emergente da ciência da computação teve dois estandartes: o matemático britânico Alan Turing e o engenheiro eletrônico norte-americano Claude Shannon. Os dois serviram durante a guerra como decifradores de código, com Turing, em especial, desempenhando um papel fundamental em desvendar os códigos secretos da máquina Enigma usada pela marinha alemã. Quando as forças do Eixo foram derrotadas, a dupla concentrou-se em definir as bases da computação moderna.

Ambos consideraram a criação de uma inteligência artificial o objetivo principal da ciência da computação e concordaram que elaborar um computador para derrotar enxadristas humanos seria um passo importante para atingir essa meta.

A complexidade do xadrez era um atraente laboratório de testes para a pesquisa de inteligência artificial. Embora até uma criança possa aprender as regras, a variedade de situações possíveis no jogo é imensa. Tão imensa que mesmo se um computador jogasse um milhão de jogos por segundo, demoraria muito mais do que o tempo que acredita-se que se passou desde o Big Bang para a máquina processar cada combinação do jogo.

O que significa que um programa de xadrez bem-sucedido precisa reagir e antecipar os movimentos de um oponente humano de alguma forma inteligente. Como o próprio Shannon afirmou em um artigo de 1950: "Embora talvez não tenha nenhuma importância prática, a questão [do xadrez de computador] suscita um interesse teórico e espera-se que uma solução satisfatória deste problema funcione como uma oportunidade para avaliar outros problemas de natureza similar e de maior importância."

O xadrez tornou-se o Santo Graal da pesquisa de inteligência artificial. A primeira solução que se propôs foi programar os computadores para explorar uma "árvore de jogos", um fluxograma em constante ramificação de movimentos possíveis. A partir da posição atual das peças no tabuleiro, o programa analisava todos os novos movimentos possíveis antes de analisar cada lance que poderia se seguir a esses movimentos, e assim por diante até o final da partida. Durante o processo, o computador avaliava a qualidade de cada movimento em potencial e atribuía uma pontuação a cada um. Por fim, depois de pontuar todos os movimentos na árvore de jogos, o computador selecionava a jogada menos ruim. Os cientistas da computação chamaram esse método de "minimax".

Embora a teoria fosse boa, o minimax era lento. Rodar todos esses movimentos exigia um monte de poder de processamento, e poder de processamento era escasso nos computadores da década de 50. A única maneira de acelerar o processo foi restringir quantos movimentos à frente o programa analisaria, mas quanto maior fosse a limitação da capacidade de antecipação do computador, pior seria o seu desempenho em uma partida de xadrez.

Evidentemente, era preciso uma abordagem mais célere e em 1956 John McCarthy, o homem que cunhou o termo "inteligência artificial", surgiu com uma versão aprimorada do minimax chamada "poda alfa-beta".

A poda alfa-beta reduziu o tempo que computadores desperdiçavam na avaliação do resultado de movimentos inferiores. Agora, em vez de calcular todas as eventualidades antes de fazer um movimento, os programas de xadrez apenas consideravam as opções que prometiam ser melhores do que as já avaliadas anteriormente. Com menos tempo de processamento sendo desperdiçado para explorar movimentos inúteis, os computadores podiam passar mais tempo procurando mais movimentos à frente, aumentando assim a sua destreza no xadrez.

A descoberta foi tão importante que alguns pesquisadores muito entusiasmados passaram a declarar que os computadores poderiam vencer os grandes mestres em 1970. As suas previsões erraram por algumas décadas de diferença.

Não houve grandes avanços desde então. Em vez disso, os anos que antecederam o Deep Blue visaram um aperfeiçoamento constante. Os algoritmos dos programas de xadrez se tornaram mais eficientes, mas mais importante ainda foi que o hardware do computador melhorou muito. E conforme as velocidades de processamento aumentavam, o mesmo acontecia com a capacidade dos programas de xadrez de analisar futuras iniciativas nas partidas.

A quantidade de memória do computador disponível também cresceu rapidamente. Na década de 50, a memória era insuficiente e portanto de pouca utilidade nos programas de xadrez, mas como a memória se tornou mais barata e mais abundante, novas possibilidades se abriram. Os programas de xadrez agora podiam se lembrar das pontuações que atribuíam aos movimentos para que não precisassem mais perder tempo repetindo a mesma análise várias vezes. A memória também permitiu aos computadores utilizarem os bancos de dados com séculos de conhecimento humano sobre o xadrez, de como reagir a determinadas investidas até a melhor maneira de encerrar um jogo.

Na linguagem da área de inteligência artificial, esse foi o método da "força bruta", em que a velocidade dos processadores e os bancos de memória, no lugar de truques inteligentes de informática, impulsionaram as melhorias. No final da década de 70, esses progressos permitiram que os programas de xadrez diminuíssem continuamente a distância entre eles e os jogadores humanos. Os primeiros computadores domésticos agora podiam rodar programas de xadrez capazes de desafiar os jogadores amadores, e em 1978 o programa de computador Chess 4.7 da Universidade de Northwestern até empatou com o mestre internacional britânico David Levy.

Acrescente mais vinte anos de refinamento de software e avanços acelerados de hardware, e o resultado foi o Deep Blue, um supercomputador capaz de avaliar 200 milhões de posições em um segundo e derrotar campeões mundiais de xadrez.

Mas mesmo com o Deep Blue justificando os cinquentas anos de pesquisa sobre inteligência artificial investidos no xadrez, os profissionais que trabalhavam nesse campo sabiam que um desafio muito mais complicado ainda estava por vir: ensinar um computador a dominar o milenar jogo chinês do wéiqí, um passatempo que é mais conhecido no Ocidente pelo seu nome em japonês, go.

A origem do wéiqí, que se pronuncia "uei chi", é desconhecida. Acredita-se que o jogo tenha cerca de três mil anos e existem muitas lendas chinesas sobre a sua criação. Uma delas diz respeito ao lendário e respeitado Imperador Yao, que possivelmente governou a China por cem anos e deu à nação o calendário. A história diz que Yao inventou o wéiqí para tentar mudar os modos do seu primogênito Danzhu, um playboy incontrolável que oprimia violentamente as pessoas simples. Ao que se diz, Danzhu aprendeu os fundamentos do jogo, mas não mudou os seus modos. Incapaz de modificar o comportamento de seu filho, Yao baniu Danzhu do reino e nomeou um fazendeiro como o próximo imperador da China.

Independentemente da origem do jogo, o wéiqí se tornou uma parte importante da civilização chinesa. Diversos livros sobre como jogar foram escritos e poetas teceram odes ao jogo. Nos tempos medievais, o wéiqí foi uma das quatro artes que se esperava que os servidores públicos soubessem junto com a caligrafia, a pintura e como tocar o guqin, um instrumento de corda.

Na época, o wéiqí já havia tomado a forma que conhecemos hoje, com o seu tabuleiro quadrado dividido em uma grade de dezenove linhas por dezenove colunas, em vez da grade de dezessete por dezessete de antigamente.

As regras básicas do jogo são aparentemente simples. Um(a) jogador(a) tem um pote com as pedras brancas que são as suas peças, enquanto o outro joga com as pedras pretas. Os adversários se alternam, colocando uma dessas pedras lenticulares em qualquer uma das trezentas e sessenta e uma intersecções das linhas horizontais e verticais do tabuleiro. Nenhuma pedra pode ser colocada em uma intersecção já ocupada por outro jogador e as pedras não saem do lugar depois que são colocadas no tabuleiro.

O objetivo é capturar as pedras inimigas e controlar território. Os jogadores capturam as pedras do adversário ao cercá-las completamente com as suas pedras até que não haja intersecções vazias ao lado das peças do seu adversário. Para controlar território, os jogadores devem cercar uma área do tabuleiro com as suas pedras de modo que todas as linhas que levem para fora dessa área fiquem bloqueadas e nenhuma pedra do adversário fique dentro dos seus limites. Quando não são possíveis mais jogadas legais ou ambos os jogadores concordam em parar, o jogo termina. Os jogadores então somam quantas pedras do adversário eles capturaram e o número de interseções vazias nos territórios deles. O vencedor é o jogador com a pontuação mais alta.

Embora as suas regras sejam simples, o tamanho do tabuleiro combinado com as minúcias de captura e recaptura do território e das pedras criam um jogo de grande complexidade, mais semelhante ao espírito de uma campanha militar repleta de batalhas locais ao invés da única batalha que é representada no xadrez.

Apesar de os chineses terem iniciado o processo de tentar oficialmente dominar as complexidades do jogo, foram os japoneses que levaram a ciência de jogar wéiqí a um novo patamar. O jogo chegou ao Japão por volta de 500 d.C. e, agora com a sua nova designação de go, se tornou popular entre a aristocracia. No século XI, o go era jogado tanto pelos nobres quanto pelos plebeus.

A ascensão do go no Japão não parou por aí. Em 1588, Toyotomi Hideyoshi, o samurai e fã de go que manteve boa parte do Japão sob o seu governo no início daquela década, patrocinou o primeiro torneio nacional e a criação de um sistema para classificar os melhores jogadores. O seu sucessor, Tokugawa Ieyasu, que completou a tarefa de unificar o Japão, premiou o vencedor do primeiro torneio, Honinbo Sansa, com o cobiçado posto de encarregado de todos os assuntos relacionados ao go. Sansa usou a sua posição para inaugurar academias subsidiadas pelo governo dedicadas a treinar futuros mestres de go.

Mas quando o xogunato chegou ao fim em 1868, as academias de go tiveram o mesmo destino. O dinheiro do governo desapareceu e as escolas de go tiveram dificuldades para atrair alunos dispostos a pagar os honorários que agora estas eram obrigadas a cobrar. Os alunos tiveram de se contentar em vagar pelas ruas e tentar ganhar a vida disputando jogos a dinheiro. O declínio do go não se limitou apenas às academias; o país inteiro perdeu a vontade de jogar. A abertura do Japão depois de mais de dois séculos de reclusão autoimposta levou a uma invasão de novos produtos estrangeiros que afastou os japoneses de seus interesses tradicionais.

Mas o intervalo de paralisação do go durou pouco. No início do século XX, o entusiasmo pelo jogo havia voltado graças ao surgimento da nova burguesia do país. A classe média do Japão adotou o jogo por causa dos seus paralelos com a filosofia taoísta e a crença de que o jogo tinha lições valiosas para os negócios, entre as quais a necessidade de se concentrar em metas a longo prazo, em vez de batalhas a curto prazo.

Em meados da década de 20, o renascimento levou à formação da associação profissional de go chamada Nihon Ki-in, que reformou o sistema de classificações, abriu torneios anuais para o público e impôs limites de tempo para impedir que os jogos de nível profissional se arrastassem por meses, como acontecia com frequência antigamente.

Embora popular no Japão e na China, o go sofreu para encontrar um grande público fora da Ásia Oriental. Mesmo nos dias de hoje, o jogo ainda é pouco conhecido no Ocidente. Mas o go atraiu uma enorme base de fãs formada por cientistas da computação, matemáticos e engenheiros ocidentais.

Apesar de seus seguidores entre os especialistas, poucos profissionais no campo da inteligência artificial tentaram desenvolver programas para jogar go, e mesmo no início dos anos 1980 os pesquisadores ainda acreditavam que demorariam muitas décadas antes que os mestres de go precisassem começar a se preocupar com a concorrência digital.

Como Hans Berliner, o organizador do Campeonato Mundial de Xadrez por Computador, declarou à BBC em 1982 ao ser perguntado em que estágio se encontraria a inteligência artificial quando um computador fosse capaz de derrotar um grande mestre de go: "Para começar, estaríamos bem próximos do momento em que as pessoas ficam extremamente paranoicas porque o negócio deu um passo muito significativo nesse sentido. A situação pode chegar a um ponto em que se poderia começar a substituir seres humanos comuns em todos os tipos de ambientes cotidianos. Eu acho que quando chegarmos a esse ponto, haverá muito poucas coisas que não seremos capazes de fazer."

O pessimismo quanto ao go de computador reside na complexidade do jogo. Para qualquer situação no xadrez existem, em média, trinta e cinco novos movimentos possíveis. No go, são duzentos e cinquenta.

E como se isso não bastasse, havia uma pergunta ainda mais espinhosa em relação ao go de computador: como decidir com inteligência se um movimento é bom ou não. É uma questão tão capciosa que até os melhores jogadores de go não conseguem prever quem vai ganhar uma competição de alto nível no meio da partida.

"No xadrez, nós temos dois exércitos que se enfrentam e quem tem o exército mais forte geralmente está em ascensão, por isso não é tão difícil calcular quem está à frente e quem está atrás", explica o pesquisador francês de go de computador Rémi Coulom. "No go, é muito mais complicado porque não se pode contar o número de pedras no tabuleiro e dizer: 'Ah, eu estou uma pedra à frente.' Não funciona desse jeito. A avaliação de quem está à frente ou não é muito mais sutil. É uma coisa muito dinâmica. O jogador tem as pedras, mas é difícil determinar se elas vão ser capturadas ou não, ou quem será o dono de qual território."

Ou seja, quando o Deep Blue feriu o orgulho de Kasparov, os técnicos que criaram os programas de computador de go estavam tão pessimistas quanto às suas pesquisas que um deles chegou a dizer que poderia levar mais um século antes de alcançarem um triunfo semelhante. Até a equipe que criou o Deep Blue se sentiu intimidada pelo go, admitindo que eles teriam que suar a camisa para montar uma máquina que pudesse desafiar um jogador medíocre de go em um futuro próximo.

Em todo o caso, com o êxito do Deep Blue, o go passou a ser o novo Santo Graal da pesquisa de inteligência artificial. Coulom estava entre aqueles que fizeram a transição dos programas de xadrez para os de go. Ele começou a elaborar programas de computador de xadrez aos dezoito anos no início da década de 90. Ele batizou o seu programa de "Crazy Bishop", uma brincadeira com o fato de a palavra em francês para louco e bobo - o equivalente na França ao bispo - ser a mesma: fou. Coulom trabalhou no Crazy Bishop durante anos, indo regularmente à Olimpíada da Informática, em que programas de computador de jogos se enfrentam em competições de máquinas contra máquinas.

Mais tarde, em 2004, ele se tornou professor adjunto na Universidade de Lille 3 e se viu supervisionando um aluno de mestrado que queria trabalhar em um programa de computador de go. Coulom tinha apenas uma vaga noção do jogo, por isso ele pediu ao seu compatriota, e também pesquisador de inteligência artificial, Bruno

Bouzy, que havia conhecido em uma Olimpíada da Informática, para ajudar a supervisionar o aluno. Bouzy já atuava na área de programas de computador de go e contou a Coulom como ele e outros pesquisadores estavam usando o método de Monte Carlo para auxiliar os computadores a disputar o jogo.

O método de Monte Carlo surgiu no Laboratório Nacional de Los Alamos, no Novo México, quando os seus cientistas se apressavam para fabricar a bomba atômica durante a Segunda Guerra Mundial. A equipe do Projeto Manhattan queria avaliar até que ponto os nêutrons de uma explosão nuclear penetrariam em diferentes materiais, mas com tantas variáveis e materiais para analisar, fazer todos os cálculos levaria um tempo exageradamente longo.

A solução encontrada foi o método de Monte Carlo, que recebeu esse nome por causa do famoso distrito do principado de Mônaco. Em vez de tentar calcular todas as probabilidades, o método de Monte Carlo colhia um número menor de probabilidades para gerar uma resposta que, apesar de não corresponder à resposta correta, era uma boa previsão do que poderia acontecer.

Não é diferente de uma pesquisa de intenção de voto. Em vez de perguntar a cada cidadão do país em quem eles pretendem votar, os entrevistadores perguntam a um grupo suficientemente grande de pessoas para obter uma resposta muito próxima do que eles teriam se perguntassem à toda população.

Bouzy e outros pesquisadores adotaram o método de Monte Carlo como uma forma de apurar qual dos movimentos disponíveis para o computador provavelmente era o melhor. Isso ajudou a criar programas de go mais adequados, mas o avanço foi pequeno. Então Coulom teve a ideia de misturar o método de Monte Carlo com o processo do minimax usado no computador de xadrez para desenvolver árvores de jogos de todos os movimentos possíveis e no que isso poderia resultar. Ele chamou sua metodologia de Monte Carlo Tree Search.

Ao invés de criar uma árvore de jogos de cada movimento possível, como é o caso do minimax, o Monte Carlo Tree Search joga partidas inteiras muito rápido, usando movimentos aleatórios, e indica se essas partidas resultam em vitória ou derrota. À medida que o programa disputa cada vez mais partidas aleatórias, este começa a procurar quais são os movimentos e ramificações da árvore de jogos que provavelmente vão resultar em uma vitória. Embora o método significasse que o programa podia deixar passar o melhor movimento porque este não aconteceu pelo fato de a partida ter sido disputada ao acaso, os resultados eram bastante positivos e, afinal de contas, os adversários humanos nem sempre também são perfeitos.

"Demorou alguns meses antes que eu fizesse isso realmente funcionar, porque leva tempo para programar e testar, mas o progresso foi bastante rápido", recorda-se Coulom. "Quando eu pensei na ideia, fiquei muito entusiasmado com isso. Eu não sabia no que ia dar, mas tinha a intuição de que era uma ótima ideia."

A ideia deu certo e quando Coulom levou o programa resultante, que ele batizou de Crazy Stone, para a Olimpíada da Informática de 2006 em Turim, na Itália, ele conquistou uma medalha de ouro. O Monte Carlo Tree Search foi a maior descoberta em matéria de programas de computador de go durante anos e logo Coulom e outros pesquisadores estavam aperfeiçoando e melhorando o processo para apresentar programas cada vez melhores.

Agora, em vez de contar com programas de computador de go que mal desafiavam um jogador principiante, eles podiam desafiar, ou até mesmo derrotar, jogadores experientes. Rapidamente, programas como o Zen, o MoGo e o Crazy Stone começaram a somar vitórias contra jogadores profissionais de go, incluindo o triunfo do Crazy Stone contra o melhor jogador do ranking, Norimoto Yoda, em um torneio de computador de go realizado em Tóquio.

Mas estas não foram vitórias ao estilo do Deep Blue, pois o Crazy Stone e os seus congêneres tiveram ajuda: quatro pedras de vantagem. O sistema de vantagem do go, inicialmente desenvolvido há mais de trezentos anos nas academias do Japão patrocinadas pelo xogum, se destina a equilibrar a partida para que os jogadores inexperientes e os jogadores experientes possam jogar juntos.

Dependendo da diferença de habilidade entre os participantes, o jogador mais forte concede uma vantagem em que o jogador mais fraco pode colocar algumas pedras a mais no tabuleiro antes que o seu adversário superior faça a sua primeira jogada. E uma vantagem de quatro pedras é considerável, é uma prerrogativa considerada suficientemente relevante para dar a um jogador amador habilitado a chance de superar até mesmo os melhores jogadores do mundo.

Mesmo assim, Yoda, que ocupa a posição mais alta no ranking de go, não ficou satisfeito por ter sido derrotado por uma máquina. "Ele não gostou muito de perder. Ele é um jogador profissional e prefere vencer, mas ainda assim é um jogador profissional e o povo japonês é muito educado, por isso ele não deixou transparecer a sua raiva", diz Coulom. "Mas uma vantagem de quatro peças não o assustou muito."

Apesar de o Crazy Stone não ter feito os jogadores profissionais de go tremerem nas bases, as suas capacidades estavam mais do que à altura do seu criador. "Para ser sincero, eu não sou um grande jogador de go e o meu programa chegou a um ponto em que ele é muito mais forte do que eu", admite Coulom. "Por isso, quando assisto a um jogo, na maior parte do tempo eu não entendo o que está acontecendo."

O Monte Carlo Tree Search foi um importante salto em termos de tecnologia, mas se a ideia era que os computadores fossem capazes de enfrentar os mestres de go adequadamente, algo mais se fazia necessário. Então os pesquisadores logo se concentraram em uma outra abordagem promissora: redes neurais profundas.

As redes neurais tentam imitar o emaranhado de neurônios no cérebro humano para criar programas que aprendam a fazer coisas complexas através de um processo de tentativa e erro. A ideia surgiu na década de 50, mas os limites dos recursos informáticos na época significava que até mesmo as maiores redes neurais se restringiam a apenas algumas centenas de "neurônios". Se um neurônio animal fosse igual a uma rede neural de neurônios, essas redes primitivas ocupariam uma posição abaixo das lombrigas na contagem de neurônios e seriam superadas pelo altíssimo intelecto de uma água-viva.

Mas, como o Deep Blue provou, quando se trata de computação o tempo e os avanços de hardware conseguem superar muitas coisas, e, na década de 2010, as redes neurais se tornaram uma opção viável para a pesquisa de inteligência artificial.

As redes neurais para os programas de computador de go rapidamente começaram a produzir resultados promissores para a tecnologia do go. No final de 2015, o Facebook revelou que estava usando redes neurais combinadas com o Monte Carlo Tree Search a fim de treinar computadores para jogar go e que os programas resultantes jogaram as partidas ligeiramente melhor e também de um jeito mais parecido com o dos humanos.

Por mais impressionantes que os programas de go do Facebook tenham sido, estes ainda eram incapazes de derrotar os jogadores de alto nível. Não deixou de ser um avanço, mas o Deep Blue do go ainda parecia estar a anos de distância.

Mas então, em janeiro de 2016, o Google soltou uma bomba. A DeepMind, uma subsidiária de pesquisa em inteligência artificial com sede em Londres, que foi comprada por seiscentos milhões de dólares em 2014, havia criado um programa chamado AlphaGo, que venceu o campeão europeu de go Fen Hui sem o sistema de vantagem.

O AlphaGo era um híbrido. Metade rede neural, metade Monte Carlo Tree Search. O programa foi alimentado à base de uma dieta de trinta milhões de partidas profissionais de go e depois jogou contra si mesmo inúmeras vezes até que, por tentativa e erro, tivesse aprendido a jogar com as habilidades dignas de um jogador profissional.

A notícia chocou tanto os pesquisadores de inteligência artificial quanto os jogadores de go. Os especialistas em go que assistiram à sua partida contra Hui admitiram que eles nunca teriam pensado que um dos jogadores era uma máquina. Ninguém achava que um computador jogaria go tão bem pelo menos por mais uma década. Depois de superar o choque inicial, os especialistas em go enfatizaram que, embora Hui fosse o melhor jogador da Europa, ele era "apenas" o 633º melhor jogador do mundo.

Mas o Google já tinha uma resposta pronta para isso: um confronto entre o AlphaGo e o mestre coreano de go Lee Sedol, o jogador mais talentoso do mundo nesta modalidade, que aconteceu em março de 2016. Assim como o duelo de Kasparov com a IBM antes disso, a partida de cinco jogos em Seul chamou a atenção do mundo inteiro. Homem e máquina se enfrentariam mais uma vez.

Antes do evento, Lee - como Kasparov antes dele - sentia-se seguro. "Eu soube que a IA da DeepMind/Google é surpreendentemente forte e que a cada dia fica ainda mais forte, mas estou confiante de que posso ganhar pelo menos desta vez", ele declarou ao Financial Times.

Mas o primeiro jogo, realizado em uma quarta-feira no dia 09 de março de 2016, não terminou em uma vitória para o campeão da humanidade, e, sim, para o desafiante digital. Após o jogo, Lee admitiu aos jornalistas que ele nunca pensou que perderia.

O AlphaGo, em seguida, venceu o segundo jogo, deixando-o apenas a uma vitória de vencer a competição. E quando Lee enfrentou o AlphaGo pela terceira vez no dia 12 de março de 2016, o programa de computador conseguiu a sua terceira vitória consecutiva e ganhou o jogo. Lee educadamente aceitou a sua derrota, reconhecendo que a pressão o deixou nervoso, mas concordou em disputar os dois últimos jogos mesmo assim.

No jogo seguinte, Lee finalmente venceu o AlphaGo depois de ter forçado a máquina a cometer um erro do qual não poderia se recuperar. A vitória de Lee arrancou gritos e aplausos do público. "Eu nunca fui tão parabenizado por vencer um jogo", ele afirmou. A sua vitória veio um pouco tarde demais, mas o acolhimento que ele recebeu sugeriu que, no fundo, todos queriam que o homem, e não a máquina, vencesse.

Mas a reação da humanidade foi breve. No último jogo, o AlphaGo derrotou o mestre de go mais uma vez. Em virtude do sucesso do programa, a Associação Nacional de Go da Coreia concedeu ao AlphaGo o título de profissional honorário de 9º dan, a graduação mais alta da modalidade, e o site Go Ratings classificou a IA da DeepMind como o quarto melhor jogador do mundo.

A derrota de Lee gerou um debate generalizado sobre a inteligência artificial e como isso poderia afetar o nosso futuro porque, diferentemente do Deep Blue, o AlphaGo não se tratava de um simples golpe de publicidade do Google.

Embora o consagrado hardware de xadrez do Deep Blue tivesse uma aplicação um pouco mais restrita, o Google tem grandes planos para a tecnologia de autoaprendizagem que a DeepMind usou para acabar com o domínio da humanidade no go. Demis Hassabis, o fundador da DeepMind, declarou aos jornalistas que as lições do AlphaGo possibilitam a criação de assistentes pessoais para os nossos smartphones que fariam o Siri da Apple parecer o Clippy, o imensamente criticado assistente padrão das versões do Microsoft Office do final dos anos 1990.

Outras aplicações em potencial incluem o controle de carros autônomos, traduções de computador muito melhoradas e até mesmo o diagnóstico de doenças e a escolha dos melhores tratamentos. E, o que deve ser ainda mais importante para os acionistas do Google, a mesma tecnologia também pode transformar a publicidade online. Em vez de os nossos navegadores serem entupidos de anúncios que nos perseguem pela rede como assediadores assustadores baseados em sites que já visitamos, as inteligências artificiais como o AlphaGo podem antever o que estamos querendo antes mesmo de começarmos a procurar este ou aquele item.

Embora essas aplicações ainda estejam um pouco distantes, o Google já está usando a tecnologia da DeepMind para fazer muito mais do que disputar jogos. Alguns meses depois da vitória do AlphaGo contra Lee, o Google revelou que a tecnologia de jogo da DeepMind agora estava reduzindo os gastos com a conta de luz em seus centros de dados ao utilizar servidores, ventiladores, janelas e sistemas de refrigeração de novas formas. Em apenas alguns meses, segundo o Google, o programa poupou diversos pontos percentuais da conta de luz da empresa. É uma economia considerável dado que em 2014 o uso de energia elétrica do Google era semelhante ao de cada domicílio em uma cidade do tamanho de Austin, no Texas.

O AlphaGo trouxe o sonho de uma inteligência artificial de Turing e Shannon muito mais perto de se tornar realidade e para alguns isso é uma perspectiva assustadora. O que as pessoas farão se os computadores forem capazes de realizar os seus trabalhos de um jeito muito melhor e mais barato? Até algumas pessoas no Vale do Silício estão preocupadas, incluindo Elon Musk, o cofundador do PayPal e da SpaceX, que comparou a adoção da inteligência artificial à "convocação do diabo". O físico Stephen Hawking, entretanto, alertou que a inteligência artificial "pode significar o fim da raça humana".

Até mesmo Hassabis da DeepMind disse que a inteligência artificial pode causar danos se for mal utilizada.

Assim como Berliner previu em 1982, agora que os computadores podem vencer os mestres de go, os temores em relação à inteligência artificial estão aumentando. O fato de que ninguém entende como o AlphaGo conquistou as suas vitórias também não ajuda muito a atenuar essas preocupações. Os processos de "pensamento" das redes neurais são vagos, não há nenhum código de computador capaz de os traduzir nem fórmulas que os expliquem. Nem a DeepMind sabe como o AlphaGo consegue jogar go.

Por enquanto isso não vem ao caso. Que diferença faz se não sabemos por que razão um computador é melhor no go do que os melhores jogadores de carne e osso? Mas se vamos continuar a pensar assim quando as inteligências artificiais que seguirão os passos do AlphaGo estiverem dirigindo os nossos carros e tomando decisões de vida ou morte sobre a nossa saúde, aí já é uma outra questão.

14

TRIVIAL PURSUIT: ADULTOS NA BRINCADEIRA

Como o Trivial Pursuit tirou os jogos da caixa de brinquedo

O ar da tarde cortava a pele enquanto Chris Haney andava pelas ruas de Montreal. Os termômetros marcavam seis graus abaixo de zero e o céu nublado era melancolicamente cinzento.

O dia não estava correndo conforme o editor de fotografia do Montreal Gazette havia planejado. Ele devia estar no aconchego do seu lar, quentinho, bebendo cerveja e jogando Scrabble com o seu amigo Scott Abbott, um jornalista esportivo da agência de notícias Canadian Press. Mas eles não conseguiram achar a caixa de Scrabble, então aqui estava Haney, caminhando até a loja para resolver a situação.

Ao retornar para casa, ele tirou o seu casaco e, enquanto os dois abriam as latas de cerveja, ele se queixou ao Abbott sobre o preço de sete dólares canadenses do jogo, o equivalente a pouco mais de dezesseis dólares norte-americanos na cotação de 2017. Abbott assentiu em sinal de solidariedade, afinal ele mesmo já havia comprado vários jogos de Scrabble sobressalentes ao longo dos anos. Os responsáveis pelo Scrabble devem ter faturado muito dinheiro.

Quando a sua primeira partida de Scrabble terminou, a dupla tirou a mesma conclusão: nós temos que fazer um jogo - ganharíamos uma fortuna com isso.

Para noventa e nove por cento das pessoas que chegam a uma conclusão semelhante, a história geralmente termina com um jogo que nunca fica pronto ou que ninguém quer publicar. Na melhor das hipóteses, elas podem conseguir que o seu jogo seja distribuído, apenas para descobrir que este não vende o suficiente para pagar um centavo em royalties. Mas o jogo que Abbott e Haney criaram naquela tarde lamentável realmente deixou os dois, e uma porção de gente, milionários. O seu nome era Trivial Pursuit*.

A discussão deles à mesa da cozinha sobre que tipo de jogo fazer foi muito rápida. Nenhum dos dois queria produzir um jogo de palavras como o Scrabble ou outra imitação do Monopoly. Abbott sugeriu que eles inventassem um jogo de perguntas e respostas porque ninguém ainda tinha feito um que fosse bom.

Quarenta e cinco minutos depois, o protótipo já estava pronto. Eles desenharam o tabuleiro em uma folha de papel, criando uma pista que parecia o timão de um navio, e, em seguida, o colaram em um pedaço quadrado de papelão que encontraram dando sopa. Para as peças do jogo, eles recorreram aos outros jogos de tabuleiro do acervo de Haney. Por fim, os dois escreveram um monte de perguntas de cultura geral, organizadas em seis categorias: artes e literatura; entretenimento; geografia; história; ciência e natureza; e, por último, esportes e lazer.

Os jogadores andavam pelo tabuleiro, parando em casas que representavam as várias categorias, até que eles tivessem respondido corretamente uma pergunta de todas as seis categorias. Depois disso, os jogadores voltavam para o centro do timão e tinham de responder a uma última pergunta de uma categoria escolhida pelos outros jogadores para vencer a partida.

Abbott e Haney encararam o seu jogo como algo para adultos e não para as crianças e os pais que representavam a maior fatia dos jogadores na época. Assim, enquanto incrementavam o jogo com a

---

*No Brasil, uma versão desse jogo foi publicada pela Grow em 1982 com o nome de Master, que foi o primeiro jogo de curiosidades lançado no país. Anos depois, a Grow licenciou o Trivial Pursuit, mas o acordo chegou ao fim quando a Hasbro, a fabricante do original, decidiu entrar no mercado brasileiro com os seus próprios produtos.

ajuda de vários livros sobre curiosidades, eles escolhiam perguntas que achavam que as pessoas da sua geração gostariam de responder ou, pelo menos, de saber qual era a resposta.

Questões que basicamente envolviam conhecimentos irrelevantes que variavam de "Qual é o sabor da primeira balinha do Life Savers?" e "Quanto tempo Yuri Gagarin passou no espaço?" até "Onde ficam as Linhas de Nazca?" e "Quem mandou os seus funcionários do hotel não fazerem menção à guerra?".

Essas perguntas eram a matéria-prima perfeita para a geração baby boomer*, diz Philip E. Orbanes, que era vice-presidente sênior da Parker Brothers em 1979. "A geração baby boomer cresceu com a televisão e tinha muitas lembranças boas dos primeiros programas de televisão, filmes e curiosidades em geral", ele explica. "Esse era um assunto mais do que natural para as pessoas da minha geração. Nós desafiávamos uns aos outros há muitos anos. Você se lembra desse programa? Quem foi o ator que fez o papel principal? E qual era a cor do vestido de renda que essa integrante da família real usava na ocasião?".

Depois de incluir as questões, a dupla batizou o seu jogo de Trivia Pursuit, mas mudaram o nome quando a esposa de Haney comentou que Trivial Pursuit soava melhor.

Os dois então começaram a pensar em como fazer para o Trivial Pursuit chegar às prateleiras das lojas. Uma coisa era certa: ambos não tinham o dinheiro necessário para fazer isso por conta própria. Então a dupla convidou o irmão de Haney, John, que era um ex-jogador de hóquei no gelo, e o advogado Ed Warner para se associarem a eles na tentativa de transformar o seu jogo de curiosidades em um negócio.

Mas o projeto de Abbott e Haney de um jogo de alta qualidade com um grande tabuleiro dobrável e uma pilha enorme de cartas de perguntas e respostas triviais ainda custava muito caro para ser fabricado. Por isso, os sócios começaram a pedir a todos os seus conhecidos para dar-lhes dinheiro em troca de ações no negócio. Eles

---

*A expressão Baby Boomers ou "explosão de bebês", se refere aos nascidos entre 1945 e 1960. Após a Segunda Guerra Mundial, os combatentes retornaram às suas casas e houve uma explosão demográfica, ou seja, um aumento na taxa de natalidade.

também usaram a oferta de ações para convencer os profissionais que eles precisavam para ajudá-los a transformar a sua ideia em um produto bem acabado a trabalhar de graça, entre eles, Michael Wurstlin, o designer gráfico que deu ao jogo a sua aparência distinta, com um quê da Era Vitoriana.

Após dois anos de trabalho árduo, a empresa atraiu trinta e dois investidores e arrecadou fundos suficientes para lançar o jogo, e nada mais. O dinheiro permitiu-lhes produzir apenas mil cópias, o que tornou inviável uma produção em grande escala para diminuir os custos e assim baratear o orçamento, então cada unidade do Trivial Pursuit saiu por setenta e cinco dólares canadenses para ser fabricado.

Quando os empresários informaram o preço às lojas que eles esperavam que comprassem o jogo, os lojistas ficaram boquiabertos e os seus queixos caíram no chão. Mesmo as poucas lojas que concordaram em comprar o produto se recusaram a pagar mais de vinte dólares por unidade porque ainda assim significava um preço de revenda de quarenta dólares, um valor cinco vezes maior do que o Scrabble.

O que fez o preço exorbitante do Trivial Pursuit parecer ainda mais escandaloso foi que Abbot e Haney queriam vender o jogo para as lojas no auge da mania do videogame. A América do Norte ficou maluca por videogames depois do lançamento de Space Invaders em 1978. Os fliperamas estavam sendo inaugurados por todo lugar e o constante barulho das máquinas de Pac-Man, Asteroids e Donkey King se tornou a trilha sonora da vida cotidiana. Os jogos movidos a ficha invadiram os supermercados, se infiltraram nos aeroportos, entraram nos clubes de golfe e até se instalaram nas salas de espera dos dentistas. Os cartuchos e consoles de Atari agora ocupavam o topo da lista de desejos das crianças para o Natal.

Vender um jogo de tabuleiro caro com arte vitoriana nessa era de emoções digitais parecia tão incompatível com os novos tempos quanto tentar fazer as pessoas trocarem os seus walkmans da Sony por gramofones.

As coisas não melhoraram quando a dupla levou o seu jogo para as feiras de brinquedos de Toronto e de Nova York no início de 1982. O veredicto da indústria de jogos de tabuleiro foi unânime. Os videogames eram o futuro, não essa reminiscência caríssima. Os dois voltaram para Montreal com uma quantidade de pedidos que mal cobriu as despesas de participação nos eventos e as suas esperanças arrasadas. Haney foi quem mais sofreu. Fazer o Trivial Pursuit chegar até esse ponto dizimou as suas economias e ele havia vendido grande parte do seu equipamento de fotografia para manter o sonho vivo. O único consolo foi que ele conseguiu convencer a sua mãe a não investir no jogo com medo de que ela perdesse todo o dinheiro dela.

Mas no verão de 1982, as livrarias e as lojas de brinquedos do Canadá que apostaram no Trivial Pursuit em novembro de 1981 começaram a fazer novos pedidos do jogo, reavivando a esperança da dupla quanto à sua criação. Abbott pegou emprestado quarenta mil dólares com o seu pai e a empresa usou o dinheiro para obter um crédito de setenta e cinco mil dólares junto ao banco. Eles imprimiram mais vinte mil cópias do Trivial Pursuit, uma quantidade suficiente para tornar o negócio lucrativo. No final de 1982, quase todas as novas cópias foram vendidas.

A partir daí, a ascensão do Trivial Pursuit foi incontrolável. Em 1983, a Selchow & Righter, a empresa nova-iorquina responsável pelo Scrabble e o Parchessi, comprou os direitos para lançar o jogo nos Estados Unidos e passou a promovê-lo enviando cópias para as celebridades mencionadas no arsenal de seis mil perguntas do jogo.

As celebridades retribuíram o favor. O Trivial Pursuit recebeu o aval público de astros como Charlton Heston e Frank Sinatra, e apareceu na revista Time depois que o elenco de O Reencontro, dirigido por Lawrence Kasdan, foi fisgado pelo jogo.

A Selchow & Righter teve de se desdobrar para atender a demanda. Os outros novos itens da sua linha de produção foram ignorados enquanto os trezentos empregados da empresa familiar se empenhavam para manter o Trivial Pursuit nas prateleiras das lojas.

O Trivial Pursuit provou que aqueles que acreditavam que os videogames deixariam os jogos de tabuleiros no chinelo se enganaram redondamente. Em 1984, a indústria do videogame entrou em queda livre, derrubada pelo seu próprio excesso de confiança e o avanço dos videocassetes.

O Trivial Pursuit, entretanto, tornou-se uma das maiores sensações dos anos 80. No final de 1984, vinte milhões de cópias foram vendidas, mas mesmo um número de vendas tão alto não conseguiu satisfazer o desejo do público consumidor. O Trivial Pursuit foi tão procurado e tão difícil de ser encontrado que as cópias usadas do jogo logo passaram a ser vendidas por até sessenta dólares.

O ramo dos jogos de tabuleiro nunca tinha visto um fenômeno assim. "Em um ano muito bom no final dos anos 1970, e início dos anos 1980, o Monopoly vendia três milhões de cópias", conta Orbanes. "O Trivial Pursuit vendeu vinte milhões no primeiro ano e custava trinta e cinco dólares."

Mike Gray, um desenvolvedor de jogos que trabalhou para a Milton Bradley na época, lembra-se de como as pessoas ficaram desesperadas para comprar o jogo. "Eu tinha vizinhos que eu nem conhecia, que souberam que trabalhei na Milton Bradley, que batiam à minha porta e perguntavam: 'você tem o Trivial Pursuit?', ele se recorda. "É claro que eu tinha e eles queriam pedir emprestado ou queriam que eu descesse para jogar junto com eles. O jogo era impossível de se encontrar em qualquer lugar. Quem poderia imaginar que um jogo de perguntas e respostas de quarenta dólares era algo que todo mundo precisava ter?"

A imagem foi fundamental para o sucesso do jogo. O Trivial Pursuit não era apenas popular; era um jogo para se exibir em público. O visual sofisticado do Trivial Pursuit, os valores de produção e o preço muito elevado reforçaram a ideia de que este era um jogo que os adultos poderiam jogar sem vergonha, um jogo que ninguém se sentiria constrangido em sugerir que fosse disputado em um coquetel.

O apelo nostálgico das questões foi igualmente importante. O Trivial Pursuit reconectou os baby boomers, que agora tinham de pensar em hipotecas, filhos, carreiras e planos de aposentadoria, com programas de televisão, música e momentos cruciais da sua juventude que ficou para trás.

O Trivial Pursuit deu aos trintões da década uma oportunidade de se divertir, de avaliar a qualidade do conhecimento individual de cada um e de garantir uns aos outros que uma cabeça cheia com três décadas de detalhes aleatórios da cultura pop valia alguma coisa. Como a jogadora aficionada por Trivial Pursuit, Barbara Handler, declarou ao The New York Times em 1984: "É como se fosse uma doença. Nós queremos ver quanta bobagem nós sabemos."

Os sociólogos especularam que o fenômeno do Trivial Pursuit foi um sintoma de "exaustão cultural" causado por jovens adultos que desejavam revisitar a sua infância e se esconder de um mundo de incertezas.

Outro fator foi o lazer. Desde os anos 1960, a quantidade de tempo que os norte-americanos destinavam à atividade profissional havia caído aproximadamente em duzentas horas por ano e o crescimento dos supermercados e dos aparelhos domésticos que poupam trabalho reduziu a quantidade de tempo sem trabalhar consumido por tarefas de rotina. Os baby boomers adultos dos Estados Unidos da década de 80 desfrutaram de uma abundância de tempo de lazer que nenhuma outra geração teve antes.

A intensificação do tempo de lazer gerou muito nervosismo. Os analistas se preocuparam com o "choque de lazer" ou o "excesso de lazer", já que toda uma geração se viu com tanto tempo livre que não sabia direito o que fazer com isso além de se prostrar na frente da televisão. Rapidamente, as seções de autoajuda das livrarias estavam cheias de títulos como Recreação para a sociedade moderna e Tempo livre: faça o seu lazer valer a pena, que ofereciam conselhos às pessoas sobre como aproveitar ao máximo a sua abundância de tempo livre.

Apesar dessa expansão do tempo de lazer ter se encerrado rapidamente depois de 1985 por causa do aumento de preços e da insegurança no emprego, o jogo de Abbot e Haney fora lançado na hora certa de colher os frutos do tempo de lazer bastante generoso dos baby boomers. O Trivial Pursuit se tornou o jogo indispensável de uma geração que declarou que os adultos já não se contentavam mais em sacrificar a diversão no altar da maturidade.

Seja lá o que o Trivial Pursuit fez, deu muito certo. Os consumidores devoraram as edições principais, arremataram as versões especializadas centradas em curiosidades de cinema ou esportes e, quando estes não funcionavam mais, gastaram muito dinheiro com pacotes de cartas que reabasteciam o estoque de perguntas.

Em março de 1986, estimava-se que um em cada quatro domicílios norte-americanos tinha uma cópia do jogo, aproximadamente o mesmo número de residências que possuíam um forno de micro-ondas. Todos que tiveram uma participação no Trivial Pursuit receberam lucros extraordinários, enquanto os fundadores da empresa gastaram os seus milhões com casas nas Bahamas, jatinhos particulares, corridas de cavalo, equipes de hóquei no gelo e campos de golfe.

Mas eles fizeram mais do que enriquecer. Eles também provaram que os adultos ainda queriam jogar jogos - mas não os mesmos com os quais os seus filhos brincavam. "O Trivial Pursuit nos mostrou que existia um mercado de jogos para adultos e eu acho que isso é muito relevante", afirma Gray.

Logo em seguida todas as editoras de jogos de tabuleiro estavam à procura do novo Trivial Pursuit e foi a Milton Bradley que o encontrou. O jogo se chamava A Question of Scruples, mas, ao contrário do Trivial Pursuit, este não foi concebido para exaltar os cérebros impregnados de curiosidades dos baby boomers, mas, sim, para perscrutar a sua moral.

O criador de A Question of Scruples também era canadense; ele era professor de literatura inglesa na Universidade de Manitoba e, também, aspirante a escritor.

Em 1983, ele começou a trabalhar em um artigo sobre o que ele via como a hipocrisia da sua geração. "Os baby boomers achavam que não tinha problema fraudar o governo, mas ao mesmo tempo parece que se sentiam moralmente superiores", ele comenta. Os baby boomers podiam falar a respeito dos assuntos que estavam na moda, como proteger o meio ambiente ou a paz mundial, ele acreditava, mas quando se tratava das coisas pequenas, os desafios éticos do dia a dia, eles não tinham escrúpulos.

A fim de reunir evidências para a sua argumentação, ele convidou vários amigos e parentes para ir à sua casa com o intuito de promover uma noite de debate moral e, para começar a discussão, Makow entregou aos seus convidados um questionário com uma lista de dilemas éticos. Eles posariam nus em uma revista por dez mil dólares ou admitiriam que já tinham fumado maconha se os seus filhos perguntassem? Eles lembrariam a garçonete caso ela se esquecesse de cobrar as bebidas que eles consumiram ou diriam a um amigo que a sua noiva estava dando em cima deles?

A reunião noturna era para ajudar Makow a defender a sua ideia, mas foi mais divertido do que se esperava, e quando um dos convidados disse que aquilo daria um bom jogo, Makow abraçou a ideia. O artigo nunca foi escrito. Ao invés disso, Makow pegou o seu questionário e passou os seis primeiros meses de 1984 transformando-o em um jogo.

Ele ampliou o leque de assuntos e deu aos jogadores a capacidade de desafiar uns aos outros caso eles achassem que a pessoa que respondeu ao dilema no cartão não estivesse dizendo a verdade. Ele passou a considerar o seu jogo quase como um antídoto para o Trivial Pursuit: "Eu achava que o Trivial Pursuit era banal. Eu queria algo mais substancial. Eu também queria que as pessoas fizessem um curso sobre a moralidade no dia a dia e gostassem da experiência."

Seguindo os mesmos passos dos criadores do Trivial Pursuit, Makow lançou o jogo por conta própria com a ajuda de trinta e cinco mil dólares que caíram do céu graças a um investimento imobiliário feito por sua mãe. E, depois do sucesso do Trivial Pursuit, os lojistas estavam muito mais dispostos a estocar o jogo.

Em pouco tempo, o jogo de Makow já estava disponível na loja de departamentos da Sears no Canadá e nas lojas de presentes finos da Birks. Em seus quatro primeiros meses de venda, dez mil cópias de A Question of Scruples foram comercializadas e Makow se viu negociando com a Milton Bradley para distribuir o seu jogo fora do Canadá.

Apesar de Makow ter aceitado a oferta da Milton Bradley, ele e a editora de jogos tiveram opiniões divergentes quanto à sua criação, principalmente quando a gigante dos jogos de Massachusetts decidiu que queria modificar um monte de perguntas. "Eles incluíram perguntas que eu achei ridículas, eu achei que muitas delas não eram dilemas morais", conta Makow. "O melhor dilema moral tem a ver com um sentido universal de certo e errado, e não se sabe muito bem qual é qual."

Embora a maioria dos complementos da Milton Bradley tenha permanecido, Makow vetou algumas ideias. "Há uma que se destaca: 'Você está dirigindo e quer se masturbar... você se masturba?'", ele se recorda. "Eu fiquei tão indignado quando vi isso que mandei um fax a respeito do assunto para o presidente da empresa. Os executivos foram repreendidos."

Enquanto muitos dos desafios morais que entraram na versão final do jogo ainda são válidos atualmente, outros fazem o A Question of Scruples parecer uma cápsula do tempo dos costumes dos anos 80. "A sua filha adolescente está namorando um rapaz de outra cor. Você a incentiva a namorar rapazes da sua própria raça?", era a pergunta em uma das cartas. Outros dilemas incluídos: "Você está fumando em uma reunião. Alguém começa a tossir e se sentir incomodado. Você apaga o cigarro?"; "Um vizinho está espancando a esposa dele. Você chama a polícia?"; e "O(A) seu(sua) médico(a) a assedia sexualmente. Você denuncia o(a) profissional ao Conselho Regional de Medicina?".

O jogo de dúvidas de Makow se tornou um grande sucesso comercial. No início de 1986, A Question of Scruples estava saindo mais rápido do que o Trivial Pursuit e 1.500.000 cópias já tinham sido vendidas. No final de 1990, o jogo de Makow chegou a sete milhões de domicílios no mundo inteiro e, assim como Abbot e Haney, Makow ficou milionário. "Eu acho que não lidei muito bem com a riqueza repentina", ele diz. "O meu estilo de vida continuou a ser o mesmo, tirando o fato de que agora eu precisava dedicar muito tempo e energia para administrar o meu dinheiro."

Depois de criar outro jogo, desta vez sem sucesso, Makow passou a se dedicar à sua escrita e, posteriormente, se reinventou como um adepto de teorias da conspiração mirabolantes que variavam de os Beatles serem marionetes de Illuminatis satanistas até a destruição do World Trade Center ter sido um "trabalho interno".

Outros também tentaram explorar o espírito da época combinando o apelo recente dos jogos para adultos com a obsessão dos anos 80 de ficar rico. O primeiro a sair foi o Yuppie Game de 1985, uma celebração dos jovens profissionais urbanos - os baby boomers que estavam enriquecendo por conta de um mercado de ações em alta.

O jogo foi elaborado em algumas horas por dois amigos depois de uma noite regada a Trivial Pursuit, vinho e queijo. O objetivo era reunir os ornamentos do sucesso yuppie de modelos como a BMW 320i e apartamentos em arranha-céus até gatos himalaios de raça pura e taças jateadas para saborear o vinho.

O tema "ganância é bom" do Yuppie Game, entretanto, era sem graça em comparação com o Trump: The Game de 1989. Baseado no best-seller A Arte da Negociação, do empresário multimilionário e futuro presidente dos Estados Unidos Donald Trump, o Trump: The Game envolvia jogadores especulando e negociando imóveis na esperança de faturar centenas de milhões de dólares.

A ideia de transformar o livro de Trump em um jogo veio de uma agência de invenção de brinquedos de Chicago, a Big Monster Toys, uma das empresas fundadas por ex-funcionários da Marvin Glass and Associates. Após concluir o protótipo, o codesenvolvedor Jeffrey Breslow marcou uma reunião para apresentar a ideia ao empresário.

"Na época, Trump era um germofóbico", diz Breslow. "Nos avisaram: 'Nem estenda a mão, ele não vai te cumprimentar'. Nós tínhamos uma reunião às duas da tarde e às duas da tarde em ponto estávamos no seu escritório - não nos fizeram esperar nem um segundo. O encontro se resumiu a um olá, blá-blá-blá, vamos ver o que tem aí. Não houve conversa fiada nem nada do tipo, foi pá, pá, pá."

"Aí, eu arrumei o jogo em cima da mesa da sala de reunião, rolei os dados e ele se pronunciou: 'Gostei disso, e agora?'. Enfim, nós jogamos por uns dez segundos, até parece que ele ia se sentar e brincar com um jogo de tabuleiro mesmo que fosse um com o seu nome. Ele deu uma olhada e perguntou: "Certo, e agora?". Ao que eu respondi: 'Então... hã... eu pretendo mostrar para os meus melhores clientes e depois eu volto com uma proposta'. Nós saímos do escritório em dez, quinze minutos, no máximo."

Assim que convenceu a Milton Bradley a comprar os direitos, Breslow voltou para transmitir a notícia a Trump. "Eu cheguei no seu escritório na hora marcada e ouvi: 'Olá, como vai você? O que conseguiu?'", recorda-se Breslow. "Não houve um 'Como estão a esposa e as crianças?'. Ele era todo profissional."

"Então nós fechamos negócio e ele perguntou: 'E agora?', e eu respondi: 'Bem, seria muito importante o senhor aparecer em uma feira de brinquedos em Nova York quando lançarmos o jogo'. E ele disse: 'Conte comigo. Mais alguma coisa?'. Eu respondi: 'Bem, seria muito legal se o senhor pudesse ir à Milton Bradley, em East Longmeadow, onde o jogo está sendo fabricado, para fins de divulgação'. Ele disse: 'Conte comigo'".

"Então, ele voou de helicóptero até lá e também foi à feira de brinquedos. Tudo o que ele disse que ia fazer, ele fez. Foi um jogo extremamente bem-sucedido, atingiu números extraordinários. Foi um grande sucesso na época."

Apesar dos números extraordinários do jogo de Trump, as suas vendas não são nada em comparação com o Pictionary, o jogo que substituiu o Trivial Pursuit e o A Question of Scruples como o jogo mais badalado do pedaço em 1989.

As origens do Pictionary remontam a 1981, quando o seu criador Rob Angel dividia uma casa em Spokane, em Washington, com alguns amigos da faculdade. Os residentes tinham adquirido o hábito de brincar com uma versão de enigmas em que eles escolhiam uma palavra aleatória do dicionário e, em seguida, precisavam desenhar e interpretar, meio a meio, a palavra.

Angel começou a tentar transformar o jogo em algo mais estruturado e escreveu várias ideias em um bloco de notas, mas com as obrigações do trabalho exigindo mais atenção, ele se esqueceu completamente do projeto. Então, em 1984, ele se mudou para Seattle e enquanto desempacotava as suas coisas, ele se deparou com as suas antigas anotações e voltou a pensar no jogo.

A ideia de desenhar os enigmas não era das piores, mas ele não imaginava as pessoas jogando com um dicionário ao lado e não sabia como contornar o assunto. Mas então ele jogou o Trivial Pursuit pela primeira vez e concluiu que a resposta era colocar as palavras que os jogadores tinham que desenhar nas cartas que eles pegavam enquanto andavam pelo tabuleiro.

Encorajado pelo sucesso do Trivial Pursuit, ele se associou ao designer gráfico Gary Everson e ao contador Terry Langston a fim de melhorar o jogo e iniciar a sua produção. Usando o dinheiro que Angel pediu emprestado aos seus tios, o trio mandou imprimir mil cópias e, depois, passaram uma semana na base de pizza e cerveja montando cada unidade na sua casa a partir dos montes de caixas, cartas e peças do jogo que eles haviam encomendado.

No dia 1º de junho de 1985, o Pictionary* foi lançado e, assim como o Trivial Pursuit, a sua caixa discreta com os dizeres em branco sobre o fundo preto e o preço acima da média classificaram o jogo como voltado para adultos e não crianças. As vendas foram fracas até que o trio passou a ir às lojas onde o Pictionary era vendido a fim de demonstrar o jogo para o público. Em um instante, eles se viram organizando jogos em massa do Pictionary diante de vários clientes e entregando uma embalagem atrás da outra para as pessoas levarem ao caixa.

As notícias sobre esse novo jogo se espalharam rapidamente. Em pouco tempo, as mil cópias originais desapareceram das prateleiras. Então o trio pediu mais dinheiro emprestado e imprimiu mais dez mil unidades. No Natal, todas as cópias tinham sido vendidas.

No verão de 1986, eles venderam mais quarenta e cinco mil unidades do Pictionary e estavam sofrendo para conseguir atender à demanda, por isso os sócios começaram a procurar uma editora. A primeira tentativa foi com a Worlds of Wonder, mas eles desistiram após terem sido oferecidos termos decepcionantes. A Milton Bradley fez uma proposta tentadora, mas as negociações não foram adiante quando eles analisaram as letrinhas miúdas do contrato. Então, o jogo acabou indo parar nas inesperadas mãos da Western Publishing, ironicamente uma editora de livros infantis que nunca tinha lançado um jogo antes.

A inexperiência da Western Publishing não teve a menor importância. No final do ano, mais de três milhões de unidades do Pictionary tinham sido vendidas e, no final de 1988, o jogo superou A Question of Scruples, com as vendas ultrapassando a marca de nove milhões na América do Norte e os varejistas como a Kmart enco-

---

*Em 1988, a Grow lançou no Brasil uma versão desse jogo chamada Imagem e Ação.

mendando cinquenta mil cópias por mês. O jogo chegou a vender mais de trinta milhões de cópias em todo o mundo.

No início dos anos 90, as prateleiras das lojas rangiam sob o peso dos jogos inspirados pelo Trivial Pursuit, desde os jogos de adivinhação como Taboo e Scattergories até o TriBond, que desafiava os jogadores a identificar a ligação entre três palavras enquanto eles andavam por um tabuleiro triangular.

As coleções de jogos de tabuleiro se tornaram uma tradição nas festas de adultos. O Trivial Pursuit pode ter sido um dos maiores modismos dos anos 80, mas mudou de forma permanente os hábitos de jogo. Antes de o jogo de curiosidades canadense tomar o mundo de assalto, os jogos de tabuleiro eram vistos como brincadeira de criança. Sim, alguns adultos disputavam os jogos de guerra, mas não eram muitos. Apenas jogos com um conceito intelectual, como o xadrez ou o Scrabble, ou com uma forte associação aos jogos de azar, como o gamão, pareciam imunes à acusação de que brincar com jogos era uma coisa infantil.

Mas com o seu apelo aos jovens adultos antenados nas novidades, porém também nostálgicos, o Trivial Pursuit libertou os jogos de tabuleiro da caixa de brinquedos para sempre.

15

PANDEMIAS E TERROR: DISSECANDO A GEOPOLÍTICA EM UM PEDAÇO DE PAPELÃO

O que os jogos de mesa nos ensinam sobre doença, geopolítica e a guerra ao terror

Em fevereiro, a China estava preocupada. Desde novembro, centenas de cidadãos na província sudeste de Guangdong tinham sido acometidos por uma febre misteriosa que rapidamente resultou em problemas respiratórios tão graves que os pacientes precisaram ser hospitalizados. A moléstia já havia vitimado cinco pessoas e a taxa de infecção estava acelerando.

No início, as autoridades sanitárias chinesas ocultaram os primeiros casos. Eles silenciaram a mídia e não disseram nada aos outros países. Mas agora a situação estava fora de controle. Então, no dia 11 de fevereiro de 2003, a China finalmente comunicou o fato à Organização Mundial de Saúde.

Dez dias depois de a China ter alertado o mundo, Liu Jianlun, um médico de Guangzhou, a capital de Guangdong, registrou-se no Metropole Hotel em Hong Kong. Ele não se sentiu bem por dias, mas os sintomas não eram tão ruins, por isso ele deu de ombros e não desistiu dos seus planos de comparecer a um casamento da família.

Mas quando Jianlun acordou no dia seguinte no seu quarto de hotel, a febre havia piorado e ele não conseguia respirar direito. Tossindo e tentando inalar ar, Jianlun se dirigiu o mais rápido possível para o Hospital Kwong Wah, que ficava nas redondezas, e foi levado imediatamente para a Unidade de Terapia Intensiva. Ele morreu lá alguns dias depois.

Logo em seguida, outros que haviam se hospedado no hotel enquanto ele estava lá começaram a adoecer com os mesmos sintomas. Entre os hóspedes encontrava-se um empresário que tinha ficado no quarto do outro lado do corredor do quarto de Jianlun e viajado para Hanói, no Vietnã, antes da enfermidade se manifestar. Em pouco tempo, as pessoas caíram doentes com a mesma patologia em Pequim, Singapura, Taipé e Toronto.

A essa altura, a Organização Mundial da Saúde já havia formado uma equipe de pesquisa internacional para tentar identificar a causa da doença, que agora eles chamavam de Síndrome Respiratória Aguda Grave, ou Sars para encurtar.

À medida que o surto se intensificava, Hong Kong entrou em pânico. Os transportes públicos, restaurantes e centros comerciais ficaram desertos. As pessoas que podiam trabalhar em casa optaram por permanecer afastadas do escritório.

No final de março, os moradores do Bloco E de apartamentos do Amony Gardens, em Hong Kong, acordaram para descobrir que a polícia e médicos em trajes de contenção os estavam isolando do mundo exterior porque duzentos moradores tinham sido infectados.

O mundo assistiu a tudo, imaginando se isso era o começo de uma terrível pandemia global semelhante ao surto de gripe de 1918 que custou a vida de pelo menos 50 milhões de pessoas.

Para o alívio de todos, esse cenário apocalíptico não se concretizou. Em abril, os pesquisadores isolaram o vírus da Sars e o relacionaram ao consumo de civetas-de-palmeira, um pequeno mamífero cuja carne estava à venda em um mercado na província de Guangdong. No verão, as iniciativas de quarentena evitaram a propagação do Sars, e em janeiro de 2004 o perigo já havia passado.

O surto da Sars infectou vários milhares de pessoas e matou mais de setecentos, mas a rápida resposta global salvou o mundo de uma epidemia que poderia ter sido muito, muito pior.

Como milhões de pessoas em todo o mundo, Matt Leacock leu

as notícias diárias sobre a Sars com um sentimento de medo. Hong Kong podia estar separada da sua casa na Califórnia por dezesseis mil quilômetros de oceano, mas como a doença pulava de uma cidade para outra era óbvio que era preciso apenas uma única pessoa infectada em um voo para trazer o vírus para a sua vizinhança.

O surto epidêmico que se desenrolava na tela da sua televisão fez Leacock pensar a respeito de doenças e como elas eram o maior inimigo da humanidade, um assassino invisível que não sabia o que era clemência. Este era exatamente o tipo de inimigo que ele procurava.

Leacock estava trabalhando em um jogo de tabuleiro cooperativo em que, em vez de tentar derrotar uns aos outros, os jogadores se uniam contra um inimigo comum.

Ele fazia jogos desde criança, mas só alguns foram lançados. O primeiro foi um jogo de construção de reinos chamado Borderlands. Ele produziu cada uma das cópias à mão e depois tentou vender sem muito sucesso. "Eu não sei quantas foram vendidas, mas foi na casa das dezenas, então não foram muitas", ele diz. "Eu acho que ainda tenho algumas guardadas no sótão."

Depois disso veio o Lunatix Loop, um jogo de corrida de demolição divertido apresentando Trabants envenenados, os famosos carros com carroceria de plástico fabricados na Alemanha Oriental comunista. Esse jogo também passou praticamente despercebido pelo mundo. Leacock não se incomodou: ele simplesmente gostava de criar jogos de tabuleiro.

Em seu novo projeto, ele buscou inspiração em O Senhor dos Anéis, e criou um jogo de tabuleiro cooperativo baseado no romance de J. R. R. Tolkien. No jogo, os participantes guiavam os hobbits pela Terra Média em sua jornada para jogar o Anel nas chamas do Monte da Perdição enquanto enfrentavam os exércitos do senhor das trevas Sauron, que eram controlados pelas cartas e pelos dados do jogo.

"Eu era fascinado pelo fato de que usando apenas papel e papelão podia-se criar um oponente e fazer esse pequeno algoritmo que é conduzido por cartas suficientemente sofisticadas para entreter e fazer as pessoas se comunicarem", ele conta. "Eu também reparei que quando eu jogava com a minha família, nos sentíamos bem independentemente de ganharmos ou perdermos. Os jogos competitivos com a família às vezes são um pouco incômodos porque mesmo ganhando nos sentimos mal, mas com um jogo cooperativo todos se sentem bem."

Mas para fazer o seu jogo cooperativo funcionar, Leacock precisava de um inimigo comum para os jogadores enfrentarem e com a Sars ele visualizou este oponente. "As doenças pareciam um inimigo natural porque elas quase se reproduzem de forma algorítmica, e eu também estava interessado nas coisas que podiam sair de controle", ele explica.

O jogo que ele criou, o Pandemic, imagina um mundo ameaçado por quatro doenças desconhecidas que se espalham de cidade em cidade.

O nível de infecção em cada cidade no tabuleiro é representado com a distribuição de cubos de doença. Depois de cada turno, as cartas de cidade são viradas e mais cubos de doença são colocados nessas metrópoles. Quando uma cidade tiver três cubos de doença, quem comprar a sua carta vai provocar um surto e fazer com que mais cubos de doença sejam colocados em cada uma das cidades que estão conectadas a ela. E se uma dessas cidades já tiver três cubos de doença, isso vai provocar outro surto, desencadeando uma reação em cadeia que faz com que a doença se manifeste em todo o mundo.

Para piorar a situação, há as cartas de epidemia que estão escondidas no deck. Se uma delas for comprada por um jogador, a carta em questão aumenta o ritmo em que as cidades ficam infectadas e devolve as cartas de cidade que foram viradas para o topo do deck, assim os lugares que já estão infectados têm grandes chances de ganhar mais um cubo de doença e provocar um novo surto.

Leacock não baseou o seu sistema de como a doença se alastra em dados científicos, mas com as suas reações em cadeia e a intensificação dos surtos, o Pandemic pegou a essência de como as pandemias reais podem disseminar o caos pelo mundo globalizado. "Eu estava muito mais preocupado em criar um jogo envolvente do que em criar uma simulação, mas fiquei verdadeiramente feliz quando soube que as pessoas que trabalham nessa área tinham jogado e se atirado de cabeça, e não se incomodaram com a representação da doença", diz Leacock.

Os jogadores do Pandemic, por sua vez, formam uma equipe multidisciplinar de saúde pública não muito diferente da que foi reunida para acabar com a Sars. Todos os jogadores têm uma especialidade. Eles podem ser um cientista capaz de desenvolver vacinas mais rápido do que os outros jogadores, ou um médico que consegue erradicar os cubos de doença de forma mais eficaz, ou um especialista em quarentena para conter o surto.

Usando as suas diferentes habilidades, os jogadores têm que controlar e combater as quatro doenças antes que os surtos cresçam de forma exponencial e eliminem milhões de pessoas. Isso obviamente é uma simplificação da realidade. Os jogadores não precisam se preocupar com zonas de guerra em que os conflitos permitem que a doença se propague, ou com fanáticos religiosos matando profissionais de saúde por tentarem aplicar vacinas que salvam vidas. Tampouco têm que lidar com a escassez de antibióticos eficazes causada por anos de subinvestimento nas pesquisas e o gritante uso abusivo dos antibióticos existentes.

Mesmo assim, salvar o mundo das doenças no Pandemic está longe de ser uma coisa fácil. Como os jogadores só podem ajudar a cada turno e não podem estar em todos os lugares ao mesmo tempo, o resultado do jogo está no fio da navalha. A cada turno, o mundo fica mais próximo de uma pandemia incontrolável e os jogadores precisam sempre pesar as prioridades igualmente importantes. Será que eles devem erradicar os cubos de doença em Sydney antes da ocorrência de um surto ou simplesmente contê-los? Desenvolver uma das vacinas necessárias à imunização para vencer o jogo neste turno compensa o risco de permitir que um surto se inicie em Joanesburgo?

O jogo dá voltas e reviravoltas como se fosse uma montanha-russa. Em um instante, tudo indica que a situação está tranquila; e no outro, uma carta de epidemia pode fazer com que os jogadores tenham que se esforçar para reassumir o controle das coisas.

Dessa forma, o Pandemic, apesar do seu modelo mais depurado, mostra como o trabalho em equipe e a coordenação global são fundamentais para derrotar as doenças que ameaçam a vida de milhões. O surto da Sars foi controlado porque as nações do mundo basicamente se uniram e agiram como um único organismo para derrotar o vírus.

Mas nem sempre isso acontece. Mesmo agora, muito tempo depois que a Sars demonstrou o valor da cooperação internacional no combate à doença, a burocracia e a falta de comunicação deixam as enfermidades se descontrolarem. O surto do vírus ebola na África Ocidental que começou no final de 2013 e ceifou mais de dez mil vidas é um desses exemplos. Demorou quase oito meses para o surto ser declarado uma emergência global, um atraso que tornou a tarefa de controlar o ebola mais difícil e que provavelmente levou a muitas outras mortes.

O Pandemic, entretanto, é um jogo otimista em que o mundo se une contra a doença. "Nenhum jogo é neutro de verdade", afirma Leacock. "Eu quero mostrar o triunfo da ciência em vez, digamos, da violência. Você realmente usa a ciência para salvar o mundo, você não está apenas saindo por aí atirando nas pessoas."

Este ponto é destacado na caixa do Pandemic, que faz com que a cientista do jogo seja o foco de atenção de um grupo de exterminadores de infecções. "Na capa original que eu bolei para o jogo, havia pânico, corpos queimando e histeria em massa", ele se recorda. "Então eu pensei: 'Não, não, não! Isto tem a ver com o poder de superação de um grupo, e não com medo e horror'. Em parte é por essa razão que a marca é bem-sucedida, porque é uma coisa otimista e eu acho que precisamos de um pouco disso no mundo."

O mundo parece concordar. Desde a sua estreia em 2007, o Pandemic se tornou um dos jogos de tabuleiro mais vendidos dos últimos tempos e gerou uma série de expansões e derivados que permitiram a Leacock transformar o seu hobby em uma ocupação em tempo integral.

E com novas ameaças de doenças que vão da síndrome respiratória do Oriente Médio (MERS) até o vírus Zika surgindo regularmente, o confronto do Pandemic entre homem e micróbio ainda é relevante. "É uma coisa bem atual, não é? As pessoas estão muito preocupadas com isso", diz Leacock. "Eu acho que é parte da razão pela qual os zumbis são tão populares nos dias de hoje na mídia; as pessoas têm medo da incidência das doenças a nível mundial. Eu acho que isso é útil para o jogo porque todos podem apoiar o combate a uma doença. É raro encontrar alguém que esteja torcendo pela doença."

Apesar de o modelo de gestão global de doença do Pandemic ser simplificado, trata-se de um excelente exemplo de como os jogos de tabuleiro podem transformar as complexidades do mundo em algo mais fácil de se compreender. Ao trazer o assunto da epidemiologia à baila, o Pandemic faz com que o conceito de como as doenças se espalham e o que é preciso para combatê-las se torne algo intuitivo para os jogadores de uma forma que nenhum livro ou documentário poderia fazer.

O Pandemic não é o único jogo que, por meio da recriação da realidade em um pedaço lúdico de papelão, pode tornar a geopolítica mais compreensível. Outro exemplo é a simulação da Guerra Fria do jogo Twilight Struggle, o porta-bandeira de uma nova onda de jogos de guerra que estão facilitando o entendimento dos jogos do gênero e tornando-os mais fáceis de serem jogados.

O Twilight Struggle é uma criação de Ananda Gupta e Jason Matthews, dois fãs de jogos de guerra que se conheceram em 2002 enquanto perseguiam uma carreira política em Washington, DC. A fonte de inspiração do seu jogo foi o We the People de Mark Herman, um jogo de guerra de 1994 sobre a Revolução Americana. O We the People deu um novo fôlego aos jogos de guerra ao transferir as regras complicadas do manual para as cartas que os jogadores utilizavam durante a partida.

"We the People foi extremamente inovador porque tinha o sistema dirigido por cartas e era muito curto - apenas uma hora ou duas entre jogadores experientes - e ainda assim era claramente um jogo de guerra histórico", explica Gupta. "Jason e eu vimos isso como o começo de um renascimento."

Só que esse renascimento não aconteceu como eles esperavam. Em vez de enfatizar a ideia de jogos de guerra que fossem mais fáceis e rápido de jogar, os jogos que copiaram o modelo do We the People simplesmente acrescentaram ainda mais complexidade. Então Gupta e Matthews decidiram responder à altura com um jogo de sua própria criação - um que priorizaria a diversão e a rapidez em vez dos detalhes, e que, ao mesmo tempo, ainda seria suficientemente profundo para satisfazer os entusiastas de jogos de guerra.

E como Matthews havia estudado a Guerra Fria, esse longo embate entre o Ocidente capitalista e o Oriente comunista logo surgiu como o óbvio conflito histórico para criar o jogo deles. "Na verdade, fui eu que tive a ideia relacionada à Guerra Fria", conta Gupta. "Nós estávamos no apartamento de Jason e eu estava dando uma olhada na sua estante e ele tinha, sei lá, uns cinquenta livros sobre a Guerra Fria e a política externa americana no século vinte, então eu disse: 'Que tal a Guerra Fria?'".

Matthews ficou indeciso no início, pois ele achava que reduzir a Guerra Fria a um confronto entre os soviéticos e os Estados Unidos para dois jogadores simplificava muito o que realmente aconteceu. Mas depois de conversar sobre o assunto, a dupla concluiu que uma batalha entre as superpotências para dois jogadores podia ser uma excelente maneira de oferecer aos jogadores uma noção de como Washington e Moscou viam o mundo durante aqueles anos de diplomacia nuclear arriscada.

"Eu entrei no projeto sabendo muito menos sobre a Guerra Fria do que sei agora", comenta Gupta. "Eu tinha uma visão muito hollywoodiana das coisas. O que me vinha à cabeça eram os livros de John le Carré, filmes de espiões e o bem e o mal - todos esses pontos de vista puramente baseados em entretenimento - e acabei adquirindo uma visão muito mais complexa."

Mesmo assim, o jogo reduz o conflito a um confronto entre duas superpotências nucleares. "Se incluirmos todas as nuances da história em um jogo, não dá para identificar os temas importantes", diz Matthews. "Nós tratamos a Guerra Fria de acordo com a sua premissa de que os únicos países que importam são os Estados Unidos e a União Soviética. A realidade disso é muito mais sutil, mas para explicar esta questão a um público que já nem sequer a compreende ou capta intuitivamente a sua ideia, temos que reforçar isto dentro das suas cabeças."

O principal elemento do jogo são as cartas que os jogadores pegam e podem usar no seu turno. Cada carta representa um momento crucial da Guerra Fria desde a Revolução Cubana e o presidente Nixon melhorando as relações com a China até o líder soviético Mikhail Gorbachev iniciando uma política de abertura na URSS com as suas reformas da Glasnost.

Estas cartas têm as suas próprias aplicações no jogo, alterando o fluxo do conflito, mudando a influência das superpotências em diferentes países e afetando o seu progresso rumo à vitória sobre o seu adversário. A carta de Fidel Castro acaba com a influência dos Estados Unidos sobre Cuba e a transfere para a União Soviética. A carta que mostra a missão de Nixon na China é favorável às atividades norte-americanas na Ásia. A carta da Glasnost diminui o risco de uma guerra nuclear.

Mas em vez de ter o seu próprio deck, os jogadores compram as suas cartas de evento da mesma pilha, ou seja, o jogador que representa os Estados Unidos pode ficar cheio de cartas que ajudam o jogador que representa os soviéticos e vice-versa. E quando isso é acompanhado pelo empurra-empurra das tentativas de disputa dos jogadores para influenciar o mundo, o Twilight Struggle faz com que ser uma superpotência da Guerra Fria seja um ciclo constante de gerenciamento de crises em que a sua mão é forçada pelos rumos inesperados dos acontecimentos globais.

"As cartas levam a essa maravilhosa sensação de paranoia ou uma sensação de crise", diz Gupta. "Você tem as cartas na sua mão e de repente percebe que está enrascado, 'Como é que essas coisas podem me beneficiar?'. Você está pensando: 'Nossa, como posso administrar esse punhado de minas terrestres?'. E o seu adversário está pensando a mesma coisa, mas você não sabe disso."

O jogo também foi planejado para que as jogadas de eventos específicos na hora errada possam resultar em jogadores lançando sem querer o mundo em uma guerra nuclear. Isso é totalmente intencional, afirma Matthews. "A Guerra Fria foi extremamente perigosa. O mundo chegou muito perto de se destruir por razões estúpidas. É óbvio que conseguimos passar por isso sem um ataque nuclear grave, mas houve pelo menos quatro ou cinco incidentes em que a situação beirou o desastre e a questão que o jogo coloca é: 'O desfecho pacífico foi o desfecho mais provável ou o único desfecho possível?'. Eu acho que a resposta para isso é não."

É a natureza arriscada do confronto entre duas superpotências nucleares que Gupta acredita que o Twilight Struggle revela sobre a Guerra Fria. "Eu espero que as pessoas percebam com o jogo como as duas superpotências realmente mostraram o seu poder, como eles consideraram o resto do mundo basicamente como parte de seus quintais, e como essa mentalidade é uma coisa perigosa", ele explica.

Apesar de o jogo se basear em um conflito histórico, Matthews acredita que entender a Guerra Fria é crucial para entender a geopolítica dos dias de hoje. "A atual geração que está governando cresceu nesse contexto e eu ainda acho que o povo norte-americano em geral faz a comparação com a Guerra Fria", ele diz. "É um perigo da história por analogia. Às vezes decidimos que a China será a nova ameaça e teremos uma reprise da Guerra Fria com os chineses, ou pensamos: 'Ora, os russos estão de volta'. Eu acho que são analogias perigosas, mas são as que surgem com frequência no debate público nos Estados Unidos."

O Twilight Struggle mostrou ser não apenas revelador, mas também muito popular. Os jogos de guerra estavam em crise há anos, sendo consumidos por um grupo cada vez menor de fãs obstinados, mas desde o seu lançamento em 2005, o Twilight Struggle virou um sucesso cult. Durante anos foi considerado o melhor jogo de todos os tempos pelos usuários do BoardGameGeek, o paraíso virtual dos jogos de tabuleiro, e vendeu dezenas de milhares de cópias - uma quantidade enorme para o que, no fundo, é um jogo de guerra complexo.

O sucesso do Twilight Struggle em fazer a Guerra Fria reaparecer em cima das mesas da sala reflete a capacidade dos jogos de tabuleiro de tornar o conteúdo mais fácil de ser compreendido, afirma Gupta. "Tanto os jogos de tabuleiro como os videogames têm um poder tremendo para induzir a empatia, induzir os jogadores a se colocar na pele do outro", ele diz. "Não estamos apenas lendo as ideias e as decisões de alguém, estamos tomando as decisões também. Por isso, a essência e a estrutura dessas decisões é o que faz com que as pessoas desenvolvam uma profunda percepção e conhecimento do assunto."

Enquanto o modelo do Twilight Struggle ajuda os jogadores a entenderem o confronto crucial da segunda metade do século XX, um jogo que se inspirou na ideia de Gupta e Matthews faz a mesma coisa com o conflito que definiu o início do século XXI: a batalha entre a democracia secular e o fundamentalismo islâmico.

Este jogo se chama Labyrinth: The War on Terror 2001-? e trata-se de um jogo baseado no profundo conhecimento do próprio autor sobre o tema. Isso porque, além de Volko Ruhnke criar jogos de tabuleiro, ele também é um analista de segurança nacional da CIA. Embora comentar os detalhes do seu trabalho diário seja proibido, é mais do que evidente que as teorias por trás do jogo são do conhecimento da maioria das pessoas que circulam pelos corredores de Langley.

No seu cenário padrão, o Labyrinth começa imediatamente após os ataques terroristas de 11/9. Os jihadistas controlam o Afeganistão e as tropas norte-americanas estão posicionadas na Arábia Saudita e nos Estados do Golfo. A pergunta mais premente é: como reagirão os Estados Unidos?

Assim como no Twilight Struggle, a ação é conduzida por cartas que representam eventos que vão desde os Estados Unidos usando ataques de drones para eliminar células terroristas até os jihadistas comprometendo a capacidade do Ocidente de influenciar o Paquistão com o assassinato de Benazir Bhutto.

Como na vida real, a vitória parece diferente para os dois lados. Os Estados Unidos precisam favorecer governos estáveis no mundo islâmico ou acabar com todas as células jihadistas. Os islamitas vencem ao criar um califado ou obrigar os Estados Unidos a se retirar do mundo islâmico, prejudicando o seu prestígio internacional ou realizando um ataque terrorista em solo norte-americano usando uma arma nuclear ou biológica.

"Uma das premissas do Labyrinth é a de que o jihadismo global é um movimento", explica Ruhnke. "Há aspectos locais envolvidos, mas é um movimento que, geralmente, procura o mesmo tipo de coisa. Eles também lutam uns contra os outros, mas, no fim das contas, todos querem esse regime sunita wahhabista."

O Labyrinth resume-se a uma queda de braço por poder. Os Estados Unidos e os seus aliados estão tentando conduzir o mundo muçulmano a um bom governo, tal como definido pelas Nações Unidas, enquanto os jihadistas querem implantar uma ditadura teocrática.

Não que o governo seja a única coisa que importa no Labyrinth. Os países europeus no seu enorme tabuleiro são considerados como tendo um bom governo e, ao contrário dos países muçulmanos, isso nunca muda. No entanto, os jogadores que representam os islamitas ainda podem recrutar células terroristas na Grã-Bretanha, França e Espanha.

"A França, a Espanha e o Reino Unido têm uma população considerável de muçulmanos, as diásporas nacionais e questões de assimilação que queremos representar no jogo", Ruhnke explica. "Então isso é um reconhecimento de que o modelo não é tão limpo e simples na vida real a ponto de se dizer: 'Bem, nós temos uma democracia que funciona admiravelmente, além de serviços eficientes para a população, e ótimas políticas de assistência social, e a liberdade de ir e vir e de se expressar à vontade, e, portanto, não vamos ter nenhum problema com o jihadismo.'"

O que a importância do governo no jogo mostra, Ruhnke acrescenta, é que o confronto entre a democracia secular e o fundamentalismos islâmico é uma história de insurgência e contrainsurgência. "Se pensarmos nessas pessoas como terroristas, perceberemos que isso é menos esclarecedor em termos do que está acontecendo do que se pensarmos neles como insurgentes", ele diz. "Se observarmos esse cenário mundial, como é o caso do Labyrinth, trata-se de uma insurgência global e por isso estamos tentando, através da nossa coalizão e afins, nos contrapor a isso."

Insurgência e contrainsurgência são os temas comuns presentes em todos os jogos que Ruhnke inventa. Desde o Labyrinth, ele já criou jogos sobre conflitos tão diversos como a Guerra Civil Colombiana (Andean Abyss), a campanha militar dos Estados Unidos no Afeganistão (A Distant Plain) e as batalhas do Império Romano contra os gauleses (Falling Sky: The Gallic Revolt Against Caesar), mas o caráter de insurgência é a base de todos eles.

A insurgência, ele afirma, define quase todos os conflitos da atualidade, desde a Síria até a Ucrânia. E, como os jogos de Ruhnke deixam claro, o que interessa mesmo para os insurgentes é velocidade.

Será que os EUA conseguirão eliminar a influência islâmica mais rápido do que a expansão do islamismo pelo mundo? Representar os Estados Unidos no Labyrinth muitas vezes se assemelha a um jogo elaborado de Whac-A-Mole, em que cada vitória é respondida com mais uma célula jihadista surgindo em outra parte do tabuleiro. Você pode expulsar os islamitas do Afeganistão, mas se ficar enfiado lá por muito tempo, você pode não ter recursos para enfrentá-los enquanto eles se reagrupam no Sudão. "Uma coisa que deve-se destacar em um contexto de insurgência e contrainsurgência é que trata-se de uma guerrilha de desgaste permanente. Não envolve os potentes tanques Panzer e coisas do gênero", explica Ruhnke. "O essencial são as taxas de incidência, os fluxos, as investidas e as retiradas. As baixas são inevitáveis. A pergunta certa não é 'Você está destruindo as minhas bases?', mas, sim, 'Será que eu estou recompondo as minhas bases mais rápido ou devagar do que você as destrói?'"

Inevitavelmente, o Labyrinth, assim como os jogos de guerra militares que ajudaram a planejar o ataque contra Pearl Harbor, serve para testar possibilidades. Quando eu joguei Labyrinth pela primeira vez como representante dos Estados Unidos, não invadi o Afeganistão e, em vez disso, concentrei os meus esforços em vencer a guerra de ideias e melhorar o governo em outro lugar. Isso provou ser uma decisão desastrosa.

O meu oponente, que representava os islamitas, entrincheirou-se no Afeganistão, formando uma célula terrorista atrás da outra antes de avançar em direção ao norte até os antigos Estados soviéticos da Ásia Central, onde eles obtiveram um estoque de urânio altamente enriquecido. Logo depois, os islamitas ganharam o jogo quando uma de suas células adormecidas na Europa Ocidental conseguiu chegar aos Estados Unidos e detonou uma bomba nuclear.

Mesmo assim, promover uma mudança de regime no Afeganistão é um processo lento e desgastante e o resultado depende tanto das reações do jogador que representa os islamitas quanto das ações do jogador que representa os norte-americanos.

Como era de se esperar de um jogo voltado para um conflito atual e com uma fortíssima conotação política, o Labyrinth gerou muitos debates a respeito da validade do seu modelo. "Tem uma resenha no BoardGameGeek que diz que é um jogo divertido, mas o Volko não entendeu bem o que é terrorismo, o que é interessante porque eu acho que sei uma coisa ou duas sobre o assunto", ele diz. "Este tema suscitou uma troca incrível de ideias e impressões de ambos os lados. Este é o melhor tipo de reação. Não é simplesmente: 'É melhor se inteirar dos fatos antes de sair falando besteira.' O negócio tem a ver com aprimorar as nossas opiniões e eu acho que um modelo de jogo pode traduzir isso muito melhor do que uma matéria de jornal."

E esta liberdade de experimentar e interagir com o modelo é o que dá aos jogos de tabuleiro como Labyrinth, Twilight Struggle e Pandemic uma vantagem sobre as outras mídias quando queremos entender assuntos globais complicados como a guerra ao terror. "Pode-se até explicar esse sistema a uma pessoa, mas para interiorizar, entender intuitivamente, memorizar e levar esse conhecimento consigo, o mais indicado é você experimentar por conta própria", afirma Ruhnke. "O que se passa no tabuleiro te afeta de um jeito que não te afetaria se um professor estivesse explicando o assunto para você em West Point."

Os videogames parecem oferecer o mesmo benefício, mas há uma diferença crucial. As regras dos jogos de tabuleiro são transparentes, e estão à disposição de todos os jogadores, em vez de ficarem escondidas dentro de códigos inacessíveis de um computador.

"Com um videogame é possível dar uma olhada no programa e também em alguma documentação, mas inevitavelmente haverá um efeito de caixa preta, em que as regras internas do jogo são omitidas do jogador", ele explica. "O que pode ser mais transparente e direto do que um manual que permite aos jogadores utilizar o modelo? Nada. Absolutamente nada!"

16

FABRICADO NA ALEMANHA: CATAN E A CRIAÇÃO DOS JOGOS DE MESA MODERNOS

Como a Alemanha revitalizou os jogos de tabuleiro para o século XXI

Milhares de visitantes fazem fila do lado de fora do centro de convenções. Lá dentro, a multidão deixa um salão com uma área equivalente a três campos de futebol parecido com um vagão de trem lotado na hora do rush.

Nos estandes de exposição, o público entrega maços de euros para pagar os jogos de tabuleiro e sentam-se às mesas para jogar os lançamentos mais recentes do mercado. O único estande que não tem gente fazendo barulho nas suas imediações é o que está vendendo videogames. Em todos os lugares há pessoas arrastando atrás delas carrinhos cheios de jogos de tabuleiro, decidindo para onde ir agora e saboreando salsichas com molho de curry e batatas fritas e salsichas com mostarda.

No estande da Hasbro, uma adolescente grita de alegria depois de ver o pai dela ficar com a cara cheia de confete enquanto jogava o Pie Face, um brinquedo mecânico de plástico que desafia os jogadores a colocar o queixo no apoio e girar a roleta sem ser atingido. No corredor ao lado, os jogadores pedem para Matt Leacock autografar exemplares do seu jogo, o Pandemic. Em um outro corredor, três franceses estão aprendendo a jogar €uro Crisis, um novo jogo de tabuleiro em que os jogadores enriquecem às custas de países europeus endividados.

Enquanto os jogadores discutem a venda das ilhas gregas, um casal vestido como o anti-herói dos quadrinhos Deadpool e a Princesa Leia de Star Wars circula por ali. A maior parte do público é de homens usando camisetas pretas promovendo bandas de death metal como Bolt Thrower e Carcass, mas eles, e os fantasiados, estão em minoria. Quase todos os presentes não se destacariam em um shopping center. Aqui temos jovens casais andando de mãos dadas, mulheres idosas com bengalas e famílias brincando e aproveitando o dia com os filhos.

Longe dos corredores, nos bares e hotéis nas redondezas do centro de convenções, representantes de editoras estão testando os protótipos e fechando negócios para jogos que o público vai jogar nos próximos anos.

Bem-vindo a Essen, na Alemanha, a casa da Spiel - a maior convenção de jogos de tabuleiro do mundo.

A Spiel começou em 1983 como um fim de semana de jogos em uma escola local e, a partir dessa humilde origem, a reunião transformou-se em um evento de quatro dias que atrai mais de 150.000 pessoas por ano. A cada outubro, a Spiel enche quase todo o Centro de Eventos Messe Essen e os quartos de hotel na cidade se tornam difíceis de encontrar.

Em 2015, os novecentos expositores ocuparam uma área de quase sessenta e cinco mil metros quadrados, e cerca de 850 novos jogos estavam em exposição, muitos dos quais estavam sendo apresentados ao público pela primeira vez.

Um dos fatores que explica porque a Spiel tornou-se a casa espiritual do jogo de tabuleiro pode ser encontrado no espaçoso Pavilhão 4. Durante a maior parte da Spiel 2015, as entradas do Pavilhão 4 ficaram fechadas, mas às 16:30h do sábado as portas se abriram e mais de mil pessoas entraram.

Lá dentro pode-se ver fileiras e mais fileiras de mesas colocadas juntas que se estendem de uma extremidade do pavilhão para a outra. À frente das cadeiras dobráveis alinhadas às mesas há um tabuleiro de jogo de papel que mostra uma ilha feita de hexágonos, decks de cartas novos em folha e saquinhos transparentes cheios de peças de plástico.

O jogo em cima da mesa chama-se Catan, uma competição de negociação de recursos e construção de assentamentos que se tornou um fenômeno. Desde o seu lançamento na Alemanha, em 1995, como Die Siedler von Catan, o jogo e as suas quatro expansões venderam mais de vinte e dois milhões de cópias no mundo inteiro e rejuvenesceram os jogos de mesa.

As 1.040 pessoas presentes no Pavilhão 4 estão ali para jogar uma partida coletiva de Catan gigante. Cada tabuleiro está ligado a todos os tabuleiros circunvizinhos pelos mares ao redor de cada uma das ilhas e o primeiro jogador no pavilhão que conseguir vinte e cinco pontos acumulados pela construção dos seus assentamentos vence o jogo.

Durante a próxima hora e meia, o pavilhão vira uma loucura de negociações contra o relógio que lembra os dias de pregão da Bolsa de Valores. "Lã! Eu tenho lã! Troco lã por tijolo!", anuncia um jogador. "Preciso de madeira! Alguém tem madeira para negociar?", pergunta uma outra jogadora, que quer a matéria-prima para construir um novo assentamento. "Eu troco uma peça de madeira por duas de minério", oferece o homem ao lado dela.

Entre as rodadas de manobras e negociações, o apresentador do jogo informa que é a hora do movimento do ladrão, o meliante que perambula por todas as ilhas e impede que os participantes recebam novos recursos do terreno em que ele se encontra. Sempre que o ladrão rouba um novo recurso, metade do pavilhão geme de agonia ao perder as suas preciosas matérias-primas enquanto a outra metade respira aliviada porque o ladrão não vai mais roubar deles.

Por fim, um jogador holandês avisa que ele já tem pontos suficientes para reivindicar a vitória. A partida para imediatamente. Um juiz aproxima-se do tabuleiro do jogador e começa a conferir a pontuação enquanto o pavilhão em silêncio aguarda o veredicto. O juiz levanta a cabeça e anuncia que a pontuação está correta. "Temos um vencedor", declara o apresentador.

Enquanto o jogador dirige-se ao palco para receber o seu prêmio do criador de Catan Klaus Teuber, o pavilhão aplaude. Não há nenhum sentimento de animosidade ou inveja. Isso não é uma competição, é uma celebração - uma celebração de mais de mil desconhecidos, muitos dos quais nem sequer falam a mesma língua, divertindo-se entre eles e quebrando em conjunto o recorde de a maior partida de Catan já realizada na história.

O Catan surgiu da eterna obsessão de Teuber por vikings. Quando criança, ele possuía um conjunto de bonequinhos vikings de plástico belamente pintados e quanto mais ele lia a respeito da Escandinávia medieval, mais ficava fascinado pelos antigos nórdicos.

Longe de serem os estupradores e saqueadores que permeiam o imaginário popular, Teuber descobriu que os vikings eram grandes artesãos, aventureiros ousados e contadores de histórias muito criativos. As suas relações comerciais se estenderam a tal ponto que chegaram até a negociar com Bagdá, que eles alcançaram através do Volga, o extenso rio que trouxe o xadrez da Pérsia para a Rússia.

Ele aprendeu que os vikings eram os maiores navegadores da sua época. Enquanto os outros povos não se afastavam da costa, os vikings seguiram em direção ao mar aberto e estabeleceram assentamentos na Islândia, Groenlândia e Terra Nova. Eles também eram democratas que criavam as suas leis em assembleias comunitárias em que todos os homens livres tinham o direito de opinar.

Quanto aos famosos capacetes com chifres, não passavam de um mito, inventado pelos europeus do século XIX que queriam realçar a imagem dos vikings saqueadores, apesar de o seu gosto por incursões não ser nada extraordinário para os padrões dos primórdios da Europa medieval.

"Ele é um grande fã da história dos vikings", conta Benjamin Teuber, o filho de Klaus, que agora trabalha junto com o pai no Catan e em outros jogos. "Ele sempre sonhava em explorar novas terras. Quando criança, ele sempre sonhava com isso e os seus professores diziam que ele nunca faria nada de importante na vida se continuasse a sonhar desse jeito."

Klaus nunca parou de sonhar. Embora a sua família não fosse muito chegada a jogos de tabuleiro, ele se sentiu atraído pelo assunto no início da sua adolescência e começou a fazer os seus próprios jogos. "Então eu perdi o interesse por causa das garotas e outras coisas mais importantes", ele diz com um sorriso. Mas depois de se tornarem pais no início dos anos 1980, Klaus e a sua esposa começaram a se distrair com jogos. "Nós achávamos os programas de televisão da noite muito chatos e entediantes, por isso nós jogávamos", ele conta.

Com o interesse renovado, Klaus passou a fazer jogos novamente. O que o motivava era a diversão, e não o dinheiro. "Eu não sabia que dava para fazer isso", ele comenta. "Eu pensava que as empresas é que cuidavam de tudo e imaginava que não existissem autores."

Um dia, em uma convenção de jogos alemã, ele mostrou a algumas pessoas um jogo que havia criado. Chamava-se Barbarossa e os jogadores tinham que deduzir o significado das esculturas de massinha de modelar de cada um deles fazendo perguntas de sim ou não. As pessoas para quem ele mostrou o jogo o colocaram em contato com a Kosmos, a editora de jogos de Stuttgart, que lançou Barbarossa em 1988.

Outros jogos se seguiram a esse. Alguns foram premiados e venderam bem na Alemanha, mas nenhum faturou dinheiro suficiente para convencer Klaus a largar o seu emprego como técnico de prótese dentária. Então, no começo dos anos 1990, as mudanças nas políticas de saúde na Alemanha deixaram o seu consultório à beira da falência. À medida que o estresse se acumulava no trabalho, Klaus mergulhava de cabeça nos seus jogos. "As noites eram o meu refúgio, a minha fuga, o meu mundinho, em que ninguém podia falar comigo", ele diz. "Era uma coisa que era o meu mundo."

Compenetrado na criação dos seus jogos, Klaus voltou-se novamente para as aventuras dos vikings. "Eles descobriram novas terras que não tinham habitantes, como a Islândia", ele diz. "Isso despertou a minha imaginação. O que eles poderiam fazer lá? Então eu comecei a pensar nesse cenário de descoberta como um jogo."

A visão original de Klaus para Catan era muito mais ampla do que o jogo que acabou sendo lançado. Além das construções e negociações, ele imaginou os jogadores navegando pelos mares para encontrar novas terras, fugindo de navios piratas e até unindo assentamentos para criar metrópoles medievais. Com tanta coisa acontecendo, as versões iniciais eram arrastadas e cansativas de se jogar. "Eu acho que joguei pela primeira vez em 1992, ou 1993, eu tinha oito ou nove anos", relembra Benjamin. "Não foi uma coisa legal; era muito complicado."

Então, nos anos que se seguiram, Klaus editou o jogo. Ele eliminou várias características, reduziu a gama de recursos e ajustou repetidamente o que sobrou até transformar o Catan em uma experiência mais satisfatória que não era nem muito simples, nem muito complexa. As suas regras de rolagem de dados, negociações e compras demoravam poucos minutos para serem assimiladas, mas a sua rejogabilidade por causa da possibilidade de remontar as peças de terrenos hexagonais para criar novas ilhas significava que o Catan nunca perdia a graça.

Por melhor que fosse, poucos suspeitavam em 1995 que o Catan daria início a uma revolução. Nem a própria Kosmos, a editora do jogo. "Eu soube que a editora e o cara que era o responsável por isso na época não esperavam tamanho sucesso", diz Dominique Metzler, diretora da Friedhelm Merz Verlag, que organiza a Spiel. "Eles pensaram: 'É um jogo de estratégia, não alcançaremos um público tão grande com isso.' Ele não pensaram em alcançar as famílias e coisas assim."

Mesmo depois de Catan ganhar o prestigiado Spiel des Jahres, o prêmio anual de jogos da Alemanha, todos os profissionais do ramo acharam que o jogo venderia bem por um ano e depois sairia de catálogo em três ou quatro anos. Afinal de contas, Klaus já havia abocanhado esse prêmio três vezes antes e foi exatamente o que aconteceu.

Um dos motivos pelo qual poucos na indústria de jogos alemã pensaram que Catan seria algo extraordinário foi porque o jogo não era tudo isso. Não na Alemanha pelo menos, porque - em grande parte ignorado pelo resto do mundo - o país estava abrindo o seu próprio caminho no ramo de jogos e elevando os jogos de tabuleiro de simples passatempos a algo próximo de um trabalho de arte caprichado.

Em outras partes do mundo, os jogos tinham estagnado. Os eternos favoritos como o Clue e o Parcheesi passaram a ser o equivalente dos antigos sedãs, populares e amplamente utilizados, mas com experiências pouco marcantes. A principal alternativa para esses sucessos familiares, entretanto, eram os jogos de estratégia complexos, baseados em guerra e negócios - os enormes e robustos jipes dos jogos que vinham com uma porção de bonequinhos de plástico e manuais grossos o bastante para servir como peso de porta.

Mas quando o Catan chegou, os jogos alemães se tornaram BMWs elegantes. Eles proporcionavam experiências na medida certa que priorizavam as tomadas de decisão e estratégias em vez da sorte, e conseguiam isso por meio de regras sofisticadas e partidas de curta duração. Os jogos alemães também rejeitavam a mentalidade de cada um por si dos jogos norte-americanos em prol de experiências em que a cooperação entre os jogadores era fundamental.

As bases do excepcionalismo dos jogos de mesa alemães foram estabelecidas logo após a Segunda Guerra Mundial enquanto a Alemanha Ocidental reconstruía não apenas as suas cidades arruinadas pela guerra, como também a sua cultura. No período do pós-guerra, os alemães incorporaram o jogo de tabuleiro como um hábito da vida cotidiana.

"Antes da guerra, as crianças brincavam e os adultos não jogavam jogos", comenta Tristan Schwennsen, arquivista da maior editora de jogos da Alemanha, a Ravensburger. "Jogos eram para crianças e era muito importante que as crianças aprendessem enquanto brincavam com os jogos, aprendessem alguma coisa sobre o mundo ou outros países. Depois da Segunda Guerra Mundial isso mudou porque as pessoas passaram a ter mais tempo livre.

À medida que a Alemanha Ocidental se revitalizava, os jogos de tabuleiro eram associados à comunhão e bem-estar; um sentimento reforçado pelos jornais que faziam resenhas de jogos de tabuleiro junto com os livros, os filmes e as peças de teatro mais recentes. A impressão de que jogar jogos era uma coisa boa e social eliminou a crença de que o jogo de mesa era apenas para crianças e transformou os alemães ocidentais nos maiores consumidores de jogos de tabuleiro do mundo por pessoa.

Obviamente, essa mudança de comportamento não aconteceu na Alemanha Oriental comunista onde o tempo de lazer aumentou mais lentamente do que no mercado livre ocidental. Klaus lembra-se que nas primeiras feiras realizadas na parte oriental após a reunificação, as mães chegavam na esperança de poder deixar os seus filhos no evento enquanto elas iam às compras porque achavam que aquilo era só para crianças.

Hoje, no entanto, o jogo de tabuleiro faz parte da vida em toda a Alemanha. "Todos jogam", afirma Schwennsen. "Na Alemanha, temos jogos para todo mundo. Jogos para geeks, jogos para crianças, jogos para pessoas mais velhas, jogos para famílias. Todos jogam. Ninguém faz gracinhas com quem que joga jogos de tabuleiro, eles não são considerados infantis nem nada parecido."

Benjamin concorda. "Por fazer parte dessa cultura, vemos isso como algo normal. Eu tenho um grande amigo espanhol e contei a ele que trabalho com jogos de tabuleiro e ele disse: 'Isso é coisa de criança'. Essa é a ideia que eles fazem do negócio", ele diz. "Mas na Alemanha é assim que funciona: 'O que vamos fazer hoje à noite? Não queremos sair hoje, está frio lá fora, está chovendo, mas queremos fazer algo que não seja assistir à TV.' E aí respondemos: 'Então, por que não jogamos esse jogo de tabuleiro?'. É uma coisa que faz parte da cultura alemã."

Além de contar com jogos para todas as faixas etárias, a Alemanha do pós-guerra se colocou totalmente contra a utilização da guerra no entretenimento. Brinquedos e jogos violentos viraram um tabu e qualquer coisa que parecesse promover o militarismo estava sujeito à censura. Quando a Parker Brother tentou lançar o Risk na Alemanha Ocidental, os censores do governo ameaçaram restringir as suas vendas, obrigando a uma modificação nas regras para que os jogadores estivessem libertando, ao invés de conquistando, o mundo.

"Eu acho que se levarmos em conta a terrível história da Alemanha nazista que carregamos conosco, agora as pessoas, de alguma forma, desenvolveram um sentimento de que precisamos de paz", diz Benjamin. "Atualmente, a mentalidade é muito progressista e voltada para a liberdade porque temos consciência de que o que aconteceu há setenta anos não pode se repetir. Muito poucos jogos de guerra são provenientes da Alemanha, a maioria vem dos Estados Unidos ou de outros países. Quase todos os jogos alemães são verdadeiramente cooperativos."

Para qualquer um criado com uma dieta à base de Monopoly e xadrez, a falta de uma competição direta no Catan e outros jogos alemães é chocante. Os jogadores de Catan só podem alcançar a vitória negociando uns com os outros. Não há confrontos armados e os jogadores não são obrigados, por causa da pobreza, a entregar a sua propriedade. No Catan, todos dependem uns dos outros. Até mesmo os vencedores se beneficiam dos esforços dos outros participantes.

"Eu não queria nenhuma guerra no jogo porque é uma coisa que já temos de sobra no mundo e eu acho que não se deve passar por isso de novo no jogo", explica Klaus. "Algumas pessoas me mandaram e-mails dizendo: 'Queremos ter a capacidade de destruir vilas ou cidades.' Tudo bem, só que não, não no Catan."

Mas a mudança de comportamento em relação aos jogos e o desejo de evitar conflitos não garantiram que a Alemanha criasse o seu próprio estilo de jogo de tabuleiro. A grande reviravolta ocorreu em fevereiro de 1978, quando um grupo de jornalistas se reuniu depois de um dia inteiro cobrindo a feira de brinquedos de Nuremberg.

Todos os anos os jornalistas se encontravam para comer, beber e conversar no apartamento de Tom Werneck, um escritor que morava na cidade de Erlangen, ao norte de Nuremberg. Eles passaram a maior parte da noite discutindo a falta de atenção da mídia em relação aos novos jogos e como isso estava fazendo com que as pessoas perdessem os melhores lançamentos.

A certa altura, Jürgen Herz, que trabalhava para a emissora de rádio pública WDR, fez uma proposta: Por que não jogamos todos os jogos lançados este ano e, em seguida, escolhemos o jogo do ano (Spiel des Jahres, em alemão) e usamos este prêmio para divulgar o melhor jogo?

No final da noite, os jornalistas concordaram em experimentar a ideia de Herz. Nos meses seguintes, eles estabeleceram as regras. Para tornar a premiação confiável, o júri precisava ser composto por jornalistas especializados em jogos que nunca tinham feito qualquer trabalho para a indústria de jogos. Para aumentar a relevância do prêmio, apenas os jogos lançados na Alemanha seriam elegíveis e apesar de a premiação visar reconhecer a inovação, esta também pretendia recomendar os jogos que qualquer pessoa poderia aproveitar em vez de apenas os jogadores aficionados.

Com o regulamento pronto, os jurados passaram um fim de semana jogando todos os jogos lançados em 1978 e, após muita discussão, escolheram o vencedor: Hase und Igel, um jogo publicado pela primeira vez na Grã-Bretanha em 1974 como A Lebre e A Tartaruga, que havia acabado de ser lançado na Alemanha pela editora Ravensburger.

Apesar de a edição alemã ter recebido esse nome em homenagem ao conto de fadas dos Irmãos Grimm, A Lebre e o Ouriço, David Parlett, o desenvolvedor inglês do jogo, baseou-se na fábula de Esopo sobre a corrida entre a tartaruga e a lebre. O Hase und Igel reinventou o jogo de corrida. Em vez do movimento ser determinado pela rolagem dos dados, os jogadores andavam pelo tabuleiro gastando cartas de cenoura que funcionavam como combustível. Como se mover rapidamente obrigava a gastar mais cenouras por casa e os jogadores não podiam atravessar a linha de chegada com mais de vinte cenouras nas mãos, o jogo dependia de matemática e planejamento em vez de sorte.

A exigência do Hase und Igel de se gastar sabiamente as cartas de cenoura significava que até os jogadores que pareciam estar ficando para trás na corrida ainda podiam virar o jogo e arrebatar a vitória, tornando a experiência menos previsível e mais estratégica. Esse enfoque voltado ao planejamento em vez da sorte ofereceu aos jogadores um gostinho antecipado de como os jogos alemães evoluiriam ao longo da próxima década.

Apesar de terem escolhido o seu vencedor, os jornalistas nunca disseram a ninguém que o Hase und Igel tinha conquistado o Spiel des Jahres de 1978. "Esse pessoal não era muito organizado no começo, e aí eles elegeram um jogo e não foram capazes de organizar um evento para mostrar à mídia qual foi o jogo que tinham escolhido", conta Tom Felber, o atual presidente do Spiel des Jahres. "Por isso, eles escolheram o Hase und Igel novamente em 1979 e então conseguiram convidar o público a fim de anunciar o jogo que eles escolheram."

Depois de começar com o pé esquerdo, o prêmio Spiel des Jahres ganhou cada vez mais influência. Ano após ano, os jurados davam o veredicto final e cada vez mais o seu logotipo - um peão vermelho usando uma coroa de louros dourados - tornou-se um pouco mais conhecido pelo público alemão e um pouco mais cobiçado por autores e editores de jogos. Com o tempo, os vencedores do Spiel des Jahres começaram a se tornar campeões de vendas instantâneos na Alemanha e os editores passaram a pagar pelo direito de estampar o seu logotipo na embalagem dos jogos vencedores.

Atualmente, o Spiel des Jahres é uma marca de qualidade reconhecida pela maioria dos alemães. Conquistar esse prêmio pode aumentar as vendas de um jogo na Alemanha em centenas de milhares de cópias.

"Na Alemanha é uma coisa muito forte porque o público confia nele", afirma Felber. "As pessoas não precisam pensar mais no Natal, elas podem simplesmente entrar na loja e comprar o jogo de olhos fechados, e elas sempre sabem que é uma boa escolha."

A premiação tornou-se um catalisador para o surgimento de jogos que eram inovadores, mas ainda tinham um apelo de massa. As editoras e os desenvolvedores de jogos alemães começaram a melhorar a qualidade dos seus jogos com a intenção de conquistar o prêmio e também os lucros gigantescos que o acompanhavam. À medida que a notícia das vendas impulsionadas pela premiação se espalhou, os desenvolvedores de jogos em outros países da Europa seguiram o exemplo, na esperança de emplacar um sucesso na Alemanha ávida por jogos de tabuleiro.

Em meados da década de 80, os desenvolvedores alemães de jogos estavam abrindo mão da mecânica de rolar e mover que havia dominado os jogos de tabuleiro por séculos. Assim como o Kraftwerk havia desmanchado a música pop e a recriado de uma nova maneira emocionante com o seu famoso álbum de 1975, "Autobahn", os alemães estavam projetando os jogos do futuro.

Os jogos alemães fervilhavam de novas ideias. No Scotland Yard de 1983, uma pessoa virava o fugitivo desconhecido à solta no centro de Londres enquanto os outros jogadores eram os investigadores que tentavam seguir a trilha de pistas e prender o malfeitor. No ano seguinte, o jogo com temática de espionagem Heimlich & Co. acrescentou o blefe à mecânica de rolar e mover para que os jogadores tentassem ocultar a identidade da sua peça dos outros participantes movendo vários marcadores durante o seu turno. O Manhattan, o vencedor do Spiel des Jahres de 1994, utilizou o conceito de leilões para criar um jogo em que os participantes competiam para dominar cidades acrescentando andares a enormes arranha-céus tridimensionais que surgiam do tabuleiro.

Enquanto os alemães aproveitavam essa explosão de criatividade teutônica, os norte-americanos se deparavam com as prateleiras das lojas dominadas pelos jogos favoritos de décadas das famílias, imitações do Trivial Pursuit e iniciativas inexpressivas como Hotels, um jogo do tipo do Monopoly com alvarás aleatórios e edifícios de papelão luxuosos.

Em meados dos anos 90, um conjunto de princípios comuns se tornou muito claro na nova onda de jogos alemães. O princípio fundamental era de que os resultados de uma partida deveriam ser determinados pelas decisões do jogador em vez de sorte. Os dados eram usados esporadicamente e às vezes nem sequer apareciam no jogo. As cartas incluíam com frequência um certo grau de imprevisibilidade, mas a abordagem passiva baseada no "gire a roleta e veja quem ganha" de O Jogo da Vida agora era considerada chata e datada.

No lugar da sorte, os jogadores recebiam algumas opções para o que fazer no seu turno e o seu sucesso na partida dependia do quão boas eram as suas decisões e o seu planejamento em relação aos outros participantes.

"Os alemães gostam de fazer planos e o jogo de tabuleiro típico alemão resume-se à estratégia", comenta Heinrich Hüentelmann, o diretor de relações públicas da editora Ravensburger. "Se tudo gira em torno de estratégia, então será muito melhor se você souber como fazer os seus planos, e quando nos deparamos com coisas complexas e complicadas é melhor planejar e pensar no futuro."

Os alemães também queriam regras simplificadas, preferindo jogos que oferecessem mais complexidade do que o Monopoly, mas dispensavam os detalhes demorados dos jogos de estratégia norte-americanos, como o jogo baseado na Segunda Guerra Mundial Axis

& Allies, com a sua abundância de miniaturas de plástico, regras e tabelas de combate.

E como esse tipo de passatempo era considerado uma atividade social, os jogos alemães incluíam todos os jogadores do começo ao fim da partida. Jogos como o Risk ou Mouse Trap, em que os participantes podiam ser eliminados antes do jogo terminar, eram vistos com maus olhos.

"Nos jogos de tabuleiro de estilo norte-americano, os jogadores são eliminados, como no Hotels - bem, você não tem dinheiro, pode ir, a gente continua a jogar, você vai lavar a louça ou algo assim", diz Schwennsen. "Você nunca veria uma eliminação parecida em um jogo de tabuleiro alemão porque é importante que todas as pessoas estejam jogando juntas. É claro que você quer ganhar, mas o que vale é que todos estão ao redor da mesa e passando um tempo juntos. Eliminar um jogador não combina com essa ideia."

Essa preocupação de manter todos jogando também levou a uma crença de que os jogos não deveriam dar espaço para os favoritos da partida. Como no caso muito comum do Monopoly em que um jogador obviamente vai ganhar, mas a partida se arrasta por mais meia hora até não sobrar nenhum jogador que foi à falência. Em vez disso, os jogos alemães permitiam reviravoltas de última hora ou tornavam absolutamente impossível saber com certeza quem estava à frente, escondendo os objetivos de cada jogador ou o seu progresso.

Esses princípios não eram exclusivos da Alemanha, diga-se de passagem. O Hase und Igel adotou muitas das mesmas ideias apesar de ter sido feito na Grã-Bretanha, assim como o Acquire - um requintado jogo de 1962, que tinha a ver com fusões e aquisições de hotéis, criado pelo desenvolvedor norte-americano de jogos Sid Jackson. Mas essas foram tentativas isoladas. Graças à sua cultura de "todo mundo joga" e ao Spiel des Jahres, a Alemanha teve os incentivos comerciais e de qualidade necessários para cultivar um movimento de design de jogos criado em torno dos ideais compartilhados de regras simplificadas, decisões em detrimento da sorte, não eliminar nenhum jogador e a indefinição acerca de quem está ganhando.

Catan incorporou todos os princípios emergentes de design do que mais tarde seria toscamente rotulado como "jogos de estilo alemão" ou "Eurogames" por jogadores da anglosfera. No Catan, os jogadores não se enfrentam diretamente, ninguém é eliminado e o planejamento e o comércio se sobrepõem à sorte. As regras eram fáceis de aprender, a corrida pela vitória era difícil o bastante para qualquer um dos jogadores acreditar que eles podiam vencer a partida, e o jogo normal acabava depois de uma hora. O Catan não foi o pioneiro nesses conceitos, mas poucos outros jogos transmitiram os novos ideais do design do jogo alemão com tanto talento.

O Catan ganhou o Spiel des Jahres de 1995 e as vendas inevitavelmente dispararam, mas então aconteceu uma coisa estranha. Em vez das vendas do jogo caírem em 1996, elas cresceram de novo. No ano seguinte, as vendas aumentaram mais uma vez e Klaus finalmente se viu em uma posição que lhe permitiu desistir da sua carreira em odontologia e se dedicar à criação de jogos em tempo integral.

Alan R. Moon, um desenvolvedor norte-americano de jogos que trabalhava para a editora Ravensburger no final dos anos 90, lembra-se que a popularidade do Catan era diferente de tudo que se tinha visto até então na Alemanha. "Teve um dia em que eu estava na Ravensburger e, junto com vários outros executivos, fomos a um supermercado para almoçar", ele se recorda. "No caixa da saída havia uma bancada com Catan. Eu olhei para os caras da Ravensburger e perguntei: 'Vocês já colocaram um jogo em supermercado?', ao que eles responderam: 'Não, nunca colocamos.' Então pode-se ter uma ideia do tamanho do negócio, era uma coisa enorme."

E um sucesso ainda maior estava por vir.

Na época do lançamento do Catan, poucos dos jogos que faziam sucesso na Alemanha chegavam aos Estados Unidos. Era algo tão raro esses jogos serem lançados fora da Europa que até mesmo aqueles que trabalhavam na indústria norte-americana de jogos tinham dificuldades para adquirir esses produtos. Moon interessou-se pela primeira vez em jogos de estilo alemão no início dos anos 80 enquanto trabalhava na Avalon Hill, a editora especializada em jogos de estratégia, mas ele era obrigado a recorrer à troca de jogos por correio com contatos na Grã-Bretanha para conseguir as cópias.

Esses intercâmbios transatlânticos acabaram levando a Avalon Hill a lançar alguns jogos de estilo alemão nos Estados Unidos, incluindo o Heimlich & Co., que foi publicado com o nome de Under Cover, e o Kremlin, uma paródia do traiçoeiro Politburo soviético que saiu pela primeira na Suíça.

Mas esses lançamentos eram poucos e muito espaçados. Os fanzines fotocopiados com poucos exemplares para um punhado de leitores era a única fonte de informação sobre os jogos alemães nos Estados Unidos, e os leitores tentados a comprar esses jogos se deparavam com produtos importados muito caros e com as instruções escritas em alemão.

Um dos fornecedores de jogos importados era a Mayfair Games, em Chicago, que passou a trazer jogos alemães para os Estados Unidos no começo dos anos 90, principalmente porque o seu fundador Darwin Bromley adorava esse tipo de jogo. Depois de vários anos de importação, um funcionário chamado Jay Tummelson convenceu Bromley a produzir versões em inglês dos melhores títulos europeus, e em 1995 a Mayfair começou a comprar os direitos dos jogos alemães. Um dos primeiros jogos que a empresa assinou contrato foi o Catan.

Na mesma época, a internet reuniu os fãs de jogos de tabuleiro que no passado dependiam dos fanzines para obter informações. Nos fóruns e grupos de notícias online, os comentários se espalhavam sobre os incríveis, mas difíceis de se encontrar, jogos que eram lançados na Alemanha, e um deles em particular era mais elogiado do que qualquer outro: o Catan.

Então, quando a Mayfair Games lançou o Catan nos Estados Unidos, já havia um pequeno público desesperado para colocar as mãos no jogo. O burburinho online sobre os jogos de estilo alemão cresceu ainda mais depois que Tummelson se desligou da Mayfair Games e fundou a Rio Grande Games, uma editora determinada a trazer os eurogames para a América do Norte.

No início dos anos 2000, os eurogames estavam no auge nos clubes norte-americanos de jogos de tabuleiro e novas editoras como a Z-Man Games e a Days of Wonder começaram a surgir a fim de aproveitar esse novo interesse. "Nós jogamos muitos eurogames inéditos", recorda-se Ananda Gupta, o cocriador do Twilight Struggle, que fazia parte de um clube de jogos de tabuleiro da Universidade George Washington nesse período. "Os jogos raramente eram jogados mais de uma ou duas vezes; estávamos sempre atrás de novidades. O grupo tinha um grande fascínio por jogos que incluíam camelos, então experimentamos muitos jogos que envolviam camelos. Nós já estávamos enjoados de jogar Catan a essa altura do campeonato - eu devo ter jogado umas quatrocentas partidas de Catan na faculdade. Nessa época, todos os jogos ainda eram chamados pelo seu nome original em alemão porque não eram algo corriqueiro no dia a dia."

Para os alemães, o crescente entusiasmo entre os aficionados anglófonos era uma coisa intrigante. "Alguém descobriu esses jogos de estratégia, essa expressão 'jogo alemão', e de repente todos no estrangeiro que se interessavam pelo assunto queriam jogar esses tipos de jogos e isso deu origem a esse conceito geral de 'jogos de tabuleiro alemães'", afirma Metzler, diretora do prêmio Spiel.

Schwennsen concorda: "Se compararmos os jogos que surgiram antes e depois do Catan, eu diria que não há muita diferença. O fato de os jogos de tabuleiro alemães serem interessantes para as pessoas no mundo todo não tem a menor importância para nós porque já conhecíamos esses jogos."

Esses jogos podiam ser algo normal na Alemanha, mas para os fãs de jogos de tabuleiro nos Estados Unidos cada nova descoberta era tão preciosa como uma pepita de ouro.

Em pouco tempo, os eurogames passaram a influenciar os desenvolvedores norte-americanos de jogos. "Eu cresci nos Estados Unidos, por isso da época de criança até os anos 80, a invenção de jogos na minha cabeça era muito centrada nos EUA", diz Mike Gray, um ex-desenvolvedor de jogos da Milton Bradley que tem no currículo o jogo de guerra de 1986 Fortress America e o jogo de fúria consumista de 1989 Electronic Mall Madness. "Mas a partir do final dos anos 80, os jogos europeus começaram a ser mais populares, e começaram a ser trazidos para cá e traduzidos para o inglês, e isso mudou aos poucos a maneira como as pessoas pensavam a respeito dos jogos."

Alan Moon estava entre os desenvolvedores que adotaram o enfoque europeu, e em 1998 ele ganhou o Spiel des Jahres com Elfenland, um jogo em que os participantes ajudavam os elfos a viajar de uma cidade para outra em unicórnios, nuvens mágicas, dragões e outros métodos fantásticos de transporte. Ele é um dos três desenvolvedores de jogos não alemães que ganharam o prêmio desde 1986.

Os desenvolvedores norte-americanos de jogos também começaram a ir para Essen com o objetivo de juntar-se ao público na convenção da Spiel. Entre eles, encontrava-se Matt Leacock, que visitou o evento pela primeira vez muitos anos antes de criar o Pandemic. "A Spiel era diferente de tudo", ele se recorda. "Eu já tinha ido à [convenção norte-americana de jogos] GenCon, mas o negócio era muito mais voltado para o role-playing game. Foi emocionante ir à GenCon, mas também fiquei com a sensação de que era um grupo vizinho de jogadores - eles só tinham olhos para o role-playing. Quando eu estive na Spiel, foi incrível porque havia todos os tipos de jogos que eu adorava e estavam em toda parte - foi uma experiência transformadora. O fato de tantas pessoas estarem lá também foi simplesmente glorioso."

Apesar de toda a empolgação entre os desenvolvedores e os fãs de jogos de tabuleiro norte-americanos, os eurogames não eram mais que um passatempo cult. Em 2004, o Catan ainda não tinha vendido nem cem mil cópias nos Estados Unidos, um feito que o jogo conseguiu alcançar várias vezes durante o primeiro ano em que esteve à venda na Alemanha, quase uma década antes.

Mas com o passar dos anos, as vendas do Catan começaram a melhorar. Em 2008, mais de meio milhão de cópias foram vendidas nos Estados Unidos e então, em 2009, o jogo finalmente invadiu o cenário depois que os figurões do Vale do Silício abraçaram a ideia.

O Catan tornou-se o queridinho da vez entre a nata da informática durante 2009. O fundador do LinkedIn Reid Hoffman e o diretor-executivo do Mozilla John Lilly falaram muito bem do Catan. O Facebook começou a organizar competições do Catan para os funcionários da sua sede em Palo Alto. Mark Pincus, o presidente executivo da Zynga, a criadora de jogos sociais como FarmVille, declarou ao The Wall Street Journal que o Catan era o equivalente do Vale do

Silício ao campo de golfe executivo: "Nenhum de nós tem tempo de percorrer os dezoito buracos do campo, mas conseguimos dar conta de uma pizza e um jogo de tabuleiro."

O momento não poderia ser mais oportuno, coincidindo com o auge do entusiasmo global com as redes sociais e o iPhone. O Vale do Silício era um negócio bacana e ainda não era associado à evasão fiscal, invasão da privacidade dos consumidores e pressões políticas. Por isso, quando saiu a notícia de que os mandachuvas das grandes empresas de tecnologia adoravam o Catan, as vendas dispararam.

"A repercussão foi a melhor propaganda para nós", diz Benjamin. "Depois vieram os atores, como Reese Witherspoon e Mila Kunis; em seguida, apareceram os desportistas - o quarterback Andrew Luck declarou que era o seu jogo favorito - e agora até modelos dizem que adoram jogar Catan. Tudo começou a partir dessa área de nerds chiques, os tecnólogos do Vale do Silício, que o integrou a uma rede cultural e a um sistema mais tradicional."

Logo depois, o Catan apareceu em programas da televisão de Parks and Recreation e Big Bang Theory até Os Simpsons e South Park.

A essa altura, o Catan não era o único jogo de estilo alemão causando impacto no mundo anglófono. O jogo cooperativo de combate ao contágio Pandemic crescia rapidamente, assim como o Carcassonne, um jogo alemão lançado em 2001 em que os jogadores criavam paisagens medievais com peças enquanto tentavam marcar pontos construindo cidades, estradas e campos.

Outro sucesso emergente foi o Ticket to Ride, o segundo jogo de Moon a conquistar o Spiel des Jahres, em que os jogadores competiam para reivindicar o controle das ferrovias que cruzam a América do Norte. Moon teve a ideia para o Ticket to Ride em uma manhã fria de primavera enquanto caminhava pelo litoral de Beverly, em Massachusetts. "Foi um daqueles momentos de inspiração divina", ele diz. "Quando um desenvolvedor cria um jogo na sua cabeça, todos funcionam muito bem e achamos que será o próximo grande sucesso, mas quando o protótipo fica pronto e testamos para valer, muitos deles não são divertidos. Mas esta foi a exceção. Na primeira vez em que jogamos, eu pensei: 'Nossa, funciona muito bem.'"

Sua confiança só aumentou quando ele convidou amigos para jogar o protótipo. "Eu tinha começado a jogar com alguns colegas e a certa altura eu me levantei e uma lasca da mesa entrou na minha perna", ele se recorda. "Eu fui ao banheiro para tirar as calças e ver o tamanho da encrenca, e era uma lasca de dez centímetros que tinha perfurado a minha coxa. Então eu voltei e disse: 'Pessoal, eu preciso ir ao hospital, tenho que remover essa lasca, podem continuar a jogar.' Quando voltei duas horas depois, eles ainda estavam jogando o protótipo e se divertindo bastante."

Após vender o jogo para a editora Days of Wonder e ganhar o Spiel des Jahres, Moon acreditava que o Ticket to Ride teria uma boa performance no ano, antes de as vendas começarem a cair. Em vez disso, assim como o Catan, o jogo não parou de vender. Então a Days of Wonder criou versões do jogo para o smartphone e, para o horror de Moon, decidiu disponibilizá-las gratuitamente para todos de tempos em tempos.

"A filosofia da Days of Wonder era a de que eles não se importavam em oferecer de graça em vez de cobrar um dólar e noventa e nove ou algo do tipo porque eles calculavam que uma certa porcentagem desses jogadores acabaria comprando o jogo de tabuleiro, e é daí que eles tiram o lucro", ele comenta. "Eu achava essa ideia de distribuir o jogo de graça horrível, mas eles estavam cobertos de razão."

O Ticket to Ride vendeu mais de três milhões de cópias em todo o mundo.

Juntos, esses jogos de estilo alemão tornaram-se os primeiros jogos de tabuleiro de enorme sucesso do século XXI, vendendo em quantidades comparáveis aos clássicos consagrados como o Clue e o Risk. "Ser um desenvolvedor de jogos é como ser um artista em termos de suas chances de sucesso no mercado", afirma Moon. "Nos últimos vinte anos, tivemos Catan, Carcassonne e Ticket to Ride; estes são os únicos jogos de mercado de massa desse grupo nos Estados Unidos. São três jogos em vinte anos. Matematicamente, essas são as suas chances de sucesso."

Embora a maioria dos novos jogos de tabuleiro não tenha se tornado popular, eles - coletivamente - rejuvenesceram o modelo de jogo.

Em 2014, o faturamento dos jogos de passatempo, como a indústria prefere chamá-los, subiu 20 por cento em relação ao ano anterior, levando as suas vendas anuais nos Estados Unidos a U$ 880 milhões. A paixão que esses jogos despertaram entre os jogadores é igualmente impressionante. Entre os verões de 2009 e 2015, os usuários do site de financiamento coletivo Kickstarter doaram U$ 196 milhões para o desenvolvimento de novos jogos de tabuleiros e card games. Os projetos de videogame tiveram doações menores no valor de U$ 179 milhões.

Atualmente, os princípios de design aperfeiçoados na Alemanha durante as décadas de 80 e 90 estão até mesmo influenciando a elaboração de jogos de tabuleiro vitalícios, com o Monopoly Empire desistindo da eliminação do jogador, e o Risk: Star Wars Edition determinando que os jogadores planejem com antecedência e estabeleçam as prioridades competitivas.

O mais ousado de todos foi o Risk Legacy de Rob Daviau. Lançado em 2011, o Risk Legacy transformou o popular jogo de guerra em uma campanha contínua distribuída por várias partidas. Durante o jogo, os participantes precisavam rasgar as cartas ao meio e colocar adesivos no tabuleiro que mudavam constantemente a dinâmica do jogo. Após quinze partidas, a campanha se encerrava e o tabuleiro não sofria mais alterações, mas o que sobrava no fim era um jogo especial que também servia como um diário das partidas anteriores dos jogadores.

"Agora os jogos estão surgindo de toda parte, o que é realmente empolgante", diz Jonathan Berkowitz, vice-presidente sênior de marketing da Hasbro Gaming. "Existe uma comunidade de jogos muito mais sólida, muito mais novos jogos são criados agora do que em qualquer outra época."

Berkowitz acha que parte do motivo do atual crescimento dos jogos de tabuleiro é por causa do número cada vez maior de jogadores adultos. Há três décadas, os jogos de tabuleiro eram vistos como coisa "para crianças", mas atualmente o que não falta são jogadores adultos. Isso parece fazer parte de uma mudança geracional mais ampla no comportamento da sociedade em relação ao ato de jogar que pode muito bem ter começado com todo o auê em cima do Trivial Pursuit em meados dos anos 80, mas que provavelmente também foi encorajada pelo sucesso dos videogames.

Nos anos 80, os videogames, assim como os jogos de tabuleiro, eram vistos como algo exclusivo da garotada que curtia Mario Bros. Mas desde os anos 90, a indústria de videogames tem apresentado mais e mais jogos para adultos que impediram milhões de largar os seus consoles de jogos ao chegar à maioridade. Muitos dos videogames mais populares de hoje em dia, do Grand Theft Auto e Resident Evil até Borderlands e Call of Duty, agora são projetados tendo os jogadores adultos em mente, embora também estejam ao alcance dos menores de idade.

Os eurogames fizeram praticamente o mesmo com os jogos de tabuleiro, transmitindo o fascínio dos jogos de mesa àqueles que queriam continuar a jogar a partir da adolescência com direito a novas experiências e temas que criavam uma melhor conexão com os adultos do que os favoritos das famílias como Mouse Trap, Candy Land e Sorry!.

Na verdade, é difícil imaginar que as estratégias da Guerra Fria do Twilight Struggle encontrariam um público fora do nicho dos fãs de jogos de guerra se os Eurogames não tivessem encorajado os adultos a experimentar novos tipos de jogos. Tampouco parecia provável que o Agricola, um jogo tenso sobre como criar uma família de agricultores europeus do século XVII e evitar a miséria, ou o Power Grid, em que os jogadores competiam para fornecer eletricidade para cidades alemãs e norte-americanas, se tornariam sucessos cult.

E jogos de tabuleiro baseados em nova ideias também não param de surgir - desde o genérico de The Walking Dead, Dead of Winter, em que os jogadores fazem parte de um grupo de pessoas com segundas intenções tentando sobreviver a um apocalipse zumbi, até o vencedor do Spiel des Jahres Camel Up, em que os jogadores apostam em corridas imprevisíveis de camelos determinadas pela rolagem de dados.

Não que a ressurreição dos jogos de tabuleiro se resuma apenas aos Eurogames conquistando mais jogadores adultos e inspirando a inauguração de tantos cafés especializados em jogos de mesa. Além disso, existem tendências culturais mais profundas em ação, afirma Berkowitz, que salienta que as vendas de jogos de tabuleiro tradicionais como o Monopoly e o Operation também estão aumentando. "É como se fosse um movimento de contratendência do digital e do jogo digital", ele explica. "Nossos dados definitivamente mostram que as pessoas querem ficar juntas e os pais especialmente querem se conectar com os filhos e os filhos querem se conectar com os pais. A vida é uma correria tão grande que eles às vezes têm dificuldade de arranjar tempo e os jogos os ajudam a encontrar este tempo. Eu não acho que as pessoas sintam que estão perdendo algo, mas precisamos resolver a equação e todos sabem que a família e os amigos são as coisas mais importantes que temos."

E é esta capacidade de nos reunir frente a frente que é a arma secreta dos jogos de mesa e que garante que, mesmo em uma era de smartphones e Playstations, os jogos de tabuleiro façam sucesso em vez de desaparecerem.

Se levarmos em conta que eles estão conosco há milênios, os jogos de tabuleiro já deviam ser considerados algo obsoleto e fora de moda, mas a verdade é que eles nunca pareceram tão atuais e nunca foram tão populares como agora. E por que seria o contrário? Os jogos de tabuleiro não são e nunca foram simples distrações.

Da orientação espiritual oferecida aos antigos egípcios pelo Senet e as marcas da história nos tabuleiros de xadrez, até a mensagem incompreendida do Monopoly, e a mensagem do Catan de que ninguém alcança o sucesso sozinho, os jogos de tabuleiro seguem evoluindo para refletir as nossas necessidades, os nossos desejos e a nossa percepção da vida. Agora, talvez estejamos mais habituados aos jogos que sugerem que somos os agentes do nosso próprio destino e rejeitam o fatalismo dos jogos baseados na sorte, mas dentro de 50 anos podemos mudar de opinião.

O que quer que escolhamos e para onde quer que o futuro nos leve, os jogos de tabuleiro estarão presentes, nos aproximando e refletindo as nossas escolhas e as nossas atitudes no papel e papelão.

REFERÊNCIAS

Introdução: O nascimento de uma nova era de jogos

AFP. "Board Games Cafes Offer Web Break in China". The Independent, 20 de fevereiro de 2011, www.independent.co.uk/life-style/board-games-cafes-offer-web-break-in-china-2220369.html.

Cathryn. "Interview With 'Fish Men' Playwright and New Yorker Cándido Tirado". Washington Square Park Blog (blog), 4 de maio de 2012, www.washingtonsquareparkblog.com/2012/05/04/interview-with-fish-men-playwright-and-new-yorker-candido-tirado-play-features-wsp-chess-area-a-recollection-of-chess-plaza-hey-day-healing-after-911-more.

Fraiman, Michael. "Toronto Board Game Café Snakes and Lattes Gets Its Own Sitcom". Globe and Mail, 5 de julho de 2015, www.theglobeandmail.com/news/toronto/toronto-board-game-cafe-snakes-and-lattes-gets-its-own-sitcom/article25275558.

Hines, Lael. "Chess Moves: Most Players Are Now at Union Square". The Villager (New York), 8 de agosto de 2013, www.thevillager.com/2013/08/08/chess-moves-most-players-are-now-at-union-square.

Lavender, Dave. "Tabletop Games Enjoying Resurgence". Herald-Dispatch (Huntington, WV), 9 de janeiro de 2016, www.herald-dispatch.com/featuresentertainment/tabletop-games-enjoying-resurgence/article_cb89774f-0876-5d80-9144-a41b6fa2665a.html.

McClain, Dylan Loeb. "In Street Chess Games, a Pedigreed Pastime Becomes a Gritty Sideline". New York Times, 17 de setembro de 2007, www.nytimes.com/2007/09/17/nyregion/17hustlers.html?_r=3&oref=slogin.

NPD Group, The. "Annual Sales Data". Toy Industry Association, maio de 2016, www.toyassociation.org/tia/industry_facts/salesdata/industryfacts/sales_data/sales_data.aspx?hkey=6381a73a-ce46-4caf-8bc1-72b99567df1e#.WCWcljKcZBw.

Ohrstrom, Lysandra. "Local: Rival Thompson Street Chess Clubs Remain in Middle Game". Observer (Nova York), 4 de abril de 2008, www.observer.com/2008/04/the-local-rival-thompson-street-chess-clubs-remain-in-middle-game.

Sathe, Gopal. "Lounge Review: The Mind Cafe, Delhi". Live Mint, 6 de janeiro de 2012, www.livemint.com/Leisure/dJC6Bef73mYRfUC2mwiLQO/Lounge-Review-The-Mind-Cafe-Delhi.html.

Schank, Hana. "How Board Games Conquered Cafes". Atlantic, 23 de novembro de 2014, www.theatlantic.com/entertainment/archive/2014/11/board-game-bars/382828.

Vasel, Tom. "Games in Korea". Games Journal, janeiro de 2004, www.thegamesjournal.com/articles/GamesInKorea.shtml.

1. Saqueadores de túmulos e os jogos perdidos dos antigos

Beitman, Bernard D. "Brains Seek Patterns in Coincidences". Psychiatric Annals 39, nº 5 (maio de 2009).

Bell, R. C. "Board and Table Games from Many Civilizations". Nova York: Dover Publications,1979.

Carter, Howard. "The Tomb of Tutankhamun Vol. 3: Treasure & Annex". Londres: Bloomsbury Academic, 2014.

―――. "Tutankhamun: Anatomy of an Excavation". Griffith Institute, 6 de outubro de 2010, www.griffith.ox.ac.uk/gri/4sea1not.html.

de Voogt, Alex. "Distribution of Mancala Board Games: A Methodological Inquiry". Board Game Studies 2 (1999).

―――. "Makonn and the Indian Ocean: East African Slave Trade and the Dispersal of Rules". Board Game Studies 8 (2014).

de Voogt, Alex, Anne-Elizabeth Dunn-Vaturi, e Jelmer W. Eerkens. "Cultural Transmission in the Ancient Near East: Twenty Squares and Fifty-Eight Holes". Journal of Archaeological Science 40 (2013).

Dodson, Aidan. "Egypt: The End of a Civilization". BBC History, 17 de fevereiro de 2011, www.bbc.co.uk/history/ancient/egyptians/egypt_end_01.shtml.

Earl of Carnarvon e Howard Carter. "Five Years' Explorations at Thebes: A Record of Work Done 1907–1911". Oxford: Oxford University Press, 1912.

Faulkner, Raymond, et al. "The Egyptian Book of the Dead: The Book of Going Forth by Day: The Complete Papyrus of Ani". São Francisco: Chronicle Books, 2008.

Finkel, Irving. "On the Rules for the Royal Game of Ur". Em Ancient Board Games in Perspective, editado por Irving Finkel. Londres: British Museum Press, 2007.

"Games New Yorkers Play: An Exhibition of Games". Horizon, janeiro/fevereiro de 1985.

Gobet, Fernand, Alex de Voogt, e Jean Retschitzki. "Moves in Mind: The Psychology of Board Games". Hove, RU: Psychology Press, 2004.

Green, William. "Big Game Hunter". Time, 19 de junho de 2008, www.content.time.com/time/specials/2007/article/0,28804,1815747_1815707_1815665,00.html.

Kronenburg, Tom, Jeroen Donkers, e Alex J. de Voogt. "Never-Ending Moves in Bao". ICGA Journal 29, nº 2 (junho de 2006).

Maitland, Margaret. "It's Not Just a Game, It's a Religion". The Eloquent Peasant (blog), 14 de outubro de 2010, www.eloquentpeasant.com/2010/10/14/its-not-just--a-game-its-a-religion-games-in-ancient-egypt.

Mark, Joshua J. "Ur". Ancient History Encyclopedia, 28 de abril de 2011, www.ancient.eu/ur.

Marshall, Rick. "Coincidence or Curse? Looking Back on Madden's Troubled Cover Athletes". Digital Trends, 23 de agosto de 2014, www.digitaltrends.com/gaming/the-madden-curse.

Moghadasi, Abdorreza Naser. "The Burnt City and the Evolution of the Concept of 'Probability' in the Human Brain". Iranian Journal of Public Health 44, nº 9 (setembro de 2015).

Mugane, John M. "The Story of Swahili". Athens, OH: Ohio University Press, 2015.

Oware Society, The. "History". The Oware Society, n.d., www.oware.org/history.asp.

Piccione, Peter A. "In Search of the Meaning of Senet". Archaeology, julho/agosto de 1980, www.gamesmuseum.uwaterloo.ca/Archives/Piccione/index.html.

———. "The Egyptian Game of Senet and the Migration of the Soul". Em Ancient Board Games In Perspective, editado por Irving Finkel. Londres: British Museum Press, 2007.

Schädler, Ulrich. "Mancala in Roman Asia Minor?". Board Game Studies 1 (1998).

Shafer, Glenn. "The Early Development of Mathematical Probability". Em Companion Encyclopedia of History and Philosophy of the Mathematical Sciences, editado por I. Grattan-Guinness. Londres: Routledge, 1993.

Shermer, Michael. "Patternicity: Finding Meaningful Patterns in Meaningful Noise". Scientific American, 1º de dezembro de 2008, www.scientificamerican.com/article/patternicity-finding-meaningful-patterns.

Townshend, Philip. "Games of Strategy: A New Look at Correlates and Cross-Cultural Methods". Brian Sutton-Smith Archives, The Strong National Museum of Play, Rochester, NY.

Zorich, John N., Jr. "The Prehistory of Probability". Artigo de discussão apresentado nas reuniões do Grupo de Estatística do Vale de Santa Clara do ASQ, 8 de novembro de 2000.

2. Xadrez: o "jogo da rainha louca"

Batgirl. "Café de la Régence". Chess.com (blog), 17 de julho de 2011, www.chess.com/blog/batgirl/cafeacute-de-la-reacutegence.

Beccia, Carlyn. "Raucous Royal of the Month, Caterina Sforza: Daughter of Perdition". The Raucous Royals (blog), 9 de maio de 2010, www.blog.raucousroyals.com/2010/05/raucous-royal-of-month-caterina-sforza.html.

Bell, R. C. "Board and Table Games from Many Civilizations". Nova York: Dover Publications, 1979.

Carr, Raymond. Spain: "A History". Oxford: Oxford University Press, 2000.

Chaudhuri, Dola. "Gupta Empire". Ancient History Encyclopedia, 30 de outubro de 2015, www.ancient.eu/Gupta_Empire.

Collins, Mortimer. "Frances, Vol. III". Londres: Hurst and Blackett Publishers, 1874.

Dewey, Alan, e Milissa Ellison. "Design of the Staunton Chess Set". ChessSpy, www.chessspy.com/articles/Staunton%20Chess%20Set%20Design.pdf.

Glonnegger, Erwin. "Das Spiele-Buch". Uehlfeld, Alemanha: Drei Magier Verlag, 1999.

Inglis, Lucy. "Old Slaughter's Coffee House". Georgian London, 22 de setembro de 2009, www.georgianlondon.com/post/49464383370/old-slaughters-coffee-house.

Keene, Raymond. "The Islamic World Has Always Had a Chequered Relationship with Chess". The Spectator, 22 de janeiro de 2016, www.blogs.spectator.co.uk/2016/01/the-islamic-world-has-always-had-a-chequered-relationship-with-chess.

Murray, H. J. R. "A History of Chess". Londres: Oxford University Press, 1913.

Reider, Norman. "Chess, Oedipus and the Mater Dolorosa". Psychoanalysis and the Psychoanalytic Review 47, nº 2 (verão de 1960).

Remus, Horst. "The Origins of Chess and the Silk Road". The Silk Road Foundation Newsletter 1, nº 1, 15 de janeiro de 2003, www.silkroadfoundation.org/newsletter/volumeonenumberone/origin.html.

Shaheen, Kareem. "Chess Forbidden in Islam, Rules Saudi Mufti, But Issue Not Black and White". Guardian, 21 de janeiro de 2016, www.theguardian.com/world/2016/jan/21/chess-forbidden-in-islam-rules-saudi-arabia-grand-mufti.

Shenk, David. "The Immortal Game: A History of Chess". Londres: Souvenir Press, 2006.

Stamp, Jimmy. "How the Chess Set Got Its Look and Feel". Smithsonian, 3 de abril de 2013, www.smithsonianmag.com/arts-culture/how-the-chess-set-got-its-look-and-feel-14299092/?no-ist.

Tomlinson, Charles. "Amusements in Chess". Londres: John W. Parker, 1845.

Wall, Bill. "The Staunton Chessmen". ChessManiac, 10 de abril de 2013, www.chessmaniac.com/the-staunton-chessmen.

Williams, Gareth. "Master Pieces: The Architecture of Chess". Londres: Quintet Publishing, 2000.

Yalom, Marilyn. "Birth of the Chess Queen: A History". Londres: Pandora Press, 2004.

3. Gamão: o jogo favorito dos pioneiros internacionais e antigos imperadores

Avrett, Jack. "Everybody's Kind of Game". Madison Avenue, janeiro de 1974.

Bell, R. C. "Board and Table Games from Many Civilizations". Nova York: Dover Publications, 1979.

Benchley, Robert C. "I Spy Backgammon". Detroit Athletic Club News, dezembro de 1930. Em "The Athletic Benchley: 105 Exercises from the Detroit Athletic Club News" de Robert C. Benchley e editado por Thomas J. Saunders. Toronto: Glendower Media, 2010.

Bradshaw, Jon. "Backgammon". Harper's Magazine, junho de 1972.

Brekke, Dan. "Chicagoland Cemetery Report". Infospigot (blog), 2 de setembro de 2011, www.infospigot.typepad.com/infospigot_the_chronicles/2011/09/chicagoland-cemetery-report.html.

Buckley, Christopher. "Protecting Sinatra Against the Big-Beef Story". New York, 15 de julho de 1974.

Davis, Bill. "Backgammon and the Doubling Cube— Just the Facts". Chicago Point, www.chicagopoint.com/bgdoubling.html.

Deyong, Lewis. "Sport and Leisure Europe: 1974". Madison Avenue, janeiro de 1974.

———. Playboy's Book of Backgammon. Nova York: Playboy Press, 1977.

———. "From Sumer to Monte Carlo Backgammon". Society (primavera/verão de 1982).

Driver, Mark. "A History of Backgammon". Backgammon Galore, novembro de 2000, www.bkgm.com/articles/GOL/Nov00/mark.htm.

du Coeur, Justin. "Game Report: Irish, and Early Backgammon". 29 de março de 1997, www.jducoeur.org/game-hist/game-recon-irish.html.

Glonnegger, Erwin. "Das Spiele-Buch". Uehlfed, Alemanha: Drei Magier Verlag, 1999.

Hevesi, Dennis. "Tim Holland, Backgammon Master, Dies at 79". New York Times, 17 de março de 2010, www.nytimes.com/2010/03/17/us/17holland.html?_r=0.
"History of Backgammon" MoneyGaming, sem data, www.moneygaming.com/skillSchool/backgammon/history.shtml.

REFERÊNCIAS

Jacoby, Oswald, e John R. Crawford. "The Backgammon Book". Nova York: Viking Press, 1970.

Kerr, Dale. "World Championships of Backgammon". Backgammon Galore! Setembro de 2007, www.bkgm.com/articles/Kerr/WorldChampionships.

Maxa, Rudy. "High Rolling in Monte Carlo". GQ, julho de 1984.

"Money Game". Newsweek, 20 de novembro de 1972.

Obolensky, Prince Alexis, e Ted James. "Backgammon: The Action Game". Nova York: Collier Books, 1969.

Obolensky, Valerian. "Russians in Exile: The History of a Diaspora". 1993, www.russians.bellevueholidayrentals.com/dias1.html.

Perrin, Bernadotte. "Plutarch, Life of Artaxerxes". Livius.org, 2007, www.livius.org/pi-pm/plutarch/plutarch_artaxerxes_1.html.

Robinson, Jeffrey. "Big Money at the Mecca of Backgammon". International Herald Tribune, 8 de julho de 1977.

Rosin, Mark. "Adult Games/The Entertainment Is at Home". Bazaar, janeiro de 1973.

Shrake, Edwin. "Everyone for Backgammon". Sports Illustrated, 6 de maio de 1964, www.si.com/vault/1964/05/04/606810/everyone-for-backgammon.

Silverman, David. "Largest Tax-Evasion Case in Area History". Chicago Tribune, 18 de agosto de 1993.

"The Bald Facts About Ringo... Hair Today and None Tomorrow", Daily Mail, 19 de julho de 1976.

"The Game of Swedish Tables". Vasamuseets Brädspelsvänner, 26 de fevereiro de 2003, www.vasamuseet.se/globalassets/vasamuseet/dokument/om/bradspel_en_regelr.pdf.

"The Money Game". Time, 19 de fevereiro de 1972.

Tylor, Edward B. "Backgammon Among the Aztecs". Brian Sutton-Smith Archives, The Strong National Museum of Play, Rochester, NY.

"World Backgammon Championship 1967 to 1979: Results and Some Historical Notes". Gammon Press, 9 de março de 2015, www.thegammonpress.com/world-backgammon-championship-1967-to-1979-results-and-some-historical-notes.

4. O Jogo da Vida: uma jornada ao dia do juízo tipicamente americano

"All the Ladies Like Whiskers!' Revealed, the Girl, 11, Who Convinced Lincoln to Grow His Iconic Beard". Mail Online, 30 de novembro de 2012, www.dailymail.co.uk/news/article-2240765/Grace-Bedell-Abraham-Lincoln-grew-beard-girl--11-wrote-said-ladies-like-whiskers.html.

Angiolillo, Joseph. "W. & S. B. Ives, Part II [The Mansion of Happiness]". Board-GameGeek (blog), 18 de agosto de 2011, www.boardgamegeek.com/thread/687986/w-s-b-ives-part-ii-mansion-happiness-joseph-angiol.

Bradley, Milton. "The Checkered Game of Life". Board game rules, Milton Bradley Company, 1860.

———. "Games and Amusements as Benefits and Blessings in the Home". Good House keeping, janeiro de 1896.

Bradley, Milton, a Stewart Culin, 10 de abril de 1893, Culin Archival Collection, Brooklyn Museum, Brooklyn, NY.

Cohen, Alma, e Rajeev Dehejia. "The Effect of Automobile Insurance and Accident Liability Laws on Traffic Fatalities", Journal of Law and Economics 47, n° 2 (2004).

Economist, The. "The End of Jobs for Life?". Economist, 19 de fevereiro de 1998, www.economist.com/node/604599.

Farber, Henry S. "Employment Insecurity: The Decline of Worker-Firm Attachment in the United States". CEPS Working Paper n° 79, janeiro de 2008, www.princeton.edu/ceps/workingpapers/172farber.pdf.

Finefield, Kristi. "A Look Back at Board Games". Library of Congress (blog), 3 de abril de 2014, www.blogs.loc.gov/picturethis/2014/04/a-look-back-at-board-games.

Glonnegger, Erwin. "Das Spiele-Buch". Uehlfeld, Alemanha: Drei Magier Verlag, 1999.

Hofer, Margaret K. "The Games We Played: The Golden Age of Board & Table Games". Nova York: Princeton Architectural Press.

Milton Bradley Company. "The Game of Life". Board game rules, 1960.

National Radiation Instrument Catalog. "The Uranium Rush—1949". National Radiation Instrument Catalog, n.d., www.national-radiation-instrument-catalog.com/new_page_14.htm.

Neumark, David, Daniel Polsky, e Daniel Hansen. "Has Job Stability Declined Yet? New Evidence for the 1990's". National Bureau of Economic Research, dezembro de 1997, www.nber.org/papers/w6330.pdf.

Orbanes, Philip E. The Game Makers: The Story of Parker Brothers, from Tiddledy Winks to Trivial Pursuit. Boston: Harvard Business School Press, 2004.

Shea, James J., Sr., e Charles Mercer. "It's All in the Game". Nova York: G.P. Putnam's Sons, 1960.

Stashower, David. "The Truth About Lincoln's Beard". The History Reader, 1º de abril de 2014, www.thehistoryreader.com/modern-history/truth-lincolns-beard.

"Trends in Political Values and Core Attitudes: 1987–2002". Pew Research Center, 22 de março de 2007, www.people-press.org/2007/03/22/trends-in-political-values-and-core-attitudes-1987-2007.

W. & S. B. Ives. "The Mansion of Happiness". Board game rules, 1843.

Wagner, David. "The Poor house: America's Forgotten Institution". Lanham, MD: Rowman & Littlefield, 2005.

Walsh, Tim. "Timeless Toys: Classic Toys and the Playmakers Who Created Them". Kansas City: Andrews McMeel Publishing, 2005.

Zoellner, Tom. "Uranium: War, Energy and the Rock That Shaped the World". Londres: Viking, 2009.

5. A mensagem esquecida do Monopoly

Andrews, Frank Emerson. "Corporation Giving". New Brunswick, NJ: Transaction Publishers, 1993.

Barton, Robert, a Victor H. Watson, 19 de agosto de 1957, John Waddington's PLC Collection, West Yorkshire Archive Service, Leeds, RU.

Brady, Maxine. "Everything You Never Knew About Monopoly", Pastimes, outubro de 1974.

———. "The Monopoly Book: Strategy and Tactics of the World's Most Popular Game". Londres: Robert Hale, 1974.

REFERÊNCIAS

Brogan, Hugh. "The Penguin History of the USA". Londres: Penguin, 1999.

Center for Community Solutions, The. "Teamwork For a Better Cleveland 1913–2013". 2013, www.communitysolutions.com/assets/docs/CCS_General/2014_ccs_centennial_publication_update_062314.pdf.

Chevan, Albert. "The Growth of Home Ownership: 1940–1980". Demography 26, nº 2 (maio de 1989).

Darrow, Charles B., a Robert Barton, 21 de março de 1935, Philip E. Orbanes Archives, The Strong National Museum of Play, Rochester, NY.

George, Henry. "Progress and Poverty". Nova York: E.P. Dutton & Company, 1879.

George, Henry, e Kenneth C. Wenzer. "An Anthology of Henry George's Thought, Vol. 1". Rochester, NY: University of Rochester Press, 1997.

Hilton, George W., e John F. Due. "The Electric Interurban Railways in America". Stanford: Stanford University Press, 2000.

Ignatius, Adi. "Capitalist Game Big Hit With Socialists", publicação desconhecida, 6 de outubro de 1988, Philip E. Orbanes Archive, The Strong National Museum of Play, Rochester, NY.

Magie, Elizabeth. "The Landlord's Game". The Single Tax Review, outono de 1902, www.lvtfan.typepad.com/lvtfans_blog/2011/01/lizzie-magie-1902-commentary--the-landlords-game.html.

Marx, Karl, a Friedrich Adolph Sorge, 20 de junho de 1881, www.marxists.org/archive/marx/works/1881/letters/81_06_20.htm.

"Monopoly Sales 1935–1974". Sem data, Philip E. Orbanes Archive, The Strong National Museum of Play, Rochester, NY.

"Monopoly Sales by Waddingtons in UK". Sem data, John Waddington's PLC Collection, West Yorkshire Archive Service, Leeds, RU.

Morgan, Robin. "Hot Property". Yorkshire Post, 14 de janeiro de 1985.

Orbanes, Philip E. "The Game Makers: The Story of Parker Brothers, from Tiddledy Winks to Trivial Pursuit". Boston, MA: Harvard Business Press, 2004.

———. "Monopoly: The World's Most Famous Game & How It Got That Way". Filadélfia: De Capo Press, 2006.

———. "Meet Dan Fox: The Artist Who Created "Mr. Monopoly". 4 de junho de 2013, Philip E. Orbanes Archive, The Strong National Museum of Play, Rochester, NY.

Pilon, Mary. "The Monopolists: Obsession, Fury, and the Scandal Behind the World's Favorite Board Game". Nova York: Bloomsbury, 2015.

"Real Riches From Monopoly Game", Times, 21 de abril de 1959.

"Re: Parker Brothers, Inc.". Memorando sem assinatura, 2 de maio de 1960, John Waddington's PLC Collection, West Yorkshire Archive Service, Leeds, RU.

Simon, Roger D. "Philadelphia and the Great Depression". The Encyclopedia of Greater Philadelphia, 2013, www.philadelphiaencyclopedia.org/archive/great-depression.

Stiles, T. J. "Robber Barons or Captains of Industry?". History Now, sem data, www.gilderlehrman.org/history-by-era/gilded-age/essays/robber-barons-or-captains-industry.

"The Great Strike", Harper's Weekly, 11 de agosto de 1877, www.catskillarchive.com/rrextra/sk7711.html.

Vandegrift, Juliana. "Mr Victor Watson and Mr Colin Linn Interviews", Museum of Childhood, 2012.

Waddingtons Games. 50$Years of Monopoly. Leeds, 1985, John Waddington's PLC Collection, West Yorkshire Archive Service, Leeds, RU.

Walsh, Tim. "Timeless Toys: Classic Toys and the Playmarkers Who Created Them". Kansas City: Andrews McMeel Publishing, 2005.

6. Do Kriegsspiel ao Risk: uma diversão sangrenta e modeladora do mundo

Campion, Martin, e Steven Patrick. "The History of Wargaming". S&T Magazine, julho de 1972.

Donovan, Tristan. "Replay: The History of Video Games". Lewes, RU: Yellow Ant, 2010.

Handcock, Peter A., et al (eds.) "Human Factors in Simulation and Training". Boca Raton, FL: CRC Press, 2009.

Johnson, Moira. "It's Only a Game— Or Is It?". New West, 25 de agosto de 1980.

Lamorisse, Albert-Emmanuel. Perfectionnements apportés aux jeux de société. French patent 1,101,756, apresentado em 23 de março de 1954, e emitido em 11 de outubro de 1955.

Leeson, Bill. "Origins of the Kriegsspiel". Kriegsspiel News, sem data, www.kriegsspiel.org.uk/index.php/articles/origins-history-of-kriegsspiel/3-origins-of-the-kriegsspiel.

Neville, Peter. "Russia: A Complete History in One Volume". Moreton-in-Marsh, RU: Windrush Press, 2000.

Orbanes, Philip E. "The Game Makers: The Story of Parker Brothers, from Tiddledy Winks to Trivial Pursuit". Boston, MA: Harvard Business School Press, 2004.

Prange, Gordon W., com Donald M. Goldstein and Katherine V. Dillon. "At Dawn We Slept: The Untold Story of Pearl Harbor". Nova York: Penguin, 1981.

Reider, Norman. "Chess, Oedipus and the Mater Dolorosa". Psychoanalysis and the Psychoanalytic Review 47, n° 2 (verão de 1960).

Roberts, Charles S. "Charles S. Roberts: In His Own Words". 1983, www.alanemrich.com/CSR_pages/Articles/CSRspeaks.htm.

Shapiro, Dave. "A Conversation with Roberto Convenevole". BoardGameGeek (blog), 4 de março de 2010, www.boardgamegeek.com/thread/501810/conversation--roberto-convenevole.

Vego, Milan. "German War Gaming". Naval War College Review 65, n° 4 (outono de 2012).

von Hilgers, Philipp. "War Games: A History of War on Paper". Traduzido por Ross Benjamin. Cambridge, MA: MIT Press, 2012.

von Reisswitz, B. Kriegsspiel. 1824, traduzido por Bill Leeson, Hemel Hempsted, RU: 1989.

Wells, H. G. "Little Wars". Londres: Frank Palmer, 1913.

Wintjes, Jorit. "Europe's Earliest Kreigsspiel?". British Journal for Military History 2, n° 1 (novembro de 2015).

Wolff, David, et al (eds.) "The Russo-Japanese War in Global Perspective: World War Zero, Vol. 2". Leiden, Holanda: Brill, 2007.

7. Eu Espião

Barden, Leonard. "Obituary: Bobby Fischer". Guardian, 18 de janeiro de 2008, www.theguardian.com/obituaries/story/0,2243089,00.html.

Botvinnik, Mikhail. "One Hundred Selected Games". Traduzido por Stephen Garry. Nova York: MacGibbon & Kee, 1951.

Chun, Rene. "Bobby Fischer's Pathetic Endgame". Atlantic, dezembro de 2002.

Donlan, Christian. "Inside Monopoly's Secret War Against the Third Reich". Eurogamer, 12 de janeiro de 2014, www.eurogamer.net/articles/2014-01-12-inside-monopolys-secret-war-against-the-third-reich.

Edmonds, David, e John Eidinow. "Bobby Fischer Goes to War". Londres: Faber and Faber, 2004.

Evans, J. G., a Victor Watson, 16 de janeiro de 1985, John Waddington PLC Collection, West Yorkshire Archive Service, Leeds, RU.

Friedman, David. "Paul Keres". Ohio Chess Connection, novembro/dezembro de 2008.

Ginzburg, Ralph. "Portrait of a Genius as a Young Chess Master". Harper's Magazine, janeiro de 1962.

Gulko, Boris, Vladimir Popov, Yuri Felshtinsky, e Viktor Kortschnoi. "The KGB Plays Chess". Milford, CT: Russell Enterprises, 2010.

Hall, Debbie. "Wall Tiles and Free Parking: Escape and Evasion Maps of World War II". Antique Map Magazine 4, sem data, www.mapforum.com/04/april.htm.

Historical Record of IS9. WO 208/3242, The National Archives, Londres.

Historical Record of MI9. WO 208/3242, The National Archives, Londres.

Lawton, W. T. "Bill", a Victor Watson, 15 de janeiro de 1985, John Waddington PLC Collection, West Yorkshire Archive Service, Leeds, RU.

Morgan, Robin. "Hot Property". Yorkshire Post, 14 de janeiro de 1985.

Nº 9 Intelligence School. "Lecture Notes On Secret Code Letter Writing". WO 208/3242, The National Archives, Londres.

Orbanes, Philip E. "Monopoly: The World's Most Famous Game & How It Got That Way". Filadélfia, PA: De Capo Press, 2006.

———. "Monopoly, Code Users, and POWs In World War II". Association of Game & Puzzle Collectors Quarterly, primavera de 2015.

Pilon, Mary. "The Monopolists: Obsession, Fury, and the Scandal Behind the World's Favorite Board Game". Nova York, NY: Bloomsbury, 2015.

"Postcards Containing Cold War Spy Messages Unearthed". Telegraph, 24 de julho de 2009, www.telegraph.co.uk/news/uknews/5895953/Postcards-containing-Cold--War-spy-messages-unearthed.html.

Robson, J. T., a Victor Watson, 22 de janeiro de 1985, John Waddington PLC Collection, West Yorkshire Archive Service, Leeds, RU.

Rosin, Mark. "Adult Games/The Entertainment Is at Home". Bazaar, janeiro de 1973.

Shenk, David. "The Immortal Game: A History of Chess". Londres: Souvenir Press, 2006.

Souvarine, Boris. "Stalin: A Critical Survey of Bolshevism". Traduzido por C. L. R. James. Nova York, NY: Alliance Book Corporation, 1939.

"Stalag XX a Thorn". WO 208/3281, The National Archives, Londres.

Carta anônima para a Sra. T. J. Walker, 20 de fevereiro de 1985, John Waddington PLC Collection, West Yorkshire Archive Service, Leeds, RU.

Watson, Norman, a Charles McConnell, 27 de maio de 1944, John Waddington PLC Collection, West Yorkshire Archive Service, Leeds, RU.

Watson, Norman. "M.I.5 & Nº 40, Wakefield Road". Waddingtons Magazine, maio de 1968.

Williams, Gareth. "Master Pieces: The Architecture of Chess". Londres: Quintet Publishing, 2000.

8. A onda de crimes bilionários do Clue

Akers, Michael. "The Art of Murder", sem data, www.theartofmurder.com.

REFERÊNCIAS

Barton, Robert, a Norman Watson, 26 de maio de 1948, John Waddington PLC Collection, West Yorkshire Archive Service, Leeds, RU.

Barton, Robert, a Norman Watson, 11 de junho de 1948, John Waddington PLC Collection, West Yorkshire Archive Service, Leeds, RU.

Barton, Robert, a Norman Watson, 30 de agosto de 1948, John Waddington PLC Collection, West Yorkshire Archive Service, Leeds, RU.

Barton, Robert, a Norman Watson, 29 de junho de 1949, John Waddington PLC Collection, West Yorkshire Archive Service, Leeds, RU.

Barton, Robert, a Norman Watson, 30 de junho de 1949, John Waddington PLC Collection, West Yorkshire Archive Service, Leeds, RU.

Barton, Robert, a Norman Watson, 10 de março de 1950, John Waddington PLC Collection, West Yorkshire Archive Service, Leeds, RU.

Barton, Robert, a Norman Watson, 21 de abril de 1954, John Waddington PLC Collection, West Yorkshire Archive Service, Leeds, RU.

Cauterucci, Christina. "Clue Changes Out Mrs. White, a house keeper, for Dr. Orchid, a female scientist". Slate, 8 de julho de 2016, www.slate.com/blogs/xx_factor/2016/07/08/_clue_changes_out_mrs_white_a_housekeeper_for_dr_orchid_a_female_scientist.html.

"Cluedo Agreement History". Sem data nem autor, John Waddington PLC Collection, West Yorkshire Archive Service, Leeds, RU.

Foster, Jonathan. "The Story of Cluedo: How Anthony Pratt Invented the Game of Murder Mystery". York, RU: York Publishing, 2013.

Hoban, Phoebe. "Revenge of the Video Game". New York, 28 de abril de 1986.

"Inventor of Clue Dies Amid Mystery Worthy of His Game". Sun-Journal (Lewiston, ME), 2 de dezembro de 1996.

Kindred, Michael. "Once Upon a Game... My Precarious Career as a Games Inventor". Dartford, Kent: Penuma Springs Publishing, 2013.

"Orbanes, Philip E. The Game Makers: The Story of Parker Brothers, from Tiddledy Winks to Trivial Pursuit". Boston: Harvard Business School Press, 2004.

Pratt, Anthony, a Norman Watson, 27 de fevereiro de 1967, John Waddington PLC Collection, West Yorkshire Archive Service, Leeds, RU.

Sandbrook, Dominic. "The Great British Dream Factory: The Strange History of Our National Imagination". Londres: Allen Lane, 2015.

Strickler, Jeff. "Seeing 'Clue' Is Like Playing the Game". Minneapolis Star and Tribune, 13 de dezembro de 1985.

Strong, Roy. "Visions of England or Why We Still Dream of a Place in the Country". Londres: Vintage Books, 2011.

Summerscale, Kate. "Jack Mustard, In the Spa, With a Baseball Bat". Guardian, 20 de dezembro de 2008, www.theguardian.com/lifeandstyle/2008/dec/20/cluedo-new-rebrand-family.

Treneman, Ann. "Mr. Pratt, In the Old People's Home, With an Empty Pocket". Independent, 12 de novembro de 1998, www.independent.co.uk/arts-entertainment/mr-pratt-in-the-old-peoples-home-with-an-empty-pocket-1184258.html.

Utton, Dominic. "The Forgotten Mr Cluedo". Express, 17 de agosto de 2009, www.express.co.uk/expressyourself/120990/The-forgotten-Mr-Cluedo.

Walsh, Tim. "Timeless Toys: Classic Toys and the Playmakers Who Created Them". Kansas City: Andrews McMeel Publishing, 2005.

Watson, John. "Cluedo". 22 de setembro de 1975, John Waddington PLC Collection, West Yorkshire Archive Service, Leeds, RU.

Watson, Norman, a Anthony Pratt, 31 de agosto de 1945, John Waddington PLC Collection, West Yorkshire Archive Service, Leeds, RU.

Watson, Norman, a Robert Barton, 21 de janeiro de 1947, John Waddington PLC Collection, West Yorkshire Archive Service, Leeds, RU.

Watson, Norman, a Robert Barton, 8 de junho de 1948, John Waddington PLC Collection, West Yorkshire Archive Service, Leeds, RU.

Watson, Norman, a G. G. Bull, 22 de fevereiro de 1951, John Waddington PLC Collection, West Yorkshire Archive Service, Leeds, RU.

Watson, Victor H., ao Sr. B. R. Watson, Sr. S. Boyd e Sra. J. Bentley. "My Comments on the New Cluedo". Memorando, 2 de setembro de 1985, John Waddington PLC Collection, West Yorkshire Archive Service, Leeds, RU.

Whitehill, Bruce. "The Story of Cluedo & Clue - Part 1", sem data, inédito.

Worsley, Lucy. "A Very British Murder". London: BBC Books, 2013.

9. Scrabble: palavras sem sentido

"And Scrabble, Too". Madison Avenue, janeiro de 1974.

Bethea, Charles. "The Battle Over Scrabble's Dictionaries". New Yorker, 4 de agosto de 2015, www.newyorker.com/news/sporting-scene/the-battle-over-scrabbles-dictionaries.

Burns, Russell W. "Communications: An International History of the Formative Years". Londres: The Institution of Electrical Engineers, 2004.

Elliot, George. "Brief History of Crossword Puzzles". American Crossword Puzzle Tournament website, www.crosswordtournament.com/more/wynne.html.

Ember, Sydney. "For a Bereft Street Corner in Queens, a Red-Letter Day". New York Times, 15 de julho de 2011, www.nytimes.com/2011/07/16/nyregion/sign-in--queens-marking-birthplace-of-scrabble-is-coming-back.html?_r=1.

Fatsis, Stefan. "Word Freak". Londres: Penguin Books, 2001.

Jaeger, Philip Edward. "Cedar Grove". Charleston, SC: Arcadia Publishing, 2000.

Santoso, Alex. "The Origin of the Crossworld Puzzle". Neatorama, 31 de março de 2008, www.neatorama.com/2008/03/31/the-origin-of-the-crossword-puzzle.

Shaer, Matthew. "How Crossword Inventor Arthur Wynne Designed His First Puzzle". Christian Science Monitor, 22 de dezembro de 2013, www.csmonitor.com/Technology/2013/1222/How-crossword-inventor-Arthur-Wynne-designed-his--first-puzzle.

Spear, Francis. "History". Spear's Games Archives website, www.spearsgamesarchive.co.uk/content-index/history.

Wallace, Robert. "Little Business in the Country". Life, 14 de dezembro de 1953.

Walsh, Tim. "Timeless Toys: Classic Toys and the Playmakers Who Created Them". Kansas City: Andrews McMeel Publishing, 2005.

Wepman, David. Butts, Alfred "Mosher". American National Biography Online, fevereiro de 2000, www.anb.org/articles/20/20-01922-print.html.

Williams Jr., John D. "Word Nerd: Dispatches from the Games, Grammar, and Geek Underground". Nova York, NY: Liveright Publishing, 2015.

Willsher, Kim. "The French Scrabble Champion Who Doesn't Speak French". Guardian, 21 de julho de 2015, www.theguardian.com/lifeandstyle/2015/jul/21/new-french-scrabble-champion-nigel-richards-doesnt-speak-french.

Worley, Sam. "The Puzzler and the Puzzled". Chicago Reader, 28 de março de 2012, www.chicagoreader.com/chicago/the-puzzler-and-the-puzzled/Content?oid=5932279.

10. Plástico fantástico: Mouse Trap, Operation e o Willy Wonka dos brinquedos

"American Toy Designer Is Modern 'Pied Piper'". Schenectady (Nova York) Gazette, 20 de novembro de 1968.

Anderson, Robert. "Chicago's Toy Genius". Chicago Sunday Tribune Magazine, 5 de novembro de 1961.

Cushman, Aaron D. "A Passion For Winning: Fifty Years of Promoting Legendary People and Products". Pittsburgh, PA: Light house Point Press, 2004.

Erickson, Erick. "Recollections of Working at the Marvin Glass Studio". Sem data, www.marvinglass.com/index.html.

"Games: Past Go and Still Accelerating". Toys and Novelties, julho de 1970.

"He's King of the Mechanical Toy Manufacturers". Daytona Beach Sunday News Journal, 28 de fevereiro de 1954.

Hix, Lisa. "The Inside Scoop on Fake Barf". Collectors Weekly, 23 de agosto de 2011, www.collectorsweekly.com/articles/the-inside-scoop-on-the-fake-barf-industry.

Hughes, Alice. "Flowers". Palm Beach Daily, 19 de março de 1962.

"Leading Toy Designer Tops All Records With Projects". Lawrence (Kansas) Journal-World (Lawrence, KS), 25 de novembro de 1965.

Lewis, Caroline. "Old Coach House a Showplace". Chicago Tribune, 5 de janeiro de 1964.

Moye, David. "John Spinello, Inventor of 'Operation' Game, Can't Afford Real- Life Operation (Updated)". Huffington Post, 27 de outubro de 2014, www.huffingtonpost.com/2014/10/27/john-spinello_n_6055174.html.

Orbanes, Philip E. "The Game Makers: The Story of Parker Brothers, From Tiddledy Winks to Trivial Pursuit". Boston, MA: Harvard Business School Press.

"A Playboy Pad: Swinging in Suburbia". Playboy, maio de 1970.

"Marvin Glass, Designer, Dead At 59; Industry Dean". Playthings, fevereiro de 1974.

"Secrecy Surrounds Toy Making". Rome News-Tribune (Rome, GA), 25 de abril de 1971.

"Teaching Toys in Giant Strides". Life, 12 de dezembro de 1960.

"Toy Designer a Child at Heart". Milwaukee Journal, 26 de novembro de 1972.

"Toy King Worries About Spies". Sarasota (Florida) Herald-Tribune, 25 de abril de 1971.

"Voices". Life, 24 de novembro de 1961.

Walsh, Tim. "Timeless Toys: Classic Toys and the Playmakers Who Created Them". Kansas City: Andrews McMeel Publishing, 2005.

Wyden, Peter. "Troubled King of Toys". Saturday Evening Post, 5 de março de 1960.

11. Sexo em uma caixa

Associated Press. "Dr. Ruth of 'Good Sex' Inspires New Board Game". Nashua (New Hampshire) Telegraph, 21 de agosto de 1985.

Cohen, Nancy L. "How the Sexual Revolution Changed America Forever". Alternet, 5 de fevereiro de 2012, www.alternet.org/story/153969/howthesexual_revolution_changed_america_forever.

Guyer, Reyn. "Twister History", inédito, 1994.

Lyall, Sarah. "Revising 'Sex' for the 21st Century". New York Times, 17 de dezembro de 2008, www.nytimes.com/2008/12/18/fashion/18joy.html.

Mikkelson, Barbara. "Getting Harrier'd Away". Snopes, 5 de maio de 2011, www.snopes.com/business/deals/pepsijet.asp.

"New Board Game Doesn't Trivialize Sex". The Day (New London, CT), 11 de janeiro de 1987.

Parker, Alex. "Crossing Over: U.K.-Based Creative Conceptions Expands into the U.S.". Xbiz, 9 de abril de 2014, www.xbiz.com/articles/177432/creative+conceptions.

Rottenburg, Dan. "Can You Come Over For 'Mob Strategy' Tonight—Or Will It Be a Game of 'Adultery'?". Today's Health, agosto de 1971.

Sweeney, Brigid. "Sears—Where America Shopped". Crain's Chicago Business, 21 de abril de 2012, www.chicagobusiness.com/article/20120421/ISSUE01/304219970/sears-where-america-shopped.

Timberg, Bernard M., e Robert J. Erler. "Television Talk: A History of the TV Talk Show". Austin, TX: University of Texas Press, 2002.

Twenge, Jean M., Ryne A. Sherman, e Brooke E. Wells. "Changes in American Adults' Sexual Behavior and Attitudes, 1972–2012". Archives of Sexual Behavior 44, nº 8 (novembro de 2015).

Walsh, Tim. "Timeless Toys: Classic Toys and the Playmakers Who Created Them". Kansas City: Andrews McMeel, 2005.

12. Jogos mentais: explorando o cérebro com jogos de mesa

Crestbook. "KC-Conference With Judit Polgar". Crestbook, 12 de janeiro de 2012, www.crestbook.com/node/1668.

Dingfelder, Sadie F. "Linear or Logarithmic?". Monitor on Psychology 36, nº 10 (novembro de 2005).

Flora, Carlin. "The Grandmaster Experiment". Psychology Today, 1º de julho de 2005, www.psychologytoday.com/articles/200507/the-grandmaster-experiment.

Furedi, Frank. "Therapy Culture: Cultivating Vulnerability in an Uncertain Age". Londres: Routledge, 2008.

Gobet, Fernand, Alex de Voogt, e Jean Retschitzki. "Moves in Mind: The Psychology of Board Games". Hove, RU: Psychology Press, 2004.

Hearst, Eliot, e John Knott. "Blindfold Chess: History, Psychology, Techniques, Champions, World Records, and Important Games". Jefferson, NC: McFarland & Company, 2009.

Hoare, Rose. "Judit Polgár, the Chess Prodigy Who Beat Men at their Own Game". CNN, 3 de setembro de 2012, www.edition.cnn.com/2012/08/30/world/europe/judit-polgar/index.html.

Jarvik, Elaine. "Rhea Zakich Discovers Key to Communication". Deseret News (Salt Lake City, UT), 18 de novembro de 1985.

Lundstrom, Harold. "Father Of 3 Prodigies Says Chess Genius Can Be Taught". Deseret News (Salt Lake City, UT), 25 de dezembro de 1992, www.deseretnews.com/article/266378/FATHER-OF-3-PRODIGIES-SAYS-CHESS-GENIUS--CAN-BE-TAUGHT.html?pg=all.

McDonald, Patrick S. "The Benefits of Chess in Education: A Collection of Studies and Papers on Chess and Education". Sem data, www.psmcd.net/otherfiles/BenefitsOfChessInEdScreen2.pdf.

"Nurtured to Be Geniuses, Hungary's Polgar Sisters Put Winning Moves on Chess Masters". People, maio de 1987, www.people.com/people/article/0,20096193,00.html.

Polgár, Judit. "Judit Polgar's Official Statement on Her Retirement". Sem data, www.juditpolgar.com/en/node/230.

Rassin-Gutman, Diego. Chess Metaphors: Artificial Intelligence and the Human Mind. Traduzido por Deborah Klosky. Cambridge, MA: MIT Press, 2009.

Rottenberg, Dan. "Can You Come Over For 'Mob Strategy' Tonight—Or Will It Be a Game of 'Adultery'?". Today's Health, agosto de 1971.

Shenk, David. "The Immortal Game: A History of Chess". Londres: Souvenir Press, 2006.

Smith, Beverly J. "The Grown-Up Game Craze: Can Reality Be Put in a Box". Philadelphia Inquirer Magazine, 9 de janeiro de 1972.

Vedantam, Shankar. "Mind Games May Trump Alzheimer's". Washington Post, 19 de junho de 2003.

13. A ascensão das máquinas: jogos que treinam cérebros sintéticos

Akpan, Nsikan. "How a Computer Program Became Champion of the World's Trickest Board Game". PBS Newshour, 27 de janeiro de 2016, www.pbs.org/newshour/bb/how-a-computer-program-became-champion-of-the-worlds-trickiest-board--game.

"Almanac: Kasparov Vs. Deep Blue". CBS News, 3 de maio de 2015. www.cbsnews.com/news/almanac-kasparov-vs-deep-blue.

REFERÊNCIAS

Amhed, Kamal. "Google's Demis Hassabis— Misuse of Artificial Intelligence 'Could Do Harm' ". BBC News, 16 de setembro de 2015, www.bbc.co.uk/news/business-34266425.

Asakawa, Naoki. "Flaws in AI Seen Despite AlphaGo Victory". Nikkei Asian Review, 20 de março de 2016, www.asia.nikkei.com/Tech-Science/Tech/Flaws-in-AI--seen-despite-AlphaGo-victory?page=1.

Bell, R. C. "Board and Table Games From Many Civilizations". Nova York: Dover Publications, 1979.

Bernstein, Alex, e Michael de V. Roberts. "Computer V. Chess-Player". Scientific American, junho de 1958.

Clark, Jack. "Google Cuts Its Giant Electricity Bill With DeepMind-powered AI". Bloomberg, 19 de julho de 2016, www.bloomberg.com/news/articles/2016-07-19/google-cuts-its-giant-electricity-bill-with-deepmind-powered-ai.

Cookson, Clive. "Google Computer Triumphs in Complex Board Game Battle". Financial Times, 27 de janeiro de 2016, www.ft.com/content/b8e38a28-c4fa-11e-5-b3b1-7b2481276e45.

"Deep Blue". IBM, sem data, www03.ibm.com/ibm/history/ibm100/us/en/icons/deepblue.

Donovan, Tristan. "Replay: The History of Video Games". Lewes, RU: Yellow Ant, 2010.

Finley, Klint. "Did a Computer Bug Help Deep Blue Beat Kasparov?". Wired, 28 de setembro 2012, www.wired.com/2012/09/deep-blue-computer-bug.

Gelly, Sylvain, et al. "The Grand Challenge of Computer Go: Monte Carlo Tree Search and Extensions". Communications of the ACM 55, nº 3 (março de 2012).
Gobet, Fernand, Alex de Voogt, e Jean Retschitzki. Moves in Mind: The Psychology of Board Games. Hove, RU: Psychology Press, 2004.

James, Mike. "AlphaGo Has Lost a Game—Score Stands at 3-1". I Programmer, 13 de março de 2016, www.i-programmer.info/news/105-artificial-intelligence/9518-alpha-go-v-best-human-its-1-0.html.

Johnson, George. "To Test a Powerful Computer, Play an Ancient Game". New York Times, 29 de julho de 1997.

Kahng, Jee Heun, e Se Young Lee. "Google Artificial Intelligence Program Beats S. Korean Go Pro With 4-1 Score". Reuters, 15 de março de 2016, www.reuters.com/article/us-science-intelligence-go-idUSKCN0WH0XJ.

Levinovitz, Alan. "The Mystery of Go, the Ancient Game That Computers Still Can't Win". Wired, 5 de dezembro de 2014, www.wired.com/2014/05/the-world-of-computer-go.

Mack, Eric. "Elon Musk: 'We Are Summoning the Demon' With Artificial Intelligence". CNET, 26 de outubro de 2014, www.cnet.com/uk/news/elon-musk-we-are-summoning-the-demon-with-artificial-intelligence.

Mackenzie, Dana. "Update: Why This Week's Man-Versus-Machine Go Match Doesn't Matter (and What Does)". Science, 15 de março de 2016, www.sciencemag.org/news/2016/03/update-why-week-s-man-versus-machine-go-match-doesn-t--matter-and-what-does.

Marcus, Gary. "Go, Marvin Minsky, and the Chasm that AI Hasn't Yet Crossed". Backchannel, 28 de janeiro de 2016, www.backchannel.com/has-deepmind-really-passed-go-adc85e256bec#.u1ub2j82n.

Marr, Andrew. "A History of the World". Londres: MacMillan, 2012.

Metz, Cade. "Google and Facebook Race to Solve the Ancient Game of Go with AI". Wired, 7 de julho de 2015, www.wired.com/2015/12/google-and-facebook-race-to-solve-the-ancient-game-of-go.

Murray, H. J. R. "A History of Chess". Londres: Oxford University Press, 1913.

"Number of People Per House hold in the United States from 1960 to 2015". www.statista.com/statistics/183648/average-size-of-households-in-the-us.

"Plays of Meaning". Fields of Play television documentary, BBC Two. Londres, RU: 23 de março de 1982.

Rasskin-Gutman, Diego. "Chess Metaphors: Artificial Intelligence and the Human Mind". Traduzido por Deborah Klosky. Cambridge, MA: The MIT Press, 2009.

"Rise of the Machines". Economist, 9 de maio de 2015, www.economist.com/news/briefing/21650526-artificial-intelligence-scares-peopleexcessively-so-rise-machines.

Shannon, Claude E. "Programming a Computer for Playing Chess". Philosophical Magazine 41 (7), nº 314 (março de 1950).

Shenk, David. "The Immortal Game: A History of Chess". Londres: Souvenir Press, 2006.

Shotwell, Peter. "Go! More Than a Game: Revised Edition". North Clarendon, VT: Tuttle Publishing, 2010.

Smith, Arthur. "The Game of Go: The National Game of Japan". Nova York, NY: Charles E. Tuttle Company, 1956.

Tian, Yuandong, e Yan Zhu. "Better Computer Go Player with Neural Network and Long-Term Prediction". ArXiv, 19 de novembro de 2015, www.arxiv.org/pdf/1511.06410v1.pdf.

Tran, Mark. "Go Humans: Lee Sedol Scores First Victory Against Supercomputer". Guardian, 13 de março de 2016, www.theguardian.com/world/2016/mar/13/go-humans-lee-sedol-scores-first-victory-against-supercomputer.

Weber, Peter. "Google AI Machine Beats Go Master in World's Hardest Board Game". The Week, 10 de março de 2016, www.theweek.com/speedreads/611808/google-ai-machine-beats-master-worlds-hardest-board-game.

Yang, Lihui, e Deming An. "Handbook of Chinese Mythology". Santa Barbara: ABC Clio, 2005.

Zoflagharifard, Ellie. "Don't Let AI Take Our Jobs (Or Kill Us): Stephen Hawking and Elon Musk Sign Open Letter Warning of a Robot Uprising". Mail Online, 12 de janeiro de 2015, www.dailymail.co.uk/sciencetech/article-2907069/Don-t-let--AI-jobs-kill-Stephen-Hawking-Elon-Musk-sign-open-letter-warning-robot-uprising.html#ixzz4MFoDdhVc.

14. Trivial Pursuit: adultos na brincadeira

Aguiar, Mark, e Erik Hurst. "A Summary of Trends in U.S. Time Use: 1965–2005". Trabalho de pesquisa, University of Chicago, maio de 2008, www.faculty.chicagobooth.edu/erik.hurst/research/leisure_summary_robinson_v1.pdf.

Alexander, Ron. "Trivial Pursuit Makers Ask the Right Questions, Have the Right Answers". Lakeland (Flórida) Ledger 22 de janeiro de 1984.

"Americans Are Nº 1 in Leisure-Time Activities, Researcher Says". Deseret News (Salt Lake City, UT), 9 de abril de 1990.

"And for Adults, Two Popular Games". Publicação desconhecida, 1986, Philip E. Orbanes Archives, The Strong National Museum of Play, Rochester, NY.

Auf der Maur, Nick. "Scruples Creator Is Immersed in the Life and Works of Mysterious Author". Montreal Gazette, 25 de outubro de 1985.

Beamon, Bill. "Test Your Trivia I.Q.". St. Petersburg (Flórida) Evening Independent, 18 de maio de 1984.

"Making Leisure Time Count". Toledo (Ohio) Blade, 16 de julho de 1985. (Christian Science Monitor Service.)

Fialka, John J. "Inventors of a Game Score By Making Lots of People Mad". Wall Street Journal, 1981. Philip E. Orbanes Archives, The Strong National Museum of Play, Rochester, NY.

"The Gang That Got Away". Inc., setembro de 1988.

"The High School Dropout Who Co-Created Trivial Pursuit". Today I Found Out, 10 de setembro de 2014, www.todayifoundout.com/index.php/2014/09/brief-history-trivial-pursuit.

Hollie, Pamela G. "What's New in Board Games for Adults". New York Times, 15 de dezembro de 1985.

Jannke, Art. "All in the Game". Boston, Inc., outubro de 1986.

"Kenner Parker Update". Toys 'n' Playthings, março de 1986.

Liegey, Paul R. "Hedonic Quality Adjustment Methods for Microwave Ovens in the U.S. CPI". Bureau of Labor Statistics, 16 de outubro de 2001, www.bls.gov/cpi/cpimwo.htm.

Long, Marion. "The Comeback of Board Games Is Breaking Video's Monopoly". Publicação desconhecida, 1985, Philip E. Orbanes Archives, The Strong National Museum of Play, Rochester, NY.

Makow, Henry. "Rock Music's Satanic Message". HenryMakow.com, 28 de outubro de 2006, www.savethemales.ca/001799.html.

———. "9-11 Truth- Deniers Are Criminally Responsible". HenryMakow.com, 7 de setembro de 2009, www.henrymakow.com/9-11_truth_deniers_are_crimina.html.

Moss, Phil. "Leisure Time—The Time To Relax". Lawrence (Kansas) Journal-World, 1º de maio de 1985.

New Roots. "A New Style of Board Games". New Roots, 27 de fevereiro de 1980.

Orbanes, Philip E. "The Game Makers: The Story of Parker Brothers, From Tiddledy Winks to Trivial Pursuit". Boston, MA: Harvard Business School Press, 2004.

Poser, Stefan. "Leisure Time and Technology". European History Online, 26 de setembro de 2011, www.ieg-ego.eu/en/threads/crossroads/techni#ed-environments/stefan-poser-leisure-time-and-technology.

Richards, David. "The Beatles— Illuminati Mind Controllers". HenryMakow.com, 5 de agosto de 2012, www.henrymakow.com/beatles_were_mind_control.html.

"Simpsons-Sears Christmas Wish Book". Regina, Canadá: Simpsons-Sears, 1979.

Tarpey, John P. "Selchow & Righer: Playing Trivial Pursuit To the Limit". Business-Week, 26 de novembro de 1984.

Walsh, Tim. "Timeless Toys: Classic Toys and the Playmakers Who Created Them". Kansas City: Andrews McMeel Publishing, 2005.

15. Pandemias e terror: dissecando a geopolítica em um pedaço de papelão

Heymann, David L. "How Sars Was Contained". New York Times, 14 de março de 2013, www.nytimes.com/2013/03/15/opinion/global/how-sars-was-contained.html?r=0.

Hunt, Katie. "Sars Legacy Still Felt in Hong Kong, 10 Years On". BBC News, 20 de março de 2013, www.bbc.co.uk/news/world-asia-china-21680682.

Shaw, Jonathan. "The Sars Scare". Harvard Magazine, março/abril de 2007, www.harvardmagazine.com/2007/03/the-sars-scare.html.

Taylor, Chris. "The Chinese Plague". World Press Review 50, n° 7 (julho de 2003), www.worldpress.org/Asia/1148.cfm.

"WHO Chief Promises Transparency on Ebola Failures". Associated Press, 20 de outubro de 2014, www.bigstory.ap.org/article/98181b6515da4baa94e6ac53ce880c07/who-chief-promises-transparency-ebola-failures.

World Health Organization. "Severe Acute Respiratory Syndrome (Sars) Multi--Country Outbreak— Update 6". Nota de imprensa, 21 de março de 2003, www.who.int/csr/don/20030321/en.

16. Fabricado na Alemanha: Catan e a criação dos jogos de mesa modernos

Catan. "World Record! 1040 Gamers at the Catan—Big Game". Catan (blog), 13 de outubro de 2015, www.catan.com/news/2015-10-13/world-record-1040-gamers-catan-big-game.

Curry, Andrew. "Monopoly Killer: Perfect German Board Game Redefines Genre". Wired, 23 de março de 2009, www.archive.wired.com/gaming/gamingreviews/magazine/17-04/mfsettlers?currentPage=all.

Friedhelm Merz Verlag. "Press Information Nº 1: International Games Event Spiel' 15 With Comic Action From October 8th to the 11th, 2015". Nota de imprensa, julho de 2015.

Glonnegger, Erwin. "Das Spiele-Buch. Uehlfeld". Alemanha: Drei Magier Verlag, 1999.

Green, Lorien. "Going Cardboard. Film documentary". T-Cat Productions, 2012.

Herz, Jürgen. "Geschichte". Spiel des Jahres, sem data, www.spieldesjahres.de/de/ueber-uns.

Hutton, Ronald. "The Vikings Invented Soap Operas and Pioneered Globalisation— So Why Do We Portray Them as Brutes?". New Statesman, 25 de fevereiro de 2014, www.newstatesman.com/ideas/2014/02/vikings-invented-soap-operas-and-pioneered-globalisation-so-why-do-we-depict-them.

Janzen, Olaf. "The Norse in the North Atlantic". Heritage Newfoundland & Labrador, 1997, www.heritage.nf.ca/articles/exploration/norse-north-atlantic.php.

Parlett, David. "Hare and Tortoise". Sem data, www.parlettgames.uk/haretort.
Pinker, Steven. The Better Angels of Our Nature: The Decline of Violence in History and Its Causes. Londres: Allen Lane, 2011.

Ravensburger. "Ravensburger Story". Artigo inédito, 2011.

Roeder, Oliver. "Crowdfunding Is Driving a $196 Million Board Game Renaissance". FiveThirtyEight, 18 de agosto de 2015, www.#vethirtyeight.com/features/crowdfunding-is-driving-a-196-million-board-game-renaissance.

Scherer-Hoock, Bob. "Evolution of German Games". Games Journal, maio de 2003, www.thegamesjournal.com/articles/GermanHistory2.shtml.

Stubbs, David. "Future Days: Krautrock and the Building of Modern Germany". Londres: Faber & Faber, 2014.

"Viking Law and Government: The Thing". History on the Net, 14 de agosto de 2014, www.historyonthenet.com/vikings/viking-law-and-government.html.

von Richthofen, Esther. "Bringing Culture to the Masses: Control, Compromise and Participation in the GDR". Nova York: Berghahn Books, 2009.

Woods, Stewart. "Eurogames: The Design, Culture and Play of Modern European Board Games. Jefferson". NC: McFarland & Company, 2012.

AGRADECIMENTOS

Embora seja o meu nome que consta na capa, assim como todo livro, este não teria sido possível sem a ajuda e o apoio de muitas outras pessoas.

Como de costume, o meu muitíssimo obrigado vai para o meu marido, Jay, por seu apoio, as suas sugestões e - principalmente - a sua paciência.

Obrigado também para a minha sempre fantástica agente, Isabel Atherton do Creative Authors; Anne Brewer por aceitar o livro; minhas editoras Emily Angell, Lisa Bonvissuto, Melanie Fried, Jennifer Letwack, e o resto da equipe da Thomas Dunne Books. Sem eles, você não estaria lendo isto agora.

Um agradecimento superespecial vai para Dougal Grimes, um abridor de portas extraordinário. Este livro seria menos completo do que é sem a sua ajuda e generosidade. Obrigado, Keith, por nos apresentar.

Um grande obrigado também vai para todos que dedicaram um pouco do seu tempo para responder as minhas perguntas e/ou me ajudar a encontrar as pessoas e informações que eu precisava: Nicole Agnello; Sarah Andrews da Woodrow Wilson House's Vintage Game Night; Joel Billings; Jane Bowles; Gerry Breslin; Jeffrey Breslow; McKell Carter; Charles do Washington Square Park; Rémi Coulom; Alex de Voogt; Lewis Deyong; Jon-Paul Dyson; Tom Felber; Jon Freeman; Jennifer Gebhardt; Mike Gray;